エマニュエル・トッド
石崎晴己 訳

帝国以後

アメリカ・システムの崩壊

藤原書店

Emmanuel TODD

APRES L'EMPIRE

ESSAI SUR LA DECOMPOSITION DU SYSTEME AMERICAIN

This book is published in Japan by arrangement with GALLIMARD
through le Bureau des Copyrights Français, Tokyo.

日本の読者へ

本書はフランスでは二〇〇二年九月初旬に刊行された。批評界は明らかにアメリカ帝国の衰退という仮説を冷静に受け止める準備ができており、本書は全体として好評をもって迎えられた。その日以降に起った出来事の推移は、本書が提出した解釈と予測の正しさを広範に立証していると言わねばならない。過程が加速化したとさえ言うことが出来る。つい最近まで国際秩序の要因であったアメリカ合衆国は、ますます明瞭に秩序破壊の要因となりつつある。

イラク戦争突入と世界平和の破棄はこの観点からすると決定的段階である。一〇年以上に及ぶ経済封鎖で疲弊した、人口二三〇〇万の低開発国イラクに世界一の大国アメリカ合衆国が仕掛けた侵攻戦争は、「演劇的小規模軍事行動主義」のこの上ない具体例に他ならない。メディアを通して華々しい戦闘が展開するだろうが、これによって根本的な現実、すなわち選ばれた敵のサイズがアメリカの国力を規定しているという現実が覆い隠されるようなことがあってはならない。弱者を攻撃するというのは、自分の強さを人に納得させる良い手とは言えない。本書の中心的命題の通りに、戦略的に取るに足りない敵を攻撃することによって、アメリカ合衆国は己が相変わらず世界にとって欠かすことの出来ない強国だと主張しているのである。しかし世界はそのようなアメリカを必要としない。軍国主義的で、せわしなく動き回り、定見もなく、不安に駆られ、己の国内の混乱を世界中に投影する、そんなアメリカは。

ところがアメリカは世界なしではやって行けなくなっている。その貿易収支の赤字は、本書の刊行以来さらに増大した。外国から流入する資金フローへの依存もさらに深刻化している。アメリカがじたばたと足掻き、ユーラシアの真ん中で象徴的戦争活動を演出しているのは、世界の資金の流れの中心としての地位を維持するためなのである。そうやって己の工業生産の弱体振り、飽くなき資金への欲求、略奪者的性格をわれわれに忘れさせようとしているのである。しかし戦争への歩みは、アメリカのリーダーシップを強化するどころか逆に、ワシントン政府のあらゆる期待に反して、アメリカ合衆国の国際的地位の急激な低落を産み出した。

それはまず第一に、中心的勢力による管理運営が拙劣なために引き起こされた世界経済の危機を悪化させた。アメリカ経済それ自体も、ますます不可思議極まる対象とみなされるようになっている。アメリカ企業のうち頭のてっぺんから足の爪先まで現実のもので虚構を含まない企業はどれとどれなのか、良く分からなくなっている。アメリカ経済がどのように動いているのか、そのさまざまの構成要素に対して利率ゼロへの到達はいかなる結果をもたらすのか、これも良く分からない。アメリカの指導階層の経済的不安はほとんど手に取るように分かる。新聞は、毎日毎日ドルのレートの変動を不安げに見守っていたではないか。しかしとりわけアメリカ経済がこの戦争の衝撃に耐えられるかどうか分からないのである。この戦争は厳密に軍事的な面ではマイナーであっても、第一次湾岸戦争の時のように「同盟国」が財政負担をしようとはしなくなっているので、経済面では出費のかさむものであることが判明しつつあるからである。アメリカ合衆国の赤字は国内と対外とを問わず急激に膨張しつつある。全世界の指導階層は、世界資本主義の調節の中心たる大国はただ単に正常な経済合理性の規則を踏み外しつつあるだけではないのかと、ますます疑いを強めている。

冒険主義はそれゆえ軍事にのみ見られるものではない。金融にも見られるのだ。そして今後数年ないし数ヶ月間に、アメリカ合衆国に投資したヨーロッパとアジアの金融機関は大金を失うことになるだろうと予言することができる。株価の下落はアメリカ合衆国に投下された外国資産が蒸発してしまう第一段階に他ならない。

しかしアメリカ合衆国の主たる挫折は、現段階においてはイデオロギー的かつ外交的なものである。というのもアメリカは、いよいよ世界支配を完成しつつあるどころか、世界の統制権を失いつつあるからである。自由世界のリーダーとして立ち現われるどころか、アメリカ合衆国は国連の意向に反してイラク攻撃を開始した。これは国際法の蹂躙であり、正統性の失墜はだれの目にも明らかである。

しかしイラク攻撃が開始される以前から、アメリカの戦略システムは解体を始めていた。

ドイツの服従はアメリカの政治家やジャーナリストからは言うまでもないことと考えられていたが、そのドイツが戦争に「ノー」と言った。これは言ってみればヨーロッパの戦略的自律性への動きの始まりを宣言したに等しい。こうしてドイツはフランスに、アメリカの戦争を遅らせるために国連で有効な手を打ち始める可能性を与えたのである。安保理決議一四四一をめぐるネゴシエーションの際に、本書掉尾になされた提案の一つ、すなわちフランスが安保理の議席と拒否権をドイツと分かち合うという提案は、実際上ほとんど現実となったに等しかった。ドイツの戦争反対の姿勢がなかったなら、フランスは何も出来なかっただろう。このように回復された仏独カップルの有効性は、まさにヨーロッパ人全体の感情を表現している。ベルリンとパリの行動はもちろんヨーロッパ連合内の他の諸国の暗黙の同意なしには不可能だったろう。現段階ではヨーロッパ・システムの周縁部諸国の政府は、新たに生まれつつあるヨーロッパという実体の戦略的利益の自覚には追い付いていないようであるが、国民は違う。アメリカの戦争に対する国民の反対は、スペインでも、イタリアやポーランドやハンガリーでと同様に、同質的で大衆的で明白であった。安保理での討論の際にアメリカのエリート外交官・ジャーナリストが露呈した盲目振りはまことに極限的で、ドイツが孤立していると決めつけたものであるが、実はその時ドイツは、その独立行為と平和への愛着によって、強固な国際的正統性を回復していたのである。

本書が提示した第二の予言、すなわちヨーロッパとロシアの接近も、その正しさがいまや立証されている。この接近はアメリカ合衆国の無気味な軍事的行動様式によって必要となった。パリとベルリンとモスクワの接近は、ソ連の支配を逃れてＮＡＴＯに加入したか、しようとしている東欧諸国からすれば、何かしら困惑させられるものがあるかも知れない。しかしハンガリー、ポーランド、その他の当該諸国がこの戦略の大転換に懸念のみを抱き、フランスおよびドイツと結束するのをためらっているのは、何とも遺憾である。ロシアはその均衡を取り戻したが、国力が非常に弱まっており、帝国主義的であることは止めている。その利益とするところは、平等の基礎の上に立つヨーロッパとの戦略的パートナーシップである。旧「人民共和国」は、アメリカ合衆国は彼らのために戦略的には何一つすることができないということを理解しなければならない。生産欠損の状態にあり、言葉による以外に彼らを護ってくれる力がないのだから。彼らにとって真の安全保障は、ヨーロッパへの全面的な加入と、ヨーロッパ共同防衛政策への積極的な参加によってしか実現しない。

ロシアはこの危機をきっかけとして、冷戦の遺産たる外交的孤立から脱却した。最後に残されたロシアの重要な弱みとは、日本との相互理解とパートナーシップの関係を確立することが出来ていないという点である。ロシアの西方での退潮の規模の大きさ、ヨーロッパ諸国との協調を取り戻したいというその意思、これのためにロシアは東方で譲歩を受け入れ、それによってアジアの戦略的均衡に肯定的に寄与することができないのである。

最も意外な離反は、トルコがアメリカ軍の領土通過を拒絶したことだった。このNATOの軍事的支柱は、アメリカへの支援を棄てて、国家的利益を選んだのである。この事例ほどアメリカ合衆国の現実の弱体振りを具体的に例示したものはない。このアメリカ合衆国の弱さの根本的原因は、ここで強調しておかなければならない。

この外交危機の間、同盟国の離反が起っても、ワシントン政府はその都度反撃し、強制力なり報復能力なりを行使することはできなかった。その理由は簡単である。アメリカはその対外政策のための経済的・財政的手段をもはや持たないのである。通商の黒字によって蓄積される現実の金《カネ》は、ヨーロッパとアジアにある。アメリカはもはや財政的に言って、世界規模の栄光の乞食にすぎないのであるから。アメリカ合衆国から発されるいかなる経済制裁の脅しも、いかなる金融フロー中断の脅しも、もちろん世界経済にとって破滅的には違いないが、それで先ず最初に打撃を受けるのは、あらゆる種類の供給について世界に依存しているアメリカ合衆国それ自身なのだ。アメリカ・システムが段階を追って崩壊して行くのは、そのためである。その事態に対してアメリカ合衆国は、弱小国への好戦的活動を増大させる以外に対処するすべがないのだ。真の国力とは経済的なものであり、その国力をアメリカ人はもはや持っていない。超大国アメリカというのは、習慣で持っているだけの神話にすぎない。どこかの国がゲームの規則を守るのを止めて、アメリカ合衆国に「ノー」と言おうものなら、直ちに……と思いきや、何と一同が驚いたことには、何も起こりはしないのである。

日本はこの危機の間、あまり活動的ではなかった。少なくともそれだけは言える。しかし日本の住民の深層の感受性はおそらくヨーロッパ人のそれに極めて近いと思われる。日本はドイツに次いで、第二次世界大戦後に生まれたアメリカ・システムの第二の戦略的支柱である。ドイツと日本という輸出産業の二大経済大国を統制下に置いているということが、イラクに向けられる演劇的小規模軍事行動主義の煙幕を透して見える、世界に対するアメリカの権力の現実の姿なのである。ドイツはアメリカの後見から独立しつつある。日本はほとんど動かなかった。日本政府がアメリカの行動を受け入れた理由は、日本の地政学的孤立によって大方説明がつく。ドイツはヨーロッパの中に包含され、一応は核武装大国であるフランスと手を結んでいるため、非常に弱体化したロシアと協調することができ、戦略的犠牲をあまり払うことなしに、アメリカの統制を逃れることが出来る。日本の方は、北朝鮮問題と、アメリカ合衆国に替わる地域的同盟者がいないこととを考慮しなくてはならない。もしアメリカ合衆国の外交的・軍事的無責任性が今後ますます確実となって行くとしたら、日本が軍事的・戦略的により自律的でないことを、もっと明確な言い方をするなら、世界の均衡の再編成によりよく参画するためによりよく武装されていないことを、ヨーロッパ人たちは大いに悔やむことになるかも知れない。しかし私としては、日本国民にとってヒロシマとナガサキの後遺症のあらゆる広がりと深さを実感し理解することができない以上、思弁を行なうことは差し控え、謙遜の態度を示すべきであろう。

アメリカとの関係は日本人にとって未だかつてない複雑さに支配されたものとならざるを得ない。目下のところアジアにおけるアメリカの安全保障システムへの依存の度合いが高いが故に、アメリカの軍事的行動様式のある程度の野蛮な側面は、ヨーロッパ人以上に自覚してもいるのである。

もしかしたら、アメリカの戦費に日本が財政的協力をしないというだけでも、アメリカ・システムの崩壊には十分な貢献となるかも知れない。確実なのは、ドイツが第二次世界大戦中の一般市民への大量爆撃の被害の意味について敢然として考察しようとしている現今、イデオロギー面において、世界は一九四五年の核攻撃に関する論争をしないで済ませることはできない、ということである。ある種のアメリカの軍事行為は、戦争犯罪のカテゴリー、場合によっては人類に対する犯罪のカテゴリーに入れられるべきなのである。世界がこの論争を受け入れない限り、アメリカ合衆国は非武装住民に対する爆撃というお気に入りの軍事的慣習行動に専心することを、大した批判も受けずに続けることができるだろう。

イギリスは、対イラク戦争に参加することでこの軍事同盟にアングロ・サクソンという奇妙な民族色を添えているわけだが、長期的には未知数であることに変わりはない。トニー・ブレアは戦略ヴィジョンの完璧な不在で身動きが取れなくなっているようである。しかしアメリカ政府への同調という彼の政策はイギリスの国際的立場を手酷く破壊するものであった。とはいえそれによって戦争開始以前のイギリスの世論が戦争反対であったことを忘れるようなことになってはならない。イギリスについては辛抱強く見守る必要がある。ヨーロッパ人の側から攻撃的態度を見せ、アメリカ合衆国に対してこれこれの態度を採るべしとイギリスに要求するようなことは、この島国を大西洋をまたぐ同盟の中にしっかりと根付かせてしまうというマイナスの結果しか産まないだろう。逆にアメリカ合衆国に好きなようにイギリスを振り回させておけば良いのだ。イギリスは自ずと何らかの形の倦怠に囚われ、外交的・軍事的にうんざりしてしまい、自らのヨーロッパ人としてのアイデンティティの自覚に立ち至るだろう。アメリカのエリートたちのヨーロッパ嫌いは、イングランドだけをお目こぼししてくれはしないだろう。実はアメリカ合衆国にとって、彼らの真の出身地であるイングランドこそは、ヨーロッパなるものの精髄をなしているのである。

ロシア、日本、ドイツが、そしてイギリスが――あり得ないとは言えない――外交的自由を取り戻した時に初めて、第二次世界大戦から産まれた冷戦の世界は決定的に終わりを告げることになるだろう。イデオロギーと帝国の時代は終焉を迎えるだろう。複数の大国――ヨーロッパ、アメリカ合衆国、ロシア、日本、中国――の間の均衡がシステムの規則となるだろう。これらの大国のうちのどれ一つとして、自らをこの地上における「善」の独占的・排他的な代表であると宣言することはなくなるだろう。それによって平和はより確実に保証されるだろう。

この文を草しているこの時点において、イラク戦争の結末はいかなるものか、正確には分からない。分かっていることは、イラクの軍と住民の抵抗はアメリカ政府が予想したよりはるかに強大であるということである。読者を驚かせるかも知れず、不快感を与えることさえあり得るとしても、私はこの序文を終えるにあたって、次のことを強調しておきたい。すなわち、イラク戦争は地域的には大問題であり、道徳に関わる根本的問題であるとしても、戦略的には副次的問題にすぎない、ということである。アメリカの衰退の分析は長期的な指標に依拠するものであり、イラク戦争というエピソードはシステムの断末魔の身震いの中で起った偶発事にすぎないということになるだろうし、覇権を握る強国の衰退は、長期的に言って旧世界の自己組織能力を解放して行くだろう。歴史を説明するモデルの強固さは、こうした偶発事に抵抗することのできる能力、この場合で言えば、イラクでの戦争の結果が正確なところどのようなものであろうと、有効性を保っていることのできる能力に存する。

一九八〇年のソ連軍のアフガニスタン侵入はソヴィエト帝国の崩壊を妨げはしなかった。むしろ逆である。イラクに対する戦争は、アメリカ・システムの命を救うことはないであろう。

二〇〇三年三月二六日

エマニュエル・トッド

帝国以後　目次

第7章　ロシアの回復　203

第8章　ヨーロッパの独立　235

帝国以後

アメリカ・システムの崩壊

マガリに捧ぐ

開幕

アメリカ合衆国は現在、世界にとって問題となりつつある。これまでわれわれはとかくアメリカ合衆国が問題の解答だと考えるのに慣れて来た。アメリカ合衆国は半世紀もの間、政治的自由と経済的秩序の保証人であったのが、ここに来て不安定と紛争を、それが可能な場所では必ず維持しようとし、国際的秩序崩壊の要因としての様相をますます強めるようになっている。そして副次的重要性しか持たぬいくつかの国が、攻め滅ぼすべき「悪の枢軸」をなすのだと、全世界が認めることを強要している。その一つ、サダム・フセインのイラクは、口数は多いが、軍事力としては取るに足らない。金正日の北朝鮮は、長子相続制を樹立した最初の（そして最後の）共産主義であるが、過去の遺物であり、外からの介入がなくともいずれ消滅すべき運命にある。もう一つの強迫観念的標的であるイランは、戦略的には重要な国であるが、国内的にも対外的にも明らかに沈静化の過程に踏み入っている。ところがアメリカ合衆国政府は、この国もこの悪の枢軸なるものの正規のメンバーであると烙印を押すわけである。さらにはコソヴォ戦争の間、ベオグラードの中国大使館を爆撃したり、その幹部を乗せるために用意したボーイング機に簡単に見破られる隠しマイクを大量に仕掛けたりして、中国を挑発した。ロシアとは三回も首脳同士の公式の抱擁を見せつけ、二度も核軍縮協定を調印しながら、その一方でロシアを挑発することさえ行なっている。すなわち自由ヨーロッパ・ラジオの仲介でチェチェン語放送のスポンサーとなったり、グルジアに軍事顧問団を派遣したり、旧ソ連中央アジアにロシア軍に対抗する恒久的基地を建設したりしているのである。そしてこのような熱にうかされたような軍事的盲動が理論的に行き着くところ、ペンタゴンは非核武装国に対する核攻撃を検討する文書まで流出させている。ワシントンの政府は、こうして「狂人戦略」という古典的な戦略モデルを適用しているのである。それは仮想敵を脅えさせるために何をしでかすか分からない無責任な者と思わせるという戦略だが、大陸規模の大国にはいかにも不適切な戦略である。一方、宇宙の楯〔「本土ミサイル防衛システム」か?〕は核の均衡を揺るがすものであり、その最終的展開によってアメリカ合衆国は恐怖によって世界全体に君臨することができるようになるはずであるが、その設置によってわれわれはサイエンス・フィクションのような世界に追い込まれざるを得ない。こうなっては、唯一の超大国は何をおいても責任を果すものだという、安心できる公理の上に対外政策を打ち立てていたすべての国が、次から次へと不信と恐怖という新たな態度に捕われて行くのも、驚くにはあたらないのである。

アメリカ合衆国の伝統的な従属的同盟国は、アメリカ合衆国の指導者たちがきな臭いと指定する地域に隣接しているために、なおさら不安に駆られている。韓国はあらゆる機会を捉えて、旧式共産主義の北の隣国を脅威と感じていないと訴えているし、クウェートは、イラクとはもはやいかなる係争もないと断言している。

ロシア、中国、イランの絶対的優先課題は経済発展であり、この三国はもはや次のような戦略的関心しか持たないのである。すなわち、アメリカの挑発に抵抗すること、何もしないこと、そして、十年前だったら考えられなかった逆転であるが、世界の安定と秩序のために闘うこと、である。

アメリカ合衆国の同盟大国もますます当惑と困惑を深めている。ヨーロッパでは従来、独立性を誇るのは唯一フランスのみであったが、ドイツがいら立ちを隠さず、忠臣中の忠臣であったイギリスがはっきりと不安を表明しているのが、ある程度の驚きをもって観察されている。ユーラシアの東の果てでは日本が沈黙を守っており、それは完全な同意の表現であるよりは、むしろ不快感の増大を示すものである。

ヨーロッパ人は、アメリカがイスラエル・パレスチナ問題を解決する絶対的権限を持っているのに、なぜ解決しようとしないのか、理解できない。そしてワシントンが実のところ、近東に緊張の震源地が永続的に存在し、アラブ諸国が西欧世界にますます敵意を募らせて行くことに、満足しているのではないかと疑い始めている。

病的で天才的なテロリスト集団であるアルカイダ組織は、地球上のあちこちで姿を現わしたわけではなく、正確に画定され限定された一地域、すなわちサウジアラビアから出現した。ビンラディンとその副官たちは、その核心部分に加えて、エジプトからの移住者を何人かと、西ヨーロッパの都市郊外から来た一握りのあぶれ者を雇い入れただけである。ところがアメリカは、アルカイダを安定的な不吉な勢力に仕立て上げようと努めている。こうすれば、ボスニアからフィリピン、チェチェンからパキスタン、レバノンからイエメンまで、世界中至る所に出没する「テロリズム」が正当化の口実となってくれて、アメリカはいついかなる場所においていかなる懲罰行動を行なうこともできるようになる。テロリズムを世界的武装勢力のステータスにまで持ち上げてやることによって、地球規模の戦争状態が制度化されることになる。「第四次世界大戦」と呼ぶ者も、アメリカの著作家の中にはいる。この連中は冷戦を第三次世界大戦と呼んで、笑い者になるのも辞さないところをすでに見せていた[1]。まるでアメリカ合衆国は、不可解な理由から、ある程度の国際的緊張、限定されてはいるが慢性的な戦争状態の維持を求めているかのようなのである。

九月一一日の同時多発テロからまだ一年しか経っていないのに、アメリカがこのように見られているというのは、いかにも逆説的である。ワールド・トレード・センターへの攻撃の直後、アメリカの覇権の最も奥深く最も好感を呼ぶ側面が姿を見せた。つまり世界は経済生活の資本主義的編成と政治生活の民主主義的編成のみが唯一妥当にして可能な編成であることを圧倒的多数で認めており、アメリカの覇権はその世界の中で受け入れられた権力である、ということであった。アメリカの主たる強みは、その正統性であるということが、その時はっきりと目に見えたのである。世界中の諸国の連帯は即座に表明された。あらゆる国がテロを断罪した。ヨーロッパの同盟国からは積極的な連帯の意欲が寄せられ、それはNATO軍の投入となって表れた。ロシアはこの機会を捉えて、何にも益して西側との良好な関係を望んでいることを表現した。アフガニスタンの北部同盟に必要な武器を提供し、アメリカの軍事力の行動にとって不可欠な戦略空間を中央アジアに開いてやったのは、ロシアである。ロシアの積極的参加がなければ、アメリカのアフガニスタン攻撃は不可能だっただろう。

同時多発テロは精神科医たちを魅了した。アメリカの脆さが暴露されたことは、至る所でいささか、大人だけでなく子供たちの心の安定性を揺るがしたのである。そこで起こった紛れもない精神的発作は、地球全体の心的構造をむき出しに示して見せた。唯一にしてしかも正統なる超大国アメリカは、世界の無意識の要石のごときものをなしていたのである。親米派も反米派も、それに服従するにせよ反対するにせよ、権威というものを必要としていた子供のようなもので、いまやその権威の中心を奪われて途方にくれていた。要するに九月一一日の同時多発テロは、われわれの服従が自発的であることを暴いて見せたのである。ジョゼフ・ナイ〔元アメリカ国防副長官〕のソフト・パワー理論は見事に実証された。アメリカは単に軍事力だけで君臨していたわけでなく、主に軍事力で君臨していたのでさえない。その価値、その制度、その文化の威信によって君臨していたのである。

それから三ヶ月、世界はその通常の均衡に戻ったように見えた。アメリカは何度かの爆撃によって勝利し、再び全能の存在となった。臣下の諸国は、もっぱら経済的かつ国内的なものである己の仕事に戻れると思った。反体制派は、いつまでも変わることのない呪文のようなアメリカ帝国告発を一時中断していたが、再び始めようとしていた。

それでもだれもが、同時多発テロの傷——しかしそれはヨーロッパ、ロシア、日本、中国ないしパレスチナの戦争体験の深刻さから較べればかなり相対的なものだったが——がアメリカを、戦争の被害という人類共通の宿命に近付け、アメリカは貧困者と弱者の抱える問題により敏感になるだろうと期待した。世界は夢見ていた。すべてあるいはほとんどすべての国によるアメリカ合衆国の権力の正統性の承認によって、被支配者たる全世界は中央権力を受け入れ、支配者たるアメリカは正義の観念に従う、本物の善の帝国が出現するに至るだろうという夢である。

ところがその時、アメリカ合衆国の国際的行動様式が、アメリカ観の変更を惹起し始めた。一九九七年一二月には対人地雷禁止のオタワ条約を、一九九八年七月には国際刑事裁判所設立の合意を、ワシントンが拒否するという風に、すでに九〇年代後半に明瞭に現れていた一方的行動の傾向が、二〇〇二年の一年間にわたって再び姿を現したのである。炭酸ガス排出についての京都議定書へのアメリカ合衆国の拒否がそれで、これによって歴史はかつての流れを再びたどるように見えたのである。

アルカイダへの闘いは、もし謙虚かつ穏当に進められていたら、アメリカ合衆国の正統性を制度化することを可能にしたはずだが、かえって無責任が増大していることを浮き彫りにした。あの同情を禁じ得ない傷ついた国、われわれの世界の均衡にとって不可欠な国というイメージは、わずか数ヶ月で消え失せ、落ち着きなく動き回る攻撃的な、自己中心のアメリカというイメージに席を譲った。これが現状である。しかし現状は本当にそれであろうか？

それというのも、現在の状況において最も不安なのは、アメリカの行動様式を十全に説明できる満足の行く説明モデルが見当たらないことなのだ。「孤高の超人国」はなぜ、第二次世界大戦直後に確立した伝統に従って、基本的に寛大で穏当な態度を保持することをやめたのか？　なぜかくも動き回り、安定を揺るがすようなことをするのだろうか？　全能だからか？　それとも逆に、今まさに生まれつつある世界が自分の手をのがれようとしているのを感じるからか？

アメリカ合衆国の行動様式を説明する厳密な説明モデルの構築に移る前に、われわれとしては、アメリカの抱える唯一の問題は勢力の過剰であるとする、標準化されたアメリカのイメージを始末しておかなくてはならない。職業的反米派はそれゆえわれわれにとっては何の役にも立たないであろう。しかしエスタブリッシュメントの思想家たちは確実な案内人となってくれるだろう。

没落の問題系への回帰

構造的反米派は、アメリカは本性からして悪質なのであり、資本主義システムの悪しき作用の国家的体現に他ならないという、いつもながらの解答を寄せる。フィデル・カストロのような小振りの地域的専制君主を崇拝するにせよしないにせよ、計画経済の失敗が最終的に確定したことを理解したにせよしていないにせよ、彼ら永遠の反米派にとって現在この時点は、まさに我が意を得たりという瞬間である。なにしろついに、アメリカ合衆国が全世界の均衡と幸福にネガティヴな貢献をしていることを真顔で指摘することができるようになったのだから。しかし勘違いしてはならない。こうした構造的反米派の現実と時間に対する関係は、止まった時計のそれに等しい。止まった時計でも、一日に二度は時刻が合うものなのだ。彼らの中で最も典型的なのは、実はアメリカ人である。ノーム・チョムスキーの著作を読んでみるといい。世界の変化についての自覚はいささかも見受けられないだろう。ソ連の脅威の以前であろうと以後であろうと、アメリカは変わることがなく、同じように軍国主義で、抑圧者で、自由主義を装っているだけだ。今日イラクにおいても、四半世紀前ヴェトナムにおいても同じである。[2] しかしチョムスキーの描き出すアメリカは、悪質であるだけでなく、全能である。

もう少し文化的で現代的な部類からはベンジャミン・バーバー〔ラトガーズ大学政治学教授、ウォルト・ホイットマン・センター所長〕の『ジハード 対 マックワールド』を取り上げることができる。彼はわれわれに、アメリカの軽蔑すべき下位文化と、それに劣らず耐え難い部族制の残滓の対決によって荒廃した世界の絵巻を描き出してみせる。[3] しかしアメリカ化の勝利を予告しているところを見ると、ベンジャミン・バーバーは、その批判的姿勢の奥底で、十分に自覚しないままに、アメリカ・ナショナリズムの徒であることがうかがえる。彼も自国の力を過大評価しているのである。

同じ過大評価の例としてアメリカを超巨大勢力とするユベール・ヴェドリーヌ〔ジョスパン内閣の外務大臣〕の考えも挙げることができる。彼がフランスの外務大臣であった時に行なった対外政策には敬意を払うとしても、彼が愛着を抱くこの概念は、分析者たちの目を晦ましこそすれ、分析の助けにはならないと認めなければならない。

これらのイメージはわれわれが現在の状況を理解する助けとはならない。誇張されたアメリカが前提となっているからだ。その悪の規模の大きさが誇張されることも時にはあるが、大抵はその勢力の大きさが誇張されている。そのためにアメリカの対外政策の謎を突き止めることが不可能になってしまうのである。それというのも、解答は勢力の大きさではなく弱さの方に探し求められるべきだからである。不規則で攻撃的な戦略軌道、一言で言うなら「孤高の超大国」の酔っ払いのような足取り、これに満足の行く説明を加えることは、未解決にして解決不可能ないくつもの矛盾と、そこから派生する不足感と恐怖感を赤裸々に暴き出すことによってのみ初めて可能である。

アメリカ・エスタブリッシュメントによって産み出された分析を読むと、事態はもっと明らかになる。ポール・ケネディ〔一九四五年生、イェール大学教授〕、サミュエル・ハンチントン、ズビグニュー・ブレジンスキー〔一九二八年生、カーター大統領の安全保障担当補佐官〕、ヘンリー・キッシンジャー、ロバート・ギルピン〔プリンストン大学アイゼンハワー記念公共国際関係講座名誉教授〕のものを読むと、相互の見解の相違を越えて、同じように節度あるアメリカ像が共通してうかがえるのである。そのアメリカは、無敵不敗とはほど遠く、人口が増大し、益々発展する世界の中でその相対的勢力が減少するという容赦なき現実を管理して行かなければならない。アメリカの勢力の分析は、ケネディやギルピンにあっては経済的、ハンチントンにあっては文化・宗教的、ブレジンスキーやキッシンジャーにあっては外交・軍事的と、実に多様である。しかしどれを読んでも、アメリカ合衆国の強さについては不安に満ちたイメージを突き付けられるのであり、その世界に対する支配力は脆弱で脅威に曝されているように見えるのである。

キッシンジャーは、戦略的現実主義の原則への忠実さと自分自身の知性に対する讃嘆は相変わらずだが、このところそれを越える総体的ヴィジョンを打ち出すことができないでいる。その最近作、『アメリカは対外政策が必要か？』[4]は、ほとんど地域的困難のカタログにすぎない。しかしポール・ケネディの『大国の興亡』[5]は、一九八八年刊だからすでに新しい本とは言えないが、御多分にもれず相対的経済力の低下から外交・軍事的過大拡張が派生するという、「帝国的過大拡張」imperial overstretch の危険に曝されたアメリカ・システムという、まことに有益なイメージを示してくれる。サミュエル・ハンチントンは、一九九六年に『文明の衝突』[6]を刊行した。これは一九九三年に『フォーリン・アフェアーズ』誌に掲載した論文の拡大版であるが、その色調には実に陰々滅々たるものがある。この本を読むと、しばしばシュペングラーの『西欧の没落』の戦略的模倣を読んでいるような気がして来る。ハンチントンは英語の世界語化にさえ異議を唱え、アメリカ合衆国は慎ましく後退して、カトリック・プロテスタント・ブロックの西ヨーロッパとの同盟だけに引きこもるべきだと主張している。東ヨーロッパの「正教徒」ははねつけ、日本とイスラエルという、アメリカの戦略システムの他の二つの支柱——この二つには文化的に他なるものという烙印が押される——も、それぞれの運命に委ねるべきだというのである。

ロバート・ギルピンの見方は、経済的考察と文化的考察を組み合わせたもので、非常に大学的で、慎重で、知的である。ギルピンは国民国家の存続を信ずるがゆえに、その『グローバル経済学』[7]の中で、世界の「地域化」という根本的脅威に曝されたアメリカの経済・金融システムの潜在的弱点を見抜いている。もしヨーロッパと日本がそれぞれ自分の影響地域を編成するならば、世界にアメリカという中心が存在する必要がなくなるだろうし、そのような布置の中でアメリカ合衆国の経済的役割の定義をやり直すなら、あらゆる困難が派生することになろう、というわけである。

しかし最も慧眼であることを示したのは、ブレジンスキーである。一九九七年に刊行された『大いなるチェスボード』[8]で彼は、経済的問題に関心がないにもかかわらず、見事なヴィジョンを提示している。彼のものの見方をきちんと把握するためには、地球儀を目の前に置いて、アメリカ合衆国の著しい地理的孤立を自覚する必要がある。〔アメリカ合衆国という〕世界の政治的中心は実際には世界から遠いのである。彼はしばしば単純この上ない、尊大で粗暴な帝国主義者だと非難される。その戦略的主張はたしかに苦笑を誘うようなところがあり、特に彼がウクライナとウズベキスタンをアメリカが関心を向けるべき対象として指示するのには、苦笑を禁じ得ない。しかし世界の人口と経済はユーラシアに集中しており、共産主義の崩壊によってユーラシアは再統一され、アメリカ合衆国は忘れられて、独り新世界に閉じこもるという彼のイメージは、何かしら基本的なもの、アメリカ・システムの上に漂う本当の脅威についての閃光のような直観なのである。

フクヤマのパラドックス——アメリカの勝利からその無用性へ

現在アメリカのエスタブリッシュメントを苛んでいる不安が如何なるものか理解しようとするなら、フランシス・フクヤマが『歴史の終わり[9]』で提出した仮説がアメリカ合衆国自身にとってどのような戦略的帰結をもたらしたかを、真剣に考えてみることも必要である。一九八九年から一九九二年に発表されたこの理論は、パリの知識人を面白がらせた。フクヤマはヘーゲルを単純化して用いたが、その用い方が高度な消費にも耐えたことに、パリ知識人は驚いたのである。歴史は意味＝方向を持つが、その到達点は自由主義的民主主義の全世界化である。共産主義の崩壊は人間の自由のこの歩みの一段階に他ならず、これに先立って、ポルトガル、スペイン、あるいはギリシャの、南欧の独裁政権の瓦解というもう一つの段階があった。トルコでの民主主義の出現は、この動きの一環をなし、ラテンアメリカの民主主義の強化も同様である。以上のような説明モデルが、ソヴィエト体制の崩壊と時を同じくして提案されたわけだが、フランスでは全体として、アメリカ的なおめでたさと楽観論の典型的な例と受け止められた。現実のヘーゲル、すなわちプロイセンに服従し、ルター派の権威主義を尊重し、国家を崇敬したあのヘーゲルを知っている者にとって、個人主義的民主主義者としてのヘーゲルというこのイメージは、大いに笑えるものだった。フクヤマがわれわれに提案したのは、ディズニーのスタジオでほんわかと仕上げられたヘーゲルなのである。それにヘーゲルは歴史の中における精神の前進に関心を寄せたが、フクヤマの方は、教育に触れることがあっても、常に経済的ファクターを最も重要と扱っており、しばしばマルクスの方により近いように見えるのである。[10] マルクスは彼とは全く別の歴史の終わりを予告したのだったが。そのモデルの中では教育的・文化的発展は副次的なものにすぎない。それゆえにフクヤマはまことに奇妙なヘーゲル学徒となっているのである。きっとアメリカの知的生活の常規を逸した経済主義に感染したに違いない。

そうした留保はした上で、フクヤマが生成しつつある歴史にきわめて鋭く妥当性のある経験主義的観察を加えたことは認めてやらなければならない。早くも一九八九年に、自由主義的民主主義の全世界化が検討に値する可能性となると指摘したのは、それ自体としては立派なお手柄であった。ヨーロッパの知識人は、彼ほど歴史の動きへの感受性がなく、己の分析能力を共産主義への批判へと、つまりは過去へと傾注して行った。ところがフクヤマは未来について思弁するということを行なったのである。そちらの方が難しいが、より有益である。私としては、フクヤマのヴィジョンにはかなりの真実が含まれるものの、地球の安定化を教育と人口動態というファクターで捉えていない、と考える。

ともかく世界の民主化についてのフクヤマの仮説の妥当性の問題はしばらく措いておこう。そして彼の仮説がアメリカ合衆国にとって中期的にどのような帰結をもたらすかを検討してみよう。

フクヤマは、自由主義的民主主義国間には戦争は不可能であると結論するマイケル・ドイル〔プリンストン大学国際関係研究所所長〕の法則を、自分のモデルの中に組み込んでいる。ドイルはヘーゲルではなくむしろカントにヒントを得て、八〇年代の初めにこの法則を導き出した。[11] ドイルというのもわれわれにとっては、見た目はおめでたく見えるけれど、実践的には生産性に富んだ、アングロ・サクソン経験主義の二つ目のケースである。戦争は民主主義国同士では不可能であるということが、具体的な歴史の検討によって検証される。具体的歴史は、自由主義的民主主義国はそれに敵対する体制との戦争を免れないとしても、互いに戦うことはないことを証明しているのである。

現代の自由主義的民主主義はいかなる事態にあっても平和の方へと傾く。一九三三年から一九三九年のフランスとイギリスの民主主義に対して好戦的であったと非難することはできないだろう。アメリカ民主主義については、真珠湾まで孤立主義を採っていたことを、遺憾の念とともに確認することしかできない。一九一四年以前にフランスとイギリスに民族主義の勢力伸張があったのは否定できないとしても、ヨーロッパを第一次世界大戦に引きずり込んだのは、実際上政府が議会に対して責任を有さなかったオーストリア・ハンガリーとドイツであったことは認めないわけにいかない。

単なる良識からしても、教育水準が高く、満足すべき生活水準を有する国民が、大規模な戦争を宣戦することも辞さないような議会の多数を選挙で産み出すのは困難であることは、納得できよう。似たような政治組織を持つ二つの国民は、互いの紛争に不可避的に平和的解決を見い出すことであろう。しかし非民主主義的・非自由主義的な体制の指導権を握る、理の当然として他からの掣肘を受けることなき徒党の方は、一般に通常人の大多数に宿っている平和への欲求を踏みにじって、戦争を始める決定を下す行動の自由をはるかに多く持つことだろう。

もし自由主義的民主主義の全世界への普及（フクヤマ）と、民主主義国同士の戦争の不可能性（ドイル）とを加算するなら、地球は恒久平和の中に収まることになる。

ヨーロッパの旧い伝統に則ったシニカルな男なら苦笑して、人間の悪と戦争を行なう永遠不変の能力を指摘することだろう。しかしこのような反論に立ち止まらず、推論を続けよう。このようなモデルがアメリカにとってどのような帰結をもたらすかを探ってみよう。歴史の巡り合わせによって、民主主義の原則が、ドイツのナチズムから、日本の軍国主義から、ロシアないし中国の共産主義から脅かされていると思われた時、それを護るということが、アメリカの全世界的な専門領域となった。第二次世界大戦、次いで冷戦は、言ってみればアメリカのこの歴史的職務を制度化したのである。しかしもし民主主義が至る所で勝利するのなら、軍事大国としてのアメリカ合衆国は世界にとって無用のものとなり、他の民主主義国と同じ一つの民主主義国にすぎないという事態に甘んじなければならなくなるという最終的パラドックスに、われわれはたどり着くのである。

このアメリカの無用性というものは、ワシントンの基本的不安の一つであり、アメリカ合衆国の対外政策を理解するための鍵の一つなのである。この新たな恐怖をアメリカ外交のリーダーたちが公式の場で表明する際、よくあることだが、それはしばしば逆の確言の形を採るのである。一九九八年二月、クリントン政府の国務長官、マドレーン・オルブライトは、イラクへのミサイル発射を正当化しようとした際、アメリカ合衆国を不可欠な国として定義した。[12] サッシャ・ギトリ〔一八八五〜一九五七年、フランスの俳優・劇作家〕が見事に見抜いたように、真実の反対はそれだけでもう真実に極めて近いのである。アメリカ合衆国が不可欠であると公式に確言するというのは、地球にとってアメリカ合衆国が有用かということが問題になっているということである。指導者たちはこうして、ほとんど言い違えのようなものによって、戦略分析者の不安を外に漏らしてしまう。マドレーヌ・オールブライトは、精神医学で言う否認の形で、ユーラシアから離れているという、中心をはずれ孤立したアメリカ合衆国の立場に気付いていているブレジンスキーの学説を表現してしまうのである。平和になった世界の歴史は、かくも人口が多く、かくも狡知に長けたユーラシアに集中するかもしれない。

実はブレジンスキーは、フクヤマのパラドックスが含む暗々裏の脅威を受け入れ、旧世界の制御権を保持するための外交的・軍事的技法を提案している。ハンチントンは彼ほど巧みなプレイヤーではない。フクヤマのモデルが持つ共感し得る普遍主義を受け入れず、民主主義的・自由主義的価値観が全世界に広がる可能性を予測するのを拒み、諸民族の宗教的・民族的分類に逃げ込むが、それら諸民族の大部分は、本性からして「西欧的」理想には不向きだということになる。

考察がこの段階まで達した以上、われわれとしてはいくつかの歴史的可能性の中からいずれかを選択しなければならない。自由主義的民主主義は全般化されるだろうか？　もしされるとするなら、それは平和をもたらすだろうか？　しかしブレジンスキーとハンチントンがフクヤマに答えているのだということ、そしてアメリカ合衆国が周辺国になってしまうという、世界中がアメリカの全能に不安を募らせている現在からすれば逆説的な可能性が、アメリカのエリートに付きまとっているということを理解しなければならない。孤立主義への復帰に気をそそられているどころか、アメリカは孤立を恐れ、もはや自分を必要としなくなった世界の中でただ独りとなることを恐れている。しかしなぜアメリカは今になって世界から遠く離れることを恐れるのだろうか？　一七七六年の独立宣言から一九四一年の真珠湾まで、世界から遠いことはアメリカの存在理由であったのに。

自律性から経済的依存へ

無用になること、そしてその結果としてもしかしたら孤立すること、このことへの恐怖はアメリカ合衆国にとって、単なる新現象では片付けられぬ、紛れもない歴史的姿勢の転換なのである。腐敗せる旧世界との訣別というのは、アメリカの建国神話の一つ、おそらくは最も重要な神話であった。自由と豊穣と道徳的向上の大地たるアメリカ合衆国は、シニカルな旧大陸諸国の下劣な抗争に関わりを持つことなく、ヨーロッパから独立して発展する道を選んだわけである。

十九世紀の孤立は、現実には外交と軍事のみの孤立だった。なにしろアメリカ合衆国の経済成長は、ヨーロッパから到来する二つの不可欠な連続的フロー、すなわち資本と労働力のフローの供給を受けることができたのだからである。ヨーロッパからの投資と識字率の高い労働力の流入が、アメリカの実験の真の経済的原動力であった。その結果、十九世紀末には、アメリカの経済は世界で最も強大となっただけでなく、大量に原料を生産し、通商において大幅に輸出超過となる、世界で最も自己充足的なものとなっていた。

二十世紀初頭、アメリカ合衆国はもはや世界を必要としなくなっていた。その実際の国力を考えるなら、アジアとラテンアメリカに対するアメリカ合衆国の最初の介入は実に慎ましいものだった。しかし第一次世界大戦の際に明らかになったように、世界の方がアメリカ合衆国を必要としていたのである。その呼び声にアメリカはしばらくは耳を貸さなかったが、一九一七年になってようやく答えた。それからヴェルサイユ条約の批准を拒んで、再び孤立の道を選んだ。アメリカがついに世界の中でその経済力に相応しい地位を占めるに至るまでには、真珠湾とドイツの対米宣戦を待たねばならなかったのである。こう言って良ければ、それは日本とドイツのイニシアチヴで実現したということになる。

一九四五年にアメリカの国民総生産は全世界の国民総生産の半ば以上を占めており、世界支配の効果が発揮されるのは、自動的で即時的であった。たしかに一九五〇年頃には、共産主義が東ドイツから北朝鮮に至るユーラシアの中心部を覆っていた。しかし世界一の海軍力と空軍力を持つアメリカは、地球のそれ以外の部分を、ソヴィエト体制への闘いを優先課題とする多数の同盟国・従属国の祝福を受けつつ、戦略的に統御していた。アメリカの覇権は、世界の大部分の同意によって樹立されたのである。あちこちで数多くの知識人、労働者、農民が共産主義に支持を寄せはしたけれども。

その後の事態の推移を理解しようとするなら、この覇権が数十年間にわたって恵みをもたらすものであったことを認めなければならない。一九五〇年から一九九〇年までのアメリカの支配の全般的有益性のこうした承認なしには、その後アメリカ合衆国が有用から無用に転換してしまうことの重要性を把握することもできなければ、そのような逆転から、われわれにとってもアメリカ合衆国にとっても、どのような難問が派生するかを把握することもできない。

一九五〇年から一九九〇年までの世界の非共産化部分に対するアメリカの覇権は、ほとんど帝国の名に値するものであった。その経済的・軍事的・イデオロギー的能力はしばしの間、アメリカに帝国に相応しいあらゆる規模の国力を与えた。ワシントンによって政治的・軍事的に指導される圏域の中では、自由主義的経済原理が優越したが、それがやがて世界を変貌させるに至る。それこそがグローバリゼーションと呼ばれるものなのである。それはまた支配国の内部構造に、長期にわたり、かつ奥深く影響を及ぼし、その経済を弱体化させ、その社会の形を歪めることとなった。その過程は最初はゆっくりと漸進的に進行した。歴史の担い手たちが気付かぬうちに、アメリカ合衆国とその影響圏の間に依存関係が確立してしまったのである。早くも一九七〇年代初頭には、アメリカの貿易赤字は世界経済の構造的要素となっていた。

共産主義の崩壊は、依存の過程を劇的に加速化することとなった。一九九〇年から二〇〇〇年までの間に、アメリカの貿易赤字は、一〇〇〇億ドルから四五〇〇億ドルに増加した。その対外収支の均衡をとるために、アメリカはそれと同額の外国資本のフローを必要とする。この第三千年紀開幕にあたって、アメリカ合衆国は自分の生産だけでは生きて行けなくなっていたのである。教育的・人口学的・民主主義的安定化の進行によって、世界がアメリカなしで生きられることを発見しつつあるその時に、アメリカは世界なしでは生きられないことに気付きつつある。

「グローバリゼーション」をめぐる論争は、部分的に現実と遮断されたところがある。というのも、グローバリゼーションとは、いかなる国も特異な地位を占めることのない、同質的で対称化された通商的・金融的交換であるという公認教義的なイメージが、あまりにもしばしば受け入れられているからである。労働、利潤、資本流通の自由といった抽象概念が、一つの基本的要素を覆い隠している。すなわち世界経済の新たな編成の中における最重要国の特殊な役割という要素である。アメリカは、相対的な経済力に関しては随分と落ち込んだとしても、世界経済全体から金《カネ》を取り立てる能力を大量に増加させることに成功したのだ。つまりアメリカは客観的には略奪をこととする存在となったわけである。このような状況は、強さの印と取るべきか、弱さの印と解釈すべきだろうか？　確かなことは、アメリカは、今後は自分の生活水準にとって不可欠となった世界への覇権を維持するために、政治的、軍事的に闘わなければならなくなるということである。

この経済的依存関係の逆転は第二の重大な要因であり、民主主義体制の増殖という第一の要因とこれとを組み合わせれば、現在の世界情勢の奇妙な様相、アメリカ合衆国の奇怪な行動様式、全世界が陥っている精神的混乱を説明することが可能になる。経済的には依存的で政治的には無用な超大国、これをどうやって管理したら良いのだろうか？

この無気味なモデルの作成作業はこの辺でやめにして、結局のところアメリカは民主主義国であり、民主主義国は互いに戦争をすることはないのだから、アメリカ合衆国は攻撃的で戦争を扇動する、世界にとって危険な存在になることはあり得ないと思い返して、安心することもできよう。試行錯誤の末にワシントン政府は、結局はこの新たなモデルに経済的・政治的に適応する道を見い出すことになるだろうと、考えることもできよう。もちろんその通りだ。しかしわれわれはまた、成熟した民主主義の危機が、とくにアメリカでますます目につくようになり、ますます懸念されるようになっており、そこからするとアメリカ合衆国を本性からして平和的な国と考えることは出来なくなっていることも、承知しておかなければならない。

歴史は歩みを止めることがない。民主主義が全世界に広まったということで、最も古くからの民主主義国――アメリカ合衆国、イギリス、フランス――も変化し続けているということを忘れてはならない。あらゆるものが、現在これらの国々は、徐々に寡頭制に変貌しつつあるということを示している。「逆転」という概念は、アメリカ合衆国の世界に対する経済的関係を理解するのに有益であったが、世界における民主主義の動きを分析するためにも有益なのである。民主主義は現在、それが弱体であったところで前進しつつあり、それが強力であったところでは後退しつつあるのだ。

アメリカ民主主義の退化と戦争の可能性

フクヤマの強みは、非西欧世界の安定化の過程をすばやく突き止めたことにある。しかしすでに見たように、彼の各国社会への見方は経済主義に影響されており、教育的要因を歴史の中心的動因とせず、人口動態に関心を払わない。フクヤマは、自分が検出した民主主義と個人主義の進展の核心に、大衆識字化という独立の説明変数が横たわることに目を向けない。そこから、自由主義的民主主義の全般化から歴史の終わりを演繹するという、彼の最大の誤りが生ずるのである。このような結論は、この政治形態は完璧でないまでも安定的であって、一度それが実現されてしまえばその歴史はそこで停止する、ということを前提とするものである。しかしもし民主主義が文化の一段階、つまり初等教育の段階の政治的上部構造に過ぎないとするなら、教育の進展が継続して、中等・高等教育が発展して行くことは、民主主義が最初に出現した諸国において、民主主義の不安定化をもたらすことにしかなり得ないのである。まさにその瞬間に、単に大衆識字化の段階に達しただけの国々では、民主主義が確立しつつあるのだ(13)。

中等教育、ならびにとりわけ高等教育は、先進国社会の心的・イデオロギー的組織構造の中に再び不平等の観念を導入する。「高等教育を受けた者」は、偽りの良心でしばらくためらったのち、やがては自分が本当に高等な人間だと思うようになる。先進国には新たな階級が出現する。その階級は、単純化して言うなら、人口の上では社会構造の二〇%を占め、所有する通貨では五〇%を占める。そして次第に普通選挙の拘束が耐えられなくなって行くのである。

識字化の進展によってわれわれは、民主主義の前進を、ほとんど神の意志の結果であり、「神の摂理によるもの」と考えたトックヴィル〔一八〇五~五九年、フランスの歴史家、主著『アメリカの民主主義』(一八三五~四〇年)〕の世界に生きていた。高等教育の進展は今日われわれをして、もう一つの「神の摂理による」前進を体験させている。ただしそれは災禍をもたらす前進、寡頭制への前進である。民主制のあとに寡頭制が到来した、あのアリストテレスの世界への驚くべき回帰に他ならない。

民主主義がユーラシアに定着し始めたまさにその時に、それはその誕生の地で衰弱しつつある。アメリカ社会は、基本的に不平等な支配システムに変貌しつつあるのだ。その現象は、マイケル・リンド〔政治ジャーナリスト、『ニューヨーカー』『ナショナル・インタレスト』等の編集委員〕がその『次なるアメリカ国家』[14]の中で完璧に概念化して見せている。特に民主制以降のアメリカの新たな指導階級、オーヴァー・クラス〔上位階級〕の最初の体系的描写が、この本の中には見い出される。

別に羨むには及ばない。フランスもこの道をアメリカ合衆国とほとんど同じくらい前進している。エリート主義とポピュリズムが対決するこうした政治システムは、なんとも奇妙な「民主主義」だ。普通選挙は存続しているが、右と左のエリートが、不平等の縮小につながるようないかなる経済政策の方向転換をも禁じることで合意しているのである。それはますます突拍子のない世界となって行き、選挙の駆け引きは、メディア上での大仰な対決を繰り広げた末に、現状維持に行き着く。エリート間の友好関係は、上層に公認の教義が存在することの反映に他ならないが、そのため、普通選挙が危機の可能性を示唆する場合であっても、表面上の政治システムが崩壊することは阻止される。ジョージ・W・ブッシュは、算術的な意味では彼が勝ったとは断定できないような不透明な過程の末にアメリカ合衆国大統領に選ばれた。しかしそれからほどなくして、もう一つの「歴史的」大共和国、フランスは、得票率八〇%で当選した大統領という、全く逆の事例を提示した。逆ということは、サッシャ・ギトリの論理で言えば、極めて近いということになる。フランスのほとんど全員一致に等しい事例は、下の方の二〇%から上がった願いを、上の二〇%が封じ込めたという、もう一つ別の社会学的・政治的メカニズムの結果に他ならない。差し当たりは上の二〇%は、中間の六〇%をイデオロギー的に統御しているわけである。しかし結果は同じである。選挙プロセスはいかなる実際的重要性も持たない。そして棄権率は抗い難く上昇して行く。

イギリスでも同じ文化的階層分化の過程が進行している。それは極めて早い時期に、マイケル・ヤング〔一九一五〜二〇〇二年、イギリスの社会事業家、消費者協会、オープン・ユニヴァーシティ等、多くの運動・事業を創設〕によってその『メリトクラシー』[15]の中で分析されている。一九五八年刊行というのだから、この短い試論は本当に予言的な著作と言わねばならない。しかしイングランドの民主的局面は、到来するのも遅かったし、控え目なものだった。かつての貴族制はつい最近まで残っており、今でも極めて明瞭な階級特有の訛りの存続によって具現されていた。そのため西欧的寡頭制の新たな世界への軟着陸は容易に行なわれるのである。因みにアメリカの新階級は何となくそれを羨んでおり、自分たちの過去ではないヴィクトリア朝の過去を懐かしむ彼らのイギリス贔屓の姿勢はその現れに他ならない[16]。

したがって民主主義の危機をアメリカ合衆国だけに限定するのは、不正確でもあるし不当でもある。イギリスとフランスという、歴史によってアメリカ民主主義に結び付けられる二つの古くからの自由主義国は、同様の寡頭制による衰退の過程に足を踏み入れている。しかしグローバル化された世界の政治・経済システムの中では、この二国は被支配者にすぎず、それゆえにアメリカと違って貿易収支の均衡を図らなければならない。両国の社会的軌道は、時が来ればアメリカ合衆国のそれと別れることにならざるを得ないのである。かつて「西欧民主制」という言い方ができたように、「西欧寡頭制」と言うことができる日が来るとは、私は考えていない。

しかし以上は、アメリカと世界の関係の難しさを説明する第二の大逆転である。民主主義の全世界的進展は、民主制がその誕生の地で衰退しているという事実を覆い隠している。この逆転は、全世界的ゲームへの参加者たちに気付かれていない。アメリカは相変わらず、自由と平等の言辞をまことに巧みに操っている。それは良心の呵責なきシニスムというよりは、習慣のなせる業なのだ。それにもちろん、全世界の民主化はまだまだ達成にはほど遠いのである。

しかしこの寡頭制的な新たな段階に移行するとするなら、自由主義的民主制は必然的に平和をもたらすことになるというドイルの法則をアメリカ合衆国に適用することはできなくなる。国民の統制の効かない指導集団が攻撃的行動を採り、より冒険的な軍事政策を採用することを仮定することもできよう。実は寡頭制となったアメリカという仮定は、ドイルの法則の有効範囲を制限することを可能にするわけだが、それにも増して何よりも、攻撃的なアメリカという経験上の現実を認めることを可能にしてくれるのである。アメリカが、近年に民主化したのであれ古くからのであれ民主主義国を攻撃するという戦略的仮定さえ、先験的に排除することはできない。このような図式を用いれば、自由主義的民主主義に軍事的紛争の終わりを期待するアングロ・サクソンの「理想主義者」と、国際関係の領域を永劫の昔から攻撃的国家が興亡する無秩序な空間と受け止める、同じアングロ・サクソン文化に属する「現実主義者」とを和解させる——多少の揶揄がないではないが——ことができる。自由主義的民主主義は平和に至るということを認めながら、その衰退は戦争をもたらすこともあり得るということを認めるわけである。ドイルの法則が真であるとしても、カント的精神の恒久平和はないであろう。

一つの説明モデル

私はこの試論の中で一つの説明モデルを展開して行く積りである。それは形としては逆説となっているが、その核心はかなり単純に次のように要約出来る。すなわち、世界が民主主義を発見し、政治的にはアメリカなしでやって行くすべを学びつつあるまさにその時、アメリカの方は、その民主主義的性格を失おうとしており、己が経済的に世界なしではやって行けないことを発見しつつある、ということである。

世界はしたがって、二重の逆転に直面している。先ず世界とアメリカ合衆国の間の経済的依存関係の逆転、そして民主主義の推進力が今後はユーラシアではプラス方向に向かい、アメリカではマイナス方向に向かうという逆転である。

このようにずしりと重い社会的・歴史的過程を想定すれば、一見奇妙に見えるアメリカの行動も理解することができる。アメリカ合衆国の目標は民主主義的にして自由主義的な秩序を擁護することではなくなっている。その秩序は当のアメリカ自体において内実を失いつつあるのだ。さまざまの財と資本の供給が最重要課題となり、これからはアメリカ合衆国の基本的戦略目標は、世界の資源を政治的手段によって統御することとなる。

しかしながらアメリカ合衆国の経済力、軍事力、イデオロギー力は衰退の一途を辿っているのだから、それを以てかくも人口が多く、識字化され、民主主義が行き渡った、広大な世界を事実上支配することは不可能である。アメリカの覇権への現実の障害である、ロシア、ヨーロッパ、日本という真の戦略的行為者を従わせることは、途方もなく大きいがゆえに到達不可能な目標である。これらの行為者たちとは、アメリカは交渉しなければならず、大抵は要求に屈しなければならない。しかし不安の種である経済的依存には、何らかの解決――現実の解決であれ、幻想の解決であれ――を見つけなければならない。少なくとも象徴的には世界の中心に留まらなくてはならず、そのためには己の「力」、おっと失礼、「全能の力」を演出しなくてはならないのである。そこで劇場的軍国主義が展開することになるわけだが、それは次の三つの本質的要素を含んでいる。すなわち、

――問題を決して最終的に解決しないこと。これは地球規模の「唯一の超大国」の際限のない軍事行動を正当化するためである。

――イラク、イラン、北朝鮮、キューバ等の小国に目標を定めること。政治的に世界の中心に留まる唯一の方法とは、二流の行為者と「対決」し、アメリカの国力を誇示することである。それはアメリカ合衆国とともに世界の統制を分担するよう求められている主要大国、つまりヨーロッパ、日本、そして中期的にはロシア、長期的には中国が、自覚に至るのを妨げる、とまでは無理としても、せめて遅らせるために他ならない。

――決して終るはずのない軍備拡張競争の中でアメリカ合衆国を「ダントツ」にすると想定される新

兵器を開発すること。

このような戦略を持つとするなら、たしかにアメリカは世界の平和に対する予期せざる新たな障害となる。しかしこの戦略は脅威となるような規模のものではない。仮想敵の国のリストとその国力が、アメリカの国力の程度を客観的に規定している。つまりアメリカはせいぜい、イラク、イラン、北朝鮮、もしくはキューバに立ち向かう力があるにすぎないのだ。取り乱して、アメリカ帝国の出現を告発する理由などこれっぱかりもないのである。実際はそれはソヴィエト帝国に一〇年遅れて、解体の一途を辿っているのだから。

世界の力関係についてこのようなイメージを抱くなら、当然いくつかの戦略的提案を行なうことになろう。その目的は、なんらかの国の利益を増やそうということではなく、アメリカの凋落というものをすべての国にとって最善のやり方で管理することに他ならない。

第1章　全世界的テロリズムの神話

最近一〇年ないし一五年間に西欧人の心を捉えた世界のイメージは破局的なイメージである。来る日も来る日もわれらがメディアは、個人と民族の虐殺がますます頻繁に相次いで起こる、憎しみを基本構造とし、暴力が猛威を揮う地球のイメージを作り上げて来た。ルワンダのジェノサイド、ナイジェリアとコート・ディヴォワールの宗教対立、ソマリアの部族抗争、シエラ・レオーネの筆舌に尽くし難い内戦、アパルトヘイトから解放された南アフリカでの犯罪と強姦、ジンバブエの白人農場主の殺害、アルジェリアの大衆テロリズムといった具合である。別の大陸に目を移すなら、イランのイスラム革命——これは最近は大分平穏化したけれども——、チェチェン紛争、グルジアの無政府状態、ナゴルノカラバフの領有をめぐるアルメニアとアゼルバイジャンの戦争、トルコとイラクのクルド人の自治要求、タジキスタンの内戦、インドのカシミール人によるテロ、スリランカのタミル人の反乱、グジャラートでのヒンズー教徒とイスラム教徒の衝突、フイリピン南部でのイスラム・ゲリラ、スマトラ北部アチェ州の過激イスラム主義、インドネシア特殊部隊による東チモールのキリスト教徒の虐殺、アフガニスタンでのタリバン政権。ラテンアメリカは、コロンビアの左翼主義者による営利誘拐や〔メキシコでの〕マルコス副司令官の反乱があるだけで、ほとんど平穏な大陸のように見えるではないか。ヨーロッパに目を転ずれば、ユーゴスラヴィアの解体、クロアチア人、イスラム教徒のボスニア人、セルビア人、コソヴォ人の虐殺は、平和で豊かな、われらが旧い世界に、暴力が上げ潮のように広がって行くという印象を与えた。一九八九年の天安門広場での中国政府による学生デモの弾圧を挙げないのは不公平だろう。イスラエルとパレスチナの紛争というあの人間の理性にもとる不条理の絶頂も忘れてはならない。とはいえこの一覧表を、これまで第三世界と呼び慣わして来た地域からやって来た死を決した男たちによって、アラーの名において遂行された、ワールド・トレード・センターの二つの高層ビルの破壊で締めくくることにしよう。

メディアがよく口にすることだが、私もすべてを網羅したとは言わない。しかしこの殺人事件のリストから、世界は狂っており、われわれは辛うじて保護された孤島に住んでいるという印象を引き出さずにいることは難しい。もっともわれわれの足元にも、都市郊外の自動車火災、二〇〇二年春のフランスにおけるユダヤ教会堂襲撃、大統領選挙第二回投票にジャン＝マリ・ル・ペンが残ったことといった、西欧の野蛮化の兆しがごろごろしてはいるけれども。

暴力に冒された世界という世界の支配的イメージは、歴史の退歩という特殊なヴィジョンを助長する。これらすべての殺戮は一つの意味しか持ち得ない。すなわち、世界は崩壊しつつあり、発展は頓挫し、進歩はヨーロッパ十八世紀の旧い幻想として時代遅れの概念の棚にしまい込まなければならない、ということである。

現在の状況において、厳密に記述することのできる客観的な退歩の要素はいくつかある。テレビが映し出す驚くべき映像もさることながら、それ以上に世界中での成長率の低下や、貧しい国でも豊かな国でも不平等が強まっていることが把握できる。これは経済と金融のグローバリゼーションに結び付いた現象で、論理的かつ単純に自由貿易から派生するものである。[1] 自由貿易は、世界のすべての国の労働力人口を競争させることになり、その結果、賃金の縮小と総体的需要の停滞を引き起こし、その上、豊かな国の豊かな人間と貧しい国の貧しい人間の間の格差に等しい、すさまじいレベルの不平等を、各国社会の中に導入しかねないのである。しかし左のであれ右のであれ、マルクス主義のであれ新自由主義のであれ、単純すぎる経済主義に身を委ねることを拒むなら、厖大な統計資料のお蔭で、現在の世界におけるすばらしい文化的前進がどれほどのものなのかを把握することができる。それは二つの基本的パラメーター、すなわち大衆識字化の全般化と、受胎調節の普及を通して表現される。

文化革命

一九八〇年から二〇〇〇年までの間に、一五歳以上の人間の識字率、つまり読み書きのできる大人の比率は以下のように上昇した。ルワンダでは四〇%から六七%に、ナイジェリアでは三三%から六四%に、コート・ディヴォワールでは二七%から四七%に、アルジェリアでは四〇%から六三%に、南アフリカでは七七%から八五%に、ジンバブエでは八〇%から九三%に、コロンビアでは八五%から九二％に。アフガニスタンにおいてさえ、識字率は同じ期間に一八％から四七％に上昇した。インドでは四一％から五六％、パキスタンでは二八％から四三％、インドネシアでは六九％から八七％、フィリピンでは八九％から九五％、スリランカでは八五％から九二％、タジキスタンでは九四％から九九％に上昇している。イランでは、読み書きのできる人間の比率は、ホメイニ革命初期の一九八〇年には五一％だったのが、二〇〇〇年には七七％に達している。中国では識字率は、一九八〇年にはすでに六六％だったが、今日では八五％になっている。

このような調査はすべての貧しい国について行なうことができるが、今やすべての国は、文化的発展の全般的競争に突入したように見える。マリやニジェールのような最も遅れた国も例外ではなく、マリの識字率は一九八〇年に一四％だったのが、二〇〇〇年には四〇％に増加しているし、ニジェールではより慎ましい前進だが、八％から一六％の上昇となっている。この率はまだまだ低いが、一五歳から二四歳の若者だけを見るなら、ニジェールはすでに識字率二一％、マリは六五％に達している。

この過程はまだ完了していない。文化的発達の水準はまことに多様である。しかしそれほど遠くない将来に、地球全体が識字化されることは予想される。加速化の原理を考慮に入れるなら、若い世代については二〇三〇年頃には地球全体の識字化が実現されると考えることができる。文字の発明はおよそ紀元前三〇〇〇年に遡るが、人類が文字に関わる革命を隅々まで実現するには五〇〇〇年かかったということになろう。

識字化とグローバリゼーション

読み書きの習得――それに伴う基本的計算の習得も忘れてはならないが――は、ついに全世界に拡大した心性の革命の一側面、一段階にすぎない。人間は読み書き計算ができるようになると、ほとんど自然に自分の物質的環境を統御するに至る。十七世紀から十八世紀初頭に至るヨーロッパと同様に、今日アジアとラテンアメリカで、経済的テイクオフが、教育的発達のほとんど自動的な帰結として進行している。自由貿易と金融のグローバリゼーションという状況の下では、経済成長は抑えられ歪められるが、しかし全くゼロということはない。低賃金地域への工場の移転は、ブラジル、メキシコ、中国、タイ、インドネシアにおける教育の進歩なしには不可能であったという事実を、アメリカ人、ヨーロッパ人、日本人は、承知しておかなければならない。

かつての第三世界の労働者たち――その低賃金がアメリカやヨーロッパや日本の賃金を圧迫するわけだが――は、読み書き計算ができるのであり、彼らが搾取可能であるのは、そのためなのである。アフリカのように、教育普及の過程が完了していないところには、工場の移転は行なわれていない。経済のグローバリゼーションは、超時間的な原則ではなく、工業のテイクオフの最初の中心地以外の場所に、識字化された労働力が相対的にふんだんに存在するという歴史的に特殊な全世界的環境における、利潤の最適化の技法に他ならない。

ヨーロッパとアメリカ合衆国への現在の移民流入の動機を理解するためにも、やはり教育という要因を考慮に入れる必要がある。豊かな世界の戸口に殺到する人々は、たしかにまだ非常に貧しい国の物質的貧困に追い立てられたのではある。しかし貧困を逃れようとする彼らの意志は、生活向上の願望のレベルが高いことを示しており、その願望のレベルの高さは、今や実質的なものとなった出身国の識字率に由来するのである。教育は無数の帰結をもたらすが、その一つが、住民が精神的に生まれ育った土地から離脱するということに他ならない。

人口革命

人間が、より正確に言うなら、女性が読み書きを身につけると、受胎調節が始まる。現在の世界は人口学的移行の最終段階にあり、二〇三〇年に識字化の全般化が想定されている。一九八一年に世界全体の出産率指数〔巻末訳者解題参照〕は、まだ女性一人に対して子供三・七だった。このような高い出産率だと、地球の人口は急速に拡大することになり、低開発状態の継続という仮定は真実と考えられていた。ところが二〇〇一年に、世界出産率指数は女性一人に対して子供二・八に落ちたのである。人口の一対一の単純再生産を保証する出産率指数は二・一だが、それに極めて近付いたことになる。これらの数値からすればもはや明確に想定できる将来、おそらくは二〇五〇年には、世界の人口が安定化し、世界は均衡状態に入ることが予想できる。

各国別の出産率指数を検討してみると、先進国圏と低開発国圏の数字の上での境界が消えていることに驚かされる。

表1は、一九八一年と二〇〇一年の出産率を示すが、サンプルは最も人口の多い諸国と最も有意的な諸国を含んでいる。そのうちの多くは女性一人に対して子供二と三の間に位置する出産率を示している。最近まで低開発国に分類されていた国の中に、西欧諸国の出産率に等しい出産率を持つ国がいくつかある。中国とタイは出産率一・八で、一・九のフランスと一・七のイギリスの中間に位置する。「悪の枢軸」の正式メンバーであるイランは、二〇〇二年には出産率二・一（二〇〇一年にはまだ二・六だった）〔表2〕で、善の枢軸の自称リーダー——間もなくその唯一のメンバーになってもらいたいものだが——であるアメリカ合衆国と同じ率を持つのである。[2]

人口学的移行は至る所で完了しているというわけではない。例えばボリヴィアでは女性一人に対して子供四・二である。イスラム圏の一部とアフリカの大半は高い出産率を維持している。しかしアフリカでも、ニジェールとソマリアのような周辺国を除けば、出産率低下の動きが始まっていることがよく分かるし、イスラム諸国の大半でこの動きは非常に進んでいるのである。

出産率指数の検討によってとりわけ明らかになったことは、人口学的実体としてのイスラム圏は存在しない、ということである。率の分布は、女性一人に対して子供二のアゼルバイジャンから七・五のニジェールまで、最大限に拡散している。具体的なイスラム共同体とは、人口学的移行の途上にある第三世界の完全な縮図なのだ。カフカスと中央アジアの旧ソ連圏の共和国は、共産主義体制によっ

表1　世界の出産率

	1981	2001		1981	2001
アメリカ合衆国	1.8	2.1	インド	5.3	3.2
カナダ	1.8	1.4	スリランカ	3.4	2.1
イギリス	1.9	1.7			
フランス	1.9	1.9	アルゼンチン	2.9	2.6
ドイツ	1.3	1.3	メキシコ	4.8	2.8
イタリア	1.7	1.3	ボリヴィア	6.8	4.2
スペイン	2.5	1.2	ペルー	5.3	2.9
			ブラジル	4.4	2.4
東ドイツ	1.9		コロンビア	3.9	2.6
ルーマニア	2.5	1.3	ヴェネズエラ	4.9	2.9
ポーランド	2.3	1.4			
ロシア	2.0	1.2	南アフリカ	5.1	2.9
ウクライナ	1.9	1.1	ルワンダ	6.9	5.8
			ザンビア	6.9	6.1
日本	1.8	1.3	ジンバブエ	6.6	4.0
中国	2.3	1.8	ケニヤ	8.1	4.4
台湾	2.7	1.7	タンザニア	6.5	5.6
韓国	3.2	1.5	エチオピア	6.7	5.9
北朝鮮	4.5	2.3	ザイール	6.1	7.0
ヴェトナム	5.8	2.3	コート・ディヴォワール	6.7	5.2
タイ	3.7	1.8	シエラ・レオネ	6.4	6.3
フィリピン	5.0	3.5	リベリア	6.7	6.6

出産情勢指標——女性一人に対する子供の数
出典）*Population et société*, sept 1981 et juil-août 2001, n°151 et 370, INED〔国立人口統計学研究所編『人口と社会』〕

て非常に識字化が進められており、出産率においても先進的で、アゼルバイジャンの二からウズベキスタンの二・七までに収まってしまう。チュニジアはかなり進んで、二・七で、三・一のアルジェリアや三・四のモロッコより明らかに成績が良い。しかしフランスの植民地だったマグレブは全体として、ヨーロッパの直接的進出を比較的免れた、アラブ世界の核心部たる近東よりは、より早い進歩を記している。

出産率の制御を進歩の必要な成分と考える者は、北アフリカにおけるフランスの影響がプラスであったことが明白であると認めなければならないが、中央アジアにおけるロシアの影響はさらに明瞭にプラスであった。フランスの影響は散漫で、ユセフ・クルバージュ〔仏国立人口統計学研究所研究員、専門分野は国連、中東、北アフリカ〕が示したように[3]、移民の往復とフランス本国の風俗習慣との接触とが組み合わさった結果であるが、ロシアの影響は直接的で決定的であった。ソ連邦はその領域全体に全面的識字化を保証したわけだが、これは他の地域で他の植民地保有国によって決して実現されることのなかった快挙である。それゆえ共産主義変種の植民地経営は、いくつかのプラスの痕跡を遺したことになる。

非アラブのイスラム国は、トルコとイランという植民地化されたことのない二つの国のうち、トルコは二〇〇一年に指数二・五、イランは二〇〇二年に二・一で、いずれも人口学的移行はほとんど完了している。アラブ圏からさらに遠い、イスラム化が遅かった国も、インドネシアが二・七、マレーシアが三・二という風に[4]、人口学的移行のゴールに近付きつつある。

アラブ圏の中でも、植民地化の経験のない、あるいは植民地化が遅かったか表面的なものだった地域は、それほど進んでいない。それでも急速に前進はしている。シリアでは出産率は二〇〇一年にまだ女性一人に対して子供四・一だった。エジプトはそれでも三・五で、モロッコにわずかに遅れるというにすぎない。

イスラム国の中には、受胎調節の普及がその緒に就いたばかりで、出産率指数が五を上回る国がい

表2　イスラム諸国の出産率

	1981	2001		1981	2001
アゼルバイジャン	3.1	2.0	リビア	7.4	3.9
トルコメニスタン	4.8	2.2	カタール	7.2	3.9
チュニジア	5.0	2.3	シリア	7.2	4.1
キルギス	4.1	2.4	クウェート	7.0	4.2
タジキスタン	5.6	2.4	スーダン	6.6	4.9
レバノン	4.7	2.5	イラク	7.0	5.3
トルコ	4.3	2.5	パキスタン	6.3	5.6
イラン	5.3	2.6	サウジアラビア	7.2	5.7
インドネシア	4.1	2.7	セネガル	6.5	5.7
ウズベキスタン	4.8	2.7	ナイジェリア	6.9	5.8
バーレーン	7.4	2.8	パレスチナ	6.9	5.9
アルジェリア	7.3	3.1	アフガニスタン	6.9	6.0
マレーシア	4.4	3.2	モーリタニア	6.9	6.0
バングラデシュ	6.3	3.3	オマーン	7.2	6.1
モロッコ	6.9	3.4	マリ	6.7	7.0
エジプト	5.3	3.5	イエメン	7.0	7.2
アラブ首長国連邦	7.2	3.5	ソマリア	6.1	7.3
ヨルダン	4.3	3.6	ニジェール	7.1	7.5

出産情勢指標――女性一人に対する子供の数
出典） *Population et société*, sept 1981 et juil-août 2001, n°151 et 370, INED〔国立人口統計学研究所編『人口と社会』〕

くつかある。イラクが五・三、パキスタンが五・六、サウジアラビアが五・七、ナイジェリアが五・八[5]という風に。パレスチナが五・九と高率なのは、社会学的・歴史的変則で、占領下という状況から来る戦闘態勢の出産率である。因みにこれに対抗して、イスラエルのユダヤ人は、教育水準の高い西欧系住民としては逸脱的な高い出生率を示している。データの詳細を見ると、実際ユダヤ系住民の中には紛れもない文化的分裂がうかがえる。「無信仰」と「穏健信仰」の平均率が二・四なのに対して、「正統派」ならびに「ウルトラ正統派」のそれは五である。この五という数値は、出産率が再び上昇に転じた結果に他ならない(6)。

最後に人口学的移行が実質的には始まっておらず、出産率指数が女性一人に対して子供六を上回るイスラム諸国がある。アフガニスタンとモーリタニアは六、マリは七、ソマリアは七・三、ニジェールは七・五という風に。しかし識字率は上昇しており、その諸国が出産率の制御という人類共通の運命を逃れることができないことは確実である。

移行期の危機

大衆識字化と受胎調節はともに、テレビのニュースで伝えられる世界の動きとは異なって、実に心強い世界の歴史の姿を描き出してくれる。この二つのパラメーターは、これまで目に触れることの少なかった、低開発から離脱しつつある人類の姿を浮き彫りにしてくれる。この二つをより明瞭に念頭に置いていたなら、われわれはもっと楽観的になれたばかりでなく、今頃は人間がその発展の最終段階に到達したことを祝って乾杯でもしているところなのだ。

とはいえわれわれの歪んだ歴史ヴィジョンの責任は、大衆メディアにあるわけではない。進歩というものは、啓蒙思想家たちが想定したように、あらゆる面において容易で幸せな一本線の上昇であるわけではない。伝統的な生活、つまり読み書きを知らず、出産率と死亡率の高い、均衡の取れた慣習通りの日常生活からの離脱は、当初は逆説的に、希望と豊かさの実現だけでなく、ほとんどそれと同じぐらいの当惑と苦悩を産み出すのである。しばしば、おそらくは大抵の場合、文化的・精神的テイクオフは移行期の危機を伴う。不安定化した住民は暴力的な社会的・政治的行動様式を示すことになる。精神的近代性への上昇には、しばしばイデオロギーの暴力の爆発が伴うのである。

このような現象が最初に現出したのは、第三世界においてではなく、ヨーロッパにおいてである。ヨーロッパ諸国は今日かくも平穏であるが、その大部分は暴力的で血まみれのイデオロギー的・政治的表現の局面を体験している。そこで表現された価値は極めて多様であった。フランス革命の間は自由主義的にして平等主義的であり、ロシア革命の間は平等主義的にして権威主義的であり、ドイツ・ナチズムにおいては権威主義的にして不平等主義的であった。しかしイングランドを忘れてはならない。現在はかくも穏当であるが、イングランドは、一六四九年に国王の首を刎ねることでその近代政治の時代を開幕したヨーロッパ最初の革命国家だった。この旧いイングランド革命は、近代性の逆説の好個の具体例をなしている。イングランドがヨーロッパの政治的・経済的テイクオフに決定的な役割を果したことは、だれも否定しないだろう。それは早期に識字化された国であった。しかしイングランドのテイクオフの目に付く最初の結果は、まさにイデオロギー的・政治的危機であった。それは表現としては宗教的であって、今日のヨーロッパ人には理解に苦しむような内戦を引き起こすに至った。

その暴力には同意しないまでも、われわれはフランス革命、ロシア共産主義、ドイツ・ナチズムに由来する対立の一般的意味は把握できると思っている。これらの出来事によって表現された価値は、プラスのものであれマイナスのものであれ、いずれも近代的と思われる。それはそれらが非宗教化されているからである。ところがクロムウェルの清教徒プロテスタントとスチュアート家の国王を支持する隠れカトリックの間の形而上学的対立について、今日いずれかの陣営を選ぶことのできるヨーロッパ人はどれほどいるだろうか？　十七世紀イングランドでは、神の名において殺し合いが——節度を持って——行なわれたのである。今日イングランド人自身が、クロムウェルの軍事独裁を一六八八年の自由主義的な名誉革命に至る必要な段階と考えているかどうかも疑わしいと、私は思う。ピエール・マナンはその自由主義の選文集の巻頭に、詩人にして革命家のミルトンが著した「許可も検閲もなく印刷する自由」についての政治小冊子《パンフレット》を掲載したが(7)、まことに当を得た選択と思う。しかしこの政治小冊子《パンフレット》の中には自由の擁護と同じくらいの宗教的熱狂が見い出される。そして政治活動家であるこの同じ著者のもう一つの政治小冊子《パンフレット》は、それから五年後にチャールズ一世の処刑の正当性を弁ずるものであった。

アラーの名において行なわれるジハードは、そのすべての側面において、これと本性を異にするものであるわけではない。自由主義的であることからはほど遠いにせよ、それは基本的に退歩ではなく、移行期の危機を体現しているのである。暴力、宗教的熱狂は、一時的なものにすぎない。

この観点からしてイランのケースは代表的である。一九七九年に宗教的革命が国王を放逐した。その後にイデオロギー的行き過ぎと流血の闘争の二〇年が続いた。しかし当初においてイランの大衆を運動に駆り立てたのは、すでに高い水準に達していた識字率なのであり、それが第二段階に入ると国全体を一般的な心性の近代化に引き込んだのである。出産率の低下は、アヤトラ・ホメイニの政権奪取の直後に起こっている。イスラム・シーア派の用語で表現されたイデオロギー上の係争点は、キリスト教の伝統に属するヨーロッパ人にはチンプンカンプンだが、それでもクロムウェル時代のプロテスタント宗派間の対立より「意味」がないわけではない。シーア派神学による世界の不正の告発は、人間と社会を腐敗堕落したものとみなす原初のプロテスタント形而上学と同様に、革命の潜在力を含んでいる。ルターととりわけカルヴァンという、十六世紀のアヤトラたちは、アメリカという、生まれ変わり浄化された社会の誕生に貢献したわけである。アメリカも、現代のイランと全く同様に、宗教的高揚から生まれた子供なのだ。

イラン革命は今日、だれもが予期しなかったことには、民主主義的安定化に至りつつある。アメリカ政府だけはその明白な事実を認めようとしていないが。選挙は自由でないまでも、改革派と保守派、つまり左派と右派を持つ、本質的に複数政党制の民主主義なのである。

識字化＝革命＝出産率低下というシークェンスは、全世界に普遍的とは言えないまでも、かなり標準的である。男性の識字化は、アンチル諸島を除いて世界中至る所で女性の識字化より早く進む。男たちの仕業である政治的不安定化はそれゆえ一般に、何よりも女性に依存する受胎調節の普及に先行する。フランスでは受胎調節は、一七八九年の大革命ののちに一般化し、ロシアでは出産率の大衆的低下は、ボルシェヴィキの政権奪取に続いて起こり、スターリン時代の全体をカヴァーした。(8)

人口動態と政治

識字化と出産率の低下という二つの全世界的現象が、民主主義の全世界への浸透を可能にする。フクヤマは、この民主主義の世界化という現象を観察し、予感したが、その動因を説明しはしなかった。彼はその試論の中で、政治史の前進を下で支える心性の変化をしっかりと把握していないのである。私は経験から、出産率の低下と政治の近代化の相関関係という仮説は、人口学者でない政治学者や、政治学者でない人口学者には、眉唾ものという反応をある程度呼び起こすことを承知している。人間の歴史のさまざまな側面を互いに切り離して、まるで政治生活と家族生活は別々のもので、男と女は別々の枠に切り離されており、それぞれの枠が一方は政治、他方は再生産という風にそれぞれの領分で生きているかのように扱うのは、まことに都合が良いのである。

読者を納得させるために、私が一九七六年に『最後の転落』(9)でソ連共産主義の崩壊を予見するために何をしたかをお話しすることをお許し願いたい。私は出産率の低下を他の指標と組み合わせて用いたのである。当時流行の理論と専門的ソ連研究家の大多数は、「ホモ・ソヴィエティクス」〔ソヴィエト的人間〕、つまり六〇年に及ぶ独裁と恐怖支配によって作り出された新たな型の人間、という仮説を受け入れていた。この仮説は特にソ連反体制派のアレクサンドル・ジノヴィエフ〔一九二二年生、七八年にソ連より国外追放、八三年に『ホモ・ソヴィエティクス』を発表〕によって提唱されたもので、このホモ・ソヴィエティクスの改造された不変の心性体質によって、全体主義の永遠性が保証されると考えられた。これに対して歴史学と人口学を修めた私は、ソ連邦での出生率〔巻末訳者解題参照〕の低下――住民一〇〇〇人当たりの出生数が、一九二三年から一九二七年には年間四二・七だったのが、一九五〇年から一九五二年には二六・七、一九七五年には一八・一と減少している――から、逆に正常なロシア人の出現が確実であることを演繹した。[10] こうした正常な人間には、共産主義を打倒する能力があるわけである。ロシアの場合も、フランスやドイツの場合と同様に、移行期は特に混乱した局面であったのであり、その間、性的行動様式の変貌が識字化に由来する心の動揺をさらに悪化させた。それがスターリン時代だったのである。

たとえそれが難しいことであり、明白と見えることに矛盾していようと、次の考えを受け入れる必要がある。すなわち、メディアが倦まず弛まず描き出して見せる危機や虐殺は、大抵の場合、単なる退行的現象ではなく、近代化の過程に関連する過渡的な変調なのであると。そして混乱ののちには、外部からのいかなる介入もない場合には、自動的に安定化が到来するのだと。

イスラムの移行期

ここで第三千年紀の開幕にあたって暴力現象に冒された地域のリストをも一度見てみるなら、イスラム諸国が頻繁に登場することに驚きを禁じ得ない。そこで近年、イスラムとは特にとげとげしく、有害で、そもそもそれ自体が問題なのだという見方が広まった。中国はアメリカ合衆国の主たる競争相手であるとハンチントンによって指名されているが、『文明の衝突』の議論の基盤にあるのは、イスラムのとげとげしさと、それがキリスト教西欧と対立するという想定である。乱暴に裁断されたこの著書の骨組みは宗教による分類である。ロシアを正教国、中国を儒教国と分類するのは、ロシア農民と中国農民の根本的な非宗教性を知る者には、奇妙きてれつにしか見えない。序でに言うと、この両国で宗教がもともと弱体であったことが、二十世紀前半における共産主義革命の成功に大幅に貢献したのである。

ハンチントンの「理論」は、本質的には現代のジハードの落とし子である。それはアヤトラ・ホメイニの見方を概念的に裏返しにしたものにすぎない。ホメイニも、アメリカの鋭敏な戦略家と全く同様に、文明の衝突を信じていた。

とはいえイスラムを本質化したり、それが戦争好きな本性を持つ——マホメットが軍事的役割を果たしているのを見ても、それは明らかである——と称して烙印を捺したり、アラブ圏での女性の隷属を告発したりすることは、イスラム圏でイデオロギー的情熱と殺戮が増加している事態を理解するためには必要ではない。イスラム圏は、教育の発展水準を考えれば非常に多様であるが、それでも全体としてヨーロッパ、ロシア、中国、日本に対して遅れている。それゆえにこそ現在この時点で、われわれが通りつつある歴史的局面において、多くのイスラム国が大規模な移行を敢行しつつあるのだ。読み書きを知らない世界の平穏な心性的慣習生活から抜け出して、全世界的な識字化によって定義されるもう一つの安定した世界の方へと歩んでいるのである。この二つの世界の間には、精神的故郷離脱の苦しみと混乱がある。

いくつかのイスラム国は、原理主義的危機を経て、すでに移行を完了している。この危機は非常に長い間、先ず第一に新たに識字化された若者をその担い手とした。その第一線は理工科の学生だった。イランでは革命は沈静化しつつある。アルジェリアではＦＩＳ〔イスラム救国戦線〕は、テロリズムと暗殺をこととするようになり、疲弊しつつある。トルコでは、宗教政党の勢力伸張によっても、ケマル・アタチュルクから受け継いだ政教分離を危機に陥れるに至らなかった。こうした点についてはジル・ケペル〔一九五五年パリ生まれ、イスラム研究の第一人者〕の所説に従うにしくはない。彼は『ジハード』の中で、全世界的規模でのイスラム主義の退潮を描いているのである。多くの歴史的・社会学的確実性をこめて、彼は政治・宗教的危機の後退の始まりは、識字率が特に高い（二〇〇〇年に八八％）国であるマレーシアで起こると予測している。(11)

イスラム主義の凋落についての彼の検討はほとんど網羅的であるが、それでもこれに付け加えて、中央アジアの宗教的直接行動主義が挫折に至ったことを挙げておこう。たしかにタジキスタンではいくつもの党派が相争う内戦が続いており、その中には浄化されたイスラム共同体を目指す党派もある。またウズベキスタンは原理主義の侵入に脅えている。とはいえ現実には、中央アジアの旧ソ連の共和国では宗教的要因は副次的な役割しか果していない。多くの分析者は共産主義の崩壊がイスラムの宗教感情の爆発を引き起こすことを予期していた。しかしロシアはそのかつての領土を全面的に識字化していた。それゆえこれらの諸国は、一九七五年から一九九五年の間に、急速な人口学的移行を実現することができたのだ。(12) その政治体制はまだソ連の政治体制から受け継いだ特徴を数多く残しており、民主制とは掛け離れているとは少なくとも言うことができるが、いささかも宗教的問題系に支配されてはいない。

将来の危機——パキスタンとサウジアラビア

とはいえイスラム国の中には、ようやく今日、識字化と心性的近代化の道に踏み出そうとしている国もある。このカテゴリーの二つの主要国は、二〇〇一年に人口二五〇〇万人のサウジアラビアと、一億四五〇〇万人のパキスタンである。この両国は、ワールド・トレード・センターとペンタゴンへのテロ攻撃へと至る過程の中で極めて重要な役回りを演じている。パキスタンは、その軍と秘密警察とがタリバン政権樹立の黒幕となり、アルカイダ組織の後方基地となっていた。サウジアラビアは、アメリカ合衆国への自爆攻撃に加わったテロリストの大多数を輩出した。この両国の住民の中にアメリカへの敵意が増大しつつあることと、両国で文化的テイクオフが始まっていることの間には、明らかに関連が存在する。イランでは同様の反米主義が勢力伸張したが、それは七〇年代後半の識字化によって始動したものだった。イランはかつて同盟国だったのが赦しがたい敵国に転じたわけだが、その経験からアメリカの責任者たちが、ペルシャ湾の両岸での戦略的立場の脆さに不安を抱くのは全くもっともなことである。サウジアラビアとパキスタンは、少なくとも今後二〇年は、不安定が大きな比率で増大するはずの危険地帯となるであろう。この二重の地域へのいかなる介入もリスクを伴うということは、フランスが自らの犠牲において確認したことに他ならない。二〇〇二年五月、カラチにて、軍事監視団の専門家グループに対する自爆攻撃が行なわれたのである。

しかしアメリカの勢力圏に直接組み込まれたこの両国のイスラム住民がアメリカに対して敵意を抱いているからといって、そこから全世界的テロリズムの存在を演繹することは全く不可能である。イスラム圏のかなりの部分はすでに沈静化の途上にあるのだ。

危機についての現在の統計表からイスラムの悪魔化を引き出すのは、余りにも安易である。イスラム圏は全体として近代化の危機を通過中であって、もちろん平和のオアシスと映りはしない。しかし現在では発展し鎮静化した国々も、現在の状態を鼻にかけてばかりもいられない。己の過去の歴史を振返ってみれば、大いに謙虚にならなければならないだろう。イングランド革命とフランス革命は、ロシア共産主義や中国共産主義と全く同様に、また日本の軍国主義的・帝国主義的勢力伸張とも全く同様に、暴力的現象であった。アメリカ独立戦争と南北戦争に関連する明示的価値は、たしかに即座に理解可能であるが、それは歴史的・文化的近接性のゆえである。しかしアメリカ合衆国も移行期の危機をいささかも免れてはいない[13]。アメリカの危機に関連するイデオロギー論争の中には、例えば皮膚の色をめぐる基本的論争のように、時として随分と分かりにくいものもある。このアメリカの特異体質は、イスラム革命の特徴をなす女性の身分をめぐるヒステリックな論争と全く同様に奇妙なのである。

ユーゴスラヴィアの場合――時間差的危機の重なり合い

共産主義とユーゴスラヴィアの分解も、進歩と心性的方向喪失とを組み合わせる一般法則からはずれるものではないが、ともにかつての連邦を構成していた相異なる住民の間に、教育的ないし人口学的発展の水準のずれが存在するという事実に起因する特殊性を呈している。(14) セルビア人、クロアチア人、スロヴェニア人の人口学的移行は、西ヨーロッパのそれほど早期ではないまでも、一九五五年までにはそのあらましが完了していた。その時点における出産率指数は、クロアチアとスロヴェニアでは二・五、セルビア全域で二・八だった。これらの共和国の場合は識字化の動きが、出産率の低下と共産主義イデオロギーの伸張とを並行して始動させることになった。より南のボスニア、コソヴォ、マケドニア、アルバニアでは、共産主義は当時、まだ十全に教育的・心性的近代化の段階に達していない社会に植え付けられたのである。一九五五年前後の出産率は、まだボスニアでは四・三、マケドニアでは四・七、アルバニアとコソヴォでは六・七だった。ボスニアとマケドニアの出産率が中間的水準にあるのは、ボスニアではカトリックと正教徒とイスラム教徒が、コソヴォとマケドニアでは正教徒とイスラム教徒が混在するという、住民の宗教的異種混合性を反映している。ここでは宗教的分類というものを、相異なる文化システムを指示することを可能にするレッテルの総体としてしか考えないが、その上で、この地域のムスリム〔イスラム教徒〕住民は近代性への歩みにおいてキリスト教徒住民より遅れており、明らかにずれがあることは確認しておかなければならない。それでもムスリム住民は移行期に共通の法則を免れてはいない。出産率はボスニアではすでに一九七五年前後に二・三に下がり、マケドニアでは一九八四年前後、コソヴォでは一九九八年前後になって、この数値にまで下がっている。アルバニアもすぐ後を追っている。やはり一九九八年前後には出産率は、女性一人に対して子供二・五に落ちているのである。

人口学的分析のお蔭で、旧ユーゴスラヴィアとアルバニアという明確に限定された空間の中で、二つの移行期危機が時間的にずれた形で進行したことを見抜くことができる。最初の危機は一九三〇年から一九五五年までにわたり、「キリスト教徒」住民、つまり主にクロアチア人とセルビア人を、共産主義という危機を通して人口学的・心性的近代性へと到達させた。第二の移行期危機は、一九六五年から二〇〇〇年までの期間に、イスラムに改宗した住民を同じ近代性へと導くことになった。ところがそれはまさに歴史の偶然と言うべきなのだが、遅れて起こったムスリム地区の心性的革命は、共産主義の崩壊と同時期に進行することとなったのである。共産主義の崩壊はセルビア人とクロアチア人にとっては、一種の第二局面、近代化危機の出口となるはずのものであった。これらすべての異なる住民集団が入り混じり、それだけでも技術的に単純な問題ではなかった共産主義からの退出というものが、ムスリム住民の移行期危機によって殺人の悪夢に変わってしまった、ということは認めることができる。

最初の対立の当事者はセルビア人とクロアチア人だったが、その事実によって、「ムスリム」要因は危機の初期の段階には存在しなかったとすることはできない。人口学的移行期が時間的にずれていたために、連邦全体の規模で、異なる住民集団間の総体的比重が絶えず変わることになり、その結果、圏域全体の主導権について全般化した不安が醸成された、ということを承知しておかなければならない。より早期に出産率を制御したので、セルビア人とクロアチア人は己の人口増加が減速するのを感じ、急速に人口を増やして行く「ムスリム」住民に直面して、人口的に侵略され呑み込まれる過程が進行すると予想した。共産主義後の民族的強迫観念が、こうした速度と時期を異にする人口動態によって誇張されることとなり、クロアチア人とセルビア人の分離をめぐる問題系の中に導入されたのである。

ここで検討していることは、イデオロギー的・心性的な領域に属することで、科学的な意味での検証は不可能である。しかしセルビア人とクロアチア人の間の民族浄化は、ムスリムという触媒、つまり急速に人口が増加しているが、今度は当人たちが近代化の危機に引きずり込まれて行く少数住民集団の存在がなかったなら、周知の通りの規模に拡大することはおそらくなかっただろう。それが証拠には、さらに北部に位置し、ムスリムとのいかなる相互行動とも遠く離れていたスロヴェニアの独立は、チェコスロヴァキアがチェック人とスロヴァック人に分解したのとほとんど同じ反応しか引き起こさなかった。

私の意図は、この分析によって、いかなる人道的介入も無益であるということを証明しようとすることではない。当事国が小さな国なら、外からもたらされる行動によって緊張の軽減が人為的に実現することも考えられよう。しかしながらはるか以前に近代化の苦悩から抜け出た軍事大国が行なう介入には、歴史的・社会学的理解の努力が伴わなければならないだろう。ユーゴスラヴィア危機は、多くの人の道徳的態度を呼び起こすことになったが、分析作業はほとんど呼び寄せていない。それはいかにも残念なことである。というのも単に世界地図を一瞥しただけでも、ユーゴスラヴィアから中央アジアまで長く伸びた相互行動の地帯、とは言ってもハンチントンが示唆するように、キリスト教とイスラムの相互行動ではなく、共産主義とイスラムの相互行動の地帯が存在することは、一目瞭然なのだから。共産主義の退潮とイスラムの移行期、つまりは心性的近代化の完了と開始、この二つが偶然巡り合うことは、九〇年代には頻繁に起こったことだろうが、これについては全般的な社会学的検討を行なうだけの価値はあろう。カフカスでの対立と、より短期的であるが、中央アジアの対立は、ユーゴスラヴィアのそれと多くの共通点を呈している。いずれにせよ二つの移行期危機の重なり合いは、悪化した移行期しか産み出すことがないし、これによって現出する事態は住民集団間の紛争の恒久的・構造的状態ではいささかもないのである。

忍耐と時の長さ

階級や宗教や民族を対立させるイデオロギー的・政治的混乱を心性の近代化――その主要な成分は、識字化と出産率の二つだが――に結び付けて説明するモデルは、極めて普遍妥当的である。移行期の苦悶を完全に免れたわけではないが、大衆的暴力の中に一度も陥ったことのない国がいくつかはある。しかし私としてはそうした賢い国の名を挙げるのに多少の困難を感じざるを得ない。もしかしたら何らかの危機、何らかの虐殺を忘れているかも知れないからだ。スカンジナヴィア諸国はおそらく最悪の事態を免れたと言ってよかろう。ただしそれがデンマークとスウェーデンとノルウェーのことだとすればだが。というのもフィン・ウグル語のフィンランドは、第一次世界大戦の直後に、ロシア革命の渦に巻き込まれて、赤衛軍と白衛軍が争う堂々たる内戦を経験したからである。

識字化への前進の出発点であるプロテスタント宗教改革にまで遡るなら、宗教的情熱に駆られて熱に浮かされたようなスイス人の姿が目に付くだろう。彼らも大原則の名において殺し合いをし、異端と魔女を火炙りにすることができたのだ。ただしこの早期に起きた危機によって、あの伝説的な清潔と几帳面という特性を身に付け、やがて赤十字を創設し、市民和合の教訓を世界に与えることになる。だからイスラムを異なる本性を持つものと決めつけ、その「本質」を裁くのはやめようではないか。それは品位にもとる行為なのだから。

二〇〇一年九月一一日の事件は、その帰結の一つとして、不幸にも「文明の衝突」の観念を一般化してしまうことになった。かくも「寛容な」われわれの世界では、大抵は精神分析で言う否認という行為によって、その一般化はなされた。同時多発テロ直後の数日、数週間、数ヶ月の間、考えられないほど多くの知識人と政治家が、イスラム圏とキリスト教圏の間に「文明の衝突」があってはならないと確言した事実は、この素朴な概念がだれの頭にもあったということを十分に証明している。思いやり――これはわれらが上層の公認教義、つまり上層二〇%のイデオロギーの一部となっているが――のために、イスラムを直接名指しで非難することははばかられたわけだが、日常語ではイスラム原理主義が、多くの者が全世界的と考えたがっている「テロリズム」という観念によってコード化されてしまったのである。

これまで見た通り、九月一一日事件は実はイスラム主義の熱が後退する局面で起こった。識字化と受胎調節の発達とは、こうしたイデオロギー的情勢をその深層において追跡し、説明するための手段となる。このような分析に従うなら、アメリカ合衆国と、この地域でアメリカに追随するその同盟国とは、これからいよいよサウジアラビアとパキスタンで厄介なことに出会うだろうと断定することがおそらく可能になる。この両国は近代性への突入と、大抵はそれに伴って起こる痙攣とを始めつつあるからである。しかしアメリカは全世界的テロリズムという概念によって、世界「十字軍」のリーダーとなり、フィリピンだろうとイエメンだろうとどこだろうと、ピンポイントで表面的に介入し、ウズベキスタンにもアフガニスタンにも基地を設置し、チェチェンと目と鼻の先のグルジアに進出するということまでやっているが、この概念は世界の現実を検討してみるなら、いかなる社会学的・歴史的正当性もないことが明らかとなる。イスラム圏は、自動的鎮静化の過程を通して、外からの介入なしに移行期危機から抜け出ようとしているのであるから、イスラム圏の観点からすると全世界的テロリズムという概念は馬鹿げており、アメリカにとってしか役に立たない概念なのである。それもアメリカが、恒常的戦争状態で炎上する旧世界というものを必要としている場合にのみ役に立つのだ。

第2章

民主主義の大いなる脅威

全世界規模の教育と人口に関わる二つのパラメーターは、歴史の意味＝方向が存在するというフクヤマの仮説に具体的な内実を与える。識字化と出産率の制御は今日、まさしく人類普遍の要素と考えられるからである。ところでこの進歩の二つの様相を「個人主義」の伸張に結び付けるのは困難ではない。個人主義の到達点とは、政治的領域における個人の確立ということ以外あり得ない。民主主義の最初の定義の一つは、アリストテレスによるものであったが、それは人間が「己の欲するように生活を送る」ようにするために、自由（エレウテリア）と平等（イソノミア）とを結び付ける、完全に近代的な定義であった。

読み書きの習得は実際に各人をより高い意識水準に押し上げる。出産率指数の低下は、この心理的な激変の隠れた深層をむき出しにしてくれる。その激変は大幅に性の領域に及ぶからである。それゆえ、識字化と人口の均衡によって一体化して行くこの世界の中で、多くの政治体制が自由主義的民主制の方へと向かって行くと考えるのも、非論理的なことではない。識字化によって自覚的で平等なものとなった個人は、権威主義的な方式で際限なく統治されることはできなくなる、という仮説を立てることもできる。あるいは結局同じことになるが、ある型の意識に目覚めた住民の上に権威主義を敷くための実際のコストは高いために、権威主義を戴く社会は経済的に競争に耐え得ない、という言い方をしても良い。実のところ教育と民主主義の相互行動については無限に思弁をめぐらすことができるのである。この両者の結び付きはコンドルセのような人士には完全に明らかだった。そこで彼はその試論『人間精神の進歩の歴史』の核心部に教育の歩みを置いたのである。[1] トックヴィルが民主主義の「神の摂理による」前進について抱いていたヴィジョンを、この教育という重大な要因で説明するのはそう難しくはない。

このようなイメージの方が、経済主義と物質的進歩の強迫観念の中で足掻いているフクヤマの描くイメージより、はるかに本来的に「ヘーゲル的」と思える。それはまた、東ヨーロッパ、旧ソ連圏、ラテンアメリカ、トルコ、イラン、インドネシア、台湾、韓国と、民主主義国が増えて行くことへの説明としても、より現実主義的であるし、真実に近いと私は考える。なぜなら、世界の成長する繁栄ということでは、複数政党制の選挙制度がここに来て一斉に広まったことがあまり説明できないからである。グローバリゼーションの時代は、経済分野では、成長率の低下、大衆の生活水準の向上の減速、場合によってはその低下、そしてほとんど常に不平等の拡大に相当する。だから「経済主義的」シナリオに説明能力があるとは思えないのだ。物質的不安の増大が、いったいどうやって独裁政体の崩壊や選挙手続の安定化につながるというのだろうか？　それに対して教育を原動力とする仮説は、経済的不平等の覆いの下に隠れた平等の前進を把握することを可能にしてくれるのである。

フクヤマにどのような批判を向けるにせよ、世界は最終的には自由主義的民主主義によって統一されるとの彼の仮説を、民主主義国の間では戦争は不可能とのドイルの法則から派生する帰結としての全世界的平和の可能性ともども、正しい予想とするのは、理性にもとることではない。とはいえわれわれとしては、世界のさまざまな国と地域がたどる軌道は、かなり多様であることを認めなければならないだろう。

イングランド革命、フランス革命、共産主義、ナチズム、ファシズム、ホメイニ主義、ヴェトナム民族共産主義、もしくはクメール・ルージュ体制といった、かくも多様な歴史的経験を経た国々が、自由主義的な経済・政治モデルへと絶対的に収斂するというのは、単なる良識からしても疑わざるを得ない。フクヤマは、収斂の現実性についての自分自身の懐疑に答えようとして、現在の日本民主主義を取り上げている。それは形式上は完璧なものだが、一九九三年から一九九四年にかけての一年足らずの短いためらいという例外を除けば、戦後一貫して自由民主党を政権に維持し続けているという特異性を持つ。日本では統治者の選択は、支配政党の内側での派閥闘争によってなされるのだ。フクヤマによれば、政権党の交替の不在は、選挙民の自由なる選択の結果であるのだから、それを以て日本の政体を民主主義と定義することはいささかも禁じられてはいない。

スウェーデン・モデルは社会民主党の長期にわたる優位を基本構造としているが、これは日本モデルを思い出させなくもない。スウェーデンには日本のように外国による占領はなかったので、スウェーデン・システムは内発的に出現したわけであり、その限りで政権交替を中心的特徴としない自由主義的民主主義というフクヤマの定義をおそらく受け入れることができるだろう。

しかしながらアングロ・サクソン的な政権交替と、日本的ないしスウェーデン的な連続性とが共存するという事実は、同じ民主主義でも明確に異なる下位類型が存在すること、それゆえに収斂が存在するとしてもそれは完全ではあり得ないことを示唆しているのである。

当初の人類学的多様性

正統的政治学が突き当たっている基本的問題とは、近代化局面において各国社会の劇的なイデオロギー的相違がどこから来るのかについての納得の行く説明法が、現在のところ一つもないということである。前章において見た通り、すべての文化的テイクオフは共通して、識字化、出産率の低下、大衆の政治的活発化、そして心性的故郷離脱の結果生じる混乱と移行期暴力、こういったものを含んでいた。しかしながら、教会を対立するプロテスタント宗派の間で分けることを認可したクロムウェルの独裁と、強制収容所を大陸規模に拡大したボルシェヴィキ革命とは、異なる価値を表現した、ということは認めざるを得ないだろう。さらには人間の平等の原則に頑強に執着した共産主義的全体主義は、諸国民の不平等を信仰箇条としたナチズムとも、その価値からして異なるということも。

私は一九八三年に、『第三惑星――家族構造とイデオロギー・システム』の中で、近代化局面における各国社会の政治的相違についての人類学的な説明を提案した。(2) 今日、家族による仮説を用いるなら、おそらく生まれつつある民主主義的世界の中に執拗に存続する多様性を記述し、理解することが可能なのである。

近代性によって土地から離脱させられた農民層の家族制度は、極めて多様な価値を担っていたが、自由主義的もしくは権威主義的、平等主義的もしくは不平等主義的なそれらの価値は、近代化期のイデオロギーによって建築材料として再利用された。

——アングロ・サクソン的自由主義は、イングランドの家族における親子関係の特徴である相互の独立性という理想と、兄弟関係における平等主義的基準の不在とを、政治領域に投影したものである。

——フランス革命は、十八世紀パリ盆地の農民に典型的な、親子間の相互行動の自由主義と兄弟間の絆の平等主義とを、人間の自由と平等という普遍的教義に作り変えた。

——ロシアのムジク〔農民〕は息子たちを平等主義的に扱ったが、息子たちが独身でも妻帯でも、自分が死ぬまで自分の権威下に置き続けた。ロシアの移行期イデオロギーである共産主義は、したがってフランス流に平等主義的であっただけでなく、権威主義的でもあった。この形態は、ロシア型の家族構造が優勢なあらゆる地域、中国、ユーゴスラヴィア、ヴェトナムで採用された。これに加えてヨーロッパの中にはトスカナ〔イタリア中部〕、リムーザン〔フランス中西部〕、フィンランドのように、農民が選挙で共産党に投票する地域があることも、忘れてはならない。

——ドイツでは、一世代につき一人の跡取りを指名する直系家族の権威主義的にして不平等主義的な価値が、権威主義的にして不平等主義的なイデオロギーであるナチズムの勢力伸張をもたらした。日本とスウェーデンは、この人類学的類型の非常に緩和された変種を示している。

――アラブ・イスラムの家族構造に照らして考えると、過激イスラム主義のいくつかの様相を説明することができる。それは移行期イデオロギーの一つにすぎないが、平等主義と、国家主義に凝固するに至らない共同体的熱望との、他に類を見ない組み合わせを特徴とする。この特殊な人類学的類型は、アラブ圏を越えて、イラン、パキスタン、アフガニスタン、ウズベキスタン、タジキスタン、キルギス、アゼルバイジャン、そしてトルコの一部にまで広がっている。この家族型では女性の身分が非常に低いことが最も明瞭な要素をなしている。妻帯の息子たちと父親が結び付くその共同体的形態からすると、ロシア・モデルに近いが、いとこ婚への内婚優先がある点が非常に異なる。本いとこ同士、特に兄弟の子供同士の結婚の結果として、家族においてもイデオロギーにおいても、極めて特殊な権威関係が生まれる。父と息子の関係は真に権威主義的なものとならない。慣習が父親に勝り、兄弟同士の横の結びつきが基本的関係となる。システムは極めて平等主義的で、極めて共同体的だが、権威一般、特に国家の権威への尊敬を助長することはあまりない。(3) 内婚の

表3
90年代前半における本いとこ間の婚姻率

スーダン	57
パキスタン	**50**
モーリタニア	40
チュニジア	36
ヨルダン	36
サウジアラビア	**36**
シリア	35
オマーン	33
イエメン	31
カタール	30
クウェート	30
アルジェリア	**29**
エジプト	25
モロッコ	25
アラブ首長国連邦	25
イラン	**25**
バーレーン	23
トルコ	**15**

出典） Demographic and Health Survey.〔人口・保健衛生調査〕

水準は場所によって変わる。トルコでは一五％、アラブ圏では二五％から三五％だが、パキスタンでは五〇％に上る。実を言うと私は、人類学者としての好奇心から、最大限の内婚率という点で人類学的には限界的な国であるパキスタンの心性的・イデオロギー的近代化の過程の今後の展開に注目している。パキスタンが行なう転換は、家族的内婚の率が二五％でしかないイランの転換とは、あらゆる点で似ていないだろうと、いまからすでに断言できるのである。アメリカ合衆国にとってかくも当てにならないこの同盟国は、まだそのイデオロギー的メッセージを送り終っていないし、われわれを驚かすのをお終いにしたわけではないのだ。

実例とその展開はいくらでも示すことができるだろう。ここで重要なのは、近代化過程が始まる以前の空間と農民慣習の中に刻み込まれていた当初の人類学的様態を知覚することである。さまざまの家族的価値を担う地域と民族が、その時期その速度もさまざまに、次から次へと同じ伝統離脱の動きの中に引きずり込まれていった。農民世界の元々の家族的多様性は人類学的変数であり、識字化過程の普遍性は歴史的変数ということになるが、この両者を同時に把握するなら、われわれは歴史の意味＝方向と多様性という分岐現象とを同時に考えることができるのである。

可能性のあるスキーム――移行期ヒステリー、次いで民主主義への収斂

移行期危機は初期段階では人類学的価値をヒステリー化する。近代性の伝統離脱は、家族の伝統的

価値をイデオロギー的形態で再確認するという反応を引き起こす。移行期イデオロギーがある意味ではいずれも原理主義的であるのは、そのためである。どれもが自覚的もしくは無自覚的に、過去への執着を再確認する。例えば共産主義のように激烈に近代的であると自称している場合も、それは変わらない。ロシアにおいては単一政党、中央集権化された経済、さらにはＫＧＢ〔国家保安委員会〕が、伝統的農民家族が果していた全体主義的な役割を引き継いだのである[4]。

伝統的社会はいずれも、識字化という同一の歴史の動きに引きずられて行く。しかし移行期は諸民族・諸国民間の対立を劇的に強調する。そこでフランス人とドイツ人、アングロ・サクソンとロシア人の間の敵対関係は最大限に達する。それぞれがイデオロギー的形式の下に、己の本来の人類学的特殊性を、こう言って良ければ、がなり立てるからである。今日アラブ・イスラム圏は最後の足掻きのように西欧との差異を劇的に強調してみせる。特に女性の地位について強調するが、現実にはイランやアラブ圏の女性は受胎調節によって解放されつつあるのだ。

この局面が終ると、危機は鎮静化する。どの人類学的システムも、時間的ずれはあっても並行的に、識字化に由来する個人主義の伸張という同じ動きによって手を加えられる、ということが徐々に分かって来ている。民主主義への収斂の要素がついに出現するのである。

もちろんすべての人類学的システムが同じやり方で民主主義的個人主義の伸張に対処するわけではない。そんなことができるはずはない。自由という価値は、アングロ・サクソンとフランスを初めとするいくつかのシステムにとっては、家族という土台に刻み込まれた、元からあるものである。歴史の動きは、その表現の形式化・急進化をもたらすにすぎない。ドイツ、日本、ロシア、中国、ないしアラブのシステムの場合、個人主義の勢力伸張は当初の人類学的価値のうちのあるものに攻撃を加えることになる。移行期過程の暴力がより激しくなり、また到達点においていくつかの差異が残るのは、そのためである。出発点においてこれらのシステムの特徴をなしていた権威ないし共同体の価値は、緩和されるが、完全に無になるわけではない。人口学的移行が終ったあとの、鎮静化された世界の民主主義の類型の間に差異が観察されるのは、このようにして説明することができる。抜きがたい自由民主党、社会的まとまり、産業的にして輸出型の資本主義を擁する日本は、アメリカではない。共産主義ロシア、ホメイニ主義イランは、アメリカ合衆国を支配する超個人主義的社会形態に転向することはないだろう。

移行期を終ったすべての「民主主義」が、本質的に安定したもの、ないしその機能様態からして現実にアングロ・サクソンないしフランスの民主主義に類似したもので、現にあるかいずれはなる、という考えは容易に受け入れがたい。鎮静化した世界の可能性を想定するということと、全般的傾向がより以上の個人主義へと向かうのを認めることと、それに自由主義的民主主義の全世界的勝利を信じることとは、かなり別のことなのである。とはいえ今のところ、フクヤマの仮説を軽蔑的に扱って良いという根拠はなにもない。

共産主義以後の中国の最初の民主化は、経済の自由主義と政治の権威主義とを組み合わせた混合政体の確立に至って挫折したわけだが、この挫折も必ずしも私の理論に対する障害とはならない。この混合政体の局面は、暫定的なものと考えることができるのである。台湾では数年前から本物の民主主義の発達が観察されるが、このことはハンチントンの示唆するところとは逆に、中国と民主主義の間にはいかなる根底的両立不可能性も存在しないことを示唆している。

逆説的ではあるが、ラテンアメリカの長期的な民主主義的・自由主義的安定化は、はるかに想像しにくい。この地域は、家族構造としては核家族化しており、経済構造においては徹底的に不平等主義的であって、十九世紀以来、民主化と軍人のクーデタが交替するサイクルが繰り返されている。実のところその歴史を知る者には、長期間にわたる権威主義的安定化さえも、ラテンアメリカにおいては想像しにくいのである。それでもすさまじいほどの経済的困難や、記述しようのないほどの政治的波乱の連続を経る中で、アルゼンチンの民主制はなんとか持ちこたえている。ベネズエラでは、経営者層、教会、民間テレビ局、それに軍の一部が、二〇〇二年四月にウーゴ・チャベス大統領に対してクーデタを企てたが、この国は意外に堅固な民主主義を示した。考えてみればなるほど、この国の成人住民の識字率は九三%、一五歳から二四歳の若者のそれは九八%なのだ。いくつかのテレビ局だけでは、単にテレビを観るだけでなく文字を読む住民を操作するには足りなかったというわけである。心性の変貌は表面だけのものではない。ベネズエラの女性たちは受胎調節を行なっている。女性一人に対する子供の数が、二〇〇二年初めには二・九に落ちているのがその証拠である。

ベネズエラの民主主義が頑強に持ちこたえたことは、特にアメリカ政府を驚かせた。アメリカ政府は大急ぎでクーデタを承認してしまったが、これは自由主義的民主主義の原則への新たな無関心を示す興味深い印である。フクヤマは、自分のモデルに合致するベネズエラの民主主義の抵抗に大喜びしたと想像できるが、自由と平等の原則がかつての第三世界で勝利を収めつつある当のその時点において、アメリカ合衆国がこの原則に関心を持たないことを公式に示したことには、困惑しただろうと想像できる。

本書の意図は、アメリカと世界の関係がどのように手直しされるのかを検討するという限定されたものであることを踏まえるなら、世界の全般的民主化の問題に最終的結論を出すに至らなくても、前に進むことはできる。近代化のある程度の局面が過ぎると、各国社会は鎮静化し、住民の多数に受け入れられる非権威主義的統治形態を見つけ出すということを確認するだけで、十分である。自由主義的民主主義の全世界化についてのフクヤマの仮説の最小限度のバージョンを受け入れるだけで事足りるのである。民主主義国間の戦争は不可能というドイルの法則を採用するにあたっても、同じ最小限度的な態度で臨めば良い。鎮静化した社会と社会の間には戦争はあまり起こりそうにないと仮定する、厳密な学説の構えを持たない「拡大された」法則を想定しても構わないではないか。全世界的識字化によって鎮静化したそれら各国社会が、その政治システムを、アングロ・サクソンないしフランスの自由主義モデルと厳密に等しいものにするかどうかは、このコンテクストでは副次的問題にすぎないのである。

ヨーロッパ諸国（国際）連合

西ヨーロッパ空間は間違いなく、フクヤマとドイルの研究から派生した仮説の有効性を適用して検証するための この上なく好適な場である。もちろんこの大陸だけの力ではその均衡に達することはできなかったわけであるから、この大陸の経験だけを絶対的に確実とすることはできない。この地に第二次世界大戦直後、自由主義的民主主義の確立と安定化がもたらされたのは、アメリカ合衆国の軍事力のおかげであった。当時、西ドイツは日本と同様、数年間にわたって紛れもないアメリカの保護領であった。とはいえ二世紀にわたるイデオロギーと戦争の過剰活動の果てにヨーロッパが大転換を果して、すべての国の間に平和と協力の関係を維持するという状態に入ったことは、世界全体の鎮静化の可能性があることを示す具体例となっている。特にヨーロッパの中心をなすフランスとドイツの関係は実に意味深く、戦争状態というものも、何やら恒久平和に似たものに変わり得るのだということを示しているのである。

ヨーロッパにおいては民主主義的安定化、鎮静化は、単一の社会・政治モデルへの全面的な収斂をいささかも意味していない。旧来の国民国家は、その言語、社会構造、慣習とともに、相変わらず元気に生き続けている。その存続振りを証明するために、紛争解決の方法、政党システム、政権交替のタイプを検討することもできよう。しかしまたより直截に、人口統計学という基本的なレベルで済ましても構わない。

出生率に関してはヨーロッパ諸国はすべて移行を完了している。とはいえ出産率指数は極めて不均等で、女性一人に対して子供一・一から一・九までの間に広がっている。ヨーロッパの大国——とはいえ世界規模では中位の国か小国になってしまったわけだが——だけに限ってみても、出産率の分布とイデオロギー的伝統を関連づけることができる。イギリスとフランスは女性一人に対して子供一・七および一・九という、適度に高水準の出産率指数で際立っている。これらの数値は世代再生産の臨界に近く、アメリカ合衆国の「欧州系白人」住民の出産率指数一・八に近い。[5] この古くからの自由主義的民主主義の三ヶ国は、出産率からしても互いに近いのである。しかしその他の国では出産率は激減した。ドイツとイタリアで一・三、スペインで一・二である。この三国はいずれも二十世紀前半の移行局面の間に独裁制を産み出した国に他ならない。この分布はおそらく偶然ではない。現代的避妊手段の時代には、夫婦はピルないし体内避妊具という技術によって、一種社会的に自然な不妊状態とも言うべき状態に置かれることになる。昔は自然に逆らって闘い、子供をあまり沢山儲けぬよう決断しなければならなかった。今日では一人にするか複数儲けるかを決断しなければならない。アメリカ、イングランド、フランスの個人主義的住民は、その決断をより容易に行なうようである。より権威主義的な伝統を持つ地域の住民の間では、人口学的様態についてより受動的な人生観が生き残っている。出産の決断というものは今や積極的なものであるはずなのだが、そうした地域ではその決断を行なうのがより難しいのである。

このような説明は、各国民の間、とりわけフランス人とドイツ人の間に根深い心性の差異が存続していることを示唆するものである。しかしこのような気質の多様性があるにしても、この両国の政体が民主主義のゲームの規則を尊重しつつ作動して行くことには違いがない。もちろんドイツでは政権交替は希な現象であり、一方フランスでは最近は、余程の偶然でもない限り、同一の政治陣営が二回続けて選挙に勝つことはなくなっている、といった違いはあるのだが。

ヨーロッパ諸国は共同の諸機関、単一通貨、科学技術的協力にもかかわらず、それぞれが国として確固として存在しているのであるから、〔ヨーロッパ・ユニオンというよりは〕ヨーロッパ諸国（国際）連合という言い方をした方が、おそらくより現実的であろうし、もしかしたらより熱烈に歓迎されるかも知れない。

さてここで再び全世界的規模に話を戻そう。安心を振りまく哲学的ないし政治学的判断基準に煩わされることなく、良識だけを頼りに、極めて全般的な歴史の動きだけを考えよう。そうした場合、識字化され、人口安定の状態に達した世界が、ちょうどヨーロッパの近年の歴史を地球全体に拡大するかのように、基本的に平和への傾向を持つであろうことを、予想しないわけに行かない。平静な諸国が己の精神的・物質的発展に没頭するであろうことを、想像しないわけに行かない。この世界が第二次世界大戦以来、アメリカ合衆国、西ヨーロッパ、日本が選んだ道をたどることになるだろうと、想像しないわけには行かないのである。それは言わば国際(諸国)連合のドクトリンの勝利に他ならない。

そのような世界はもしかしたら夢かも知れない。確かなことは、もしそのような世界が出現するなら、その完成された政治形態は国際（諸国）連合の勝利となるであろうし、アメリカ合衆国にいかなる特別の役割をも提案することはないであろう。アメリカは他と同様の普通の自由主義的にして民主主義的な国に戻り、その軍事機構の動員を解除して戦略の場から引退するよう、懇願されることになるだろう。感謝の意を表する全世界の敬愛に送られて引退するだけの資格は十分あるのだから。

このような歴史は書かれることはないであろう。今のところ、自由主義的民主主義と平和の全世界化が不可避的な歴史の過程であるのかどうか、まだ分からない。しかしこのような世界がアメリカにとって脅威となるであろうことは、分かっている。経済的に依存しているアメリカは、旧世界での己の政治的・軍事的プレゼンスを正当化するために、一定程度の混乱を必要としているのである。

戦略的現実主義への復帰――ロシアと平和

終わりから始めてみよう。つまりその民主主義への大旋回がフクヤマの当初のヴィジョンに意味を与えた国、ロシアから話を始めよう。ロシアはそのイデオロギー的内部崩壊の直後には、その地理的・人口学的・軍事的巨大さから地球上のいかなる国をも脅かす力を持っていた。かつてはソ連の軍事的勢力拡張主義は、民主主義諸国にとって最重要の問題となっており、それだけで自由世界の庇護者というアメリカ合衆国の役割を正当化していた。共産主義の崩壊は、中期的にはロシアの自由主義的民主主義政体の確立をもたらすことになるかも知れない。そうなった場合、自由主義的民主主義国はその本性からして、他の自由主義的民主主義国を攻撃することができないのであるなら、ロシアの変貌はそれだけで十分に、地球をその大部分において平和の空間に変えてしまうことができるだろう。ロシアが一度温厚な巨人になったなら、ヨーロッパ人と日本人はアメリカ合衆国なしでもやって行けるようになるだろう。ところがアメリカの方は、米欧日の三極のうちの工業的・金融的に生産的な二極なしではやって行けなくなっているのだから、この大胆な仮説は、アメリカにとっては辛い仮説なのである。

思弁をさらに先まで進めてみよう。もし旧世界が平和へと向かい、アメリカ合衆国を必要としなくなり、逆にアメリカ合衆国が経済的に略奪的・脅威的な存在となったなら、ロシアの役割もまた逆転する。自由主義的にして民主主義的なロシアが、今度はその全世界的な帝国的姿勢をさらに強固にしようとするアメリカに対して世界を護るという想像は、先験的にはいささかも禁じられてはいない。

ロシアの経済状況と戦略的役割については、のちに詳細にわたって検討する積りである。とはいえこの予備的段階においても、その軍事的衰弱にもかかわらず、ロシアは依然として、アメリカ合衆国の軍事的全能を妨害する力を持った核軍備を有する唯一の国であることを、指摘しておくのが適切だろう。二〇〇二年五月のジョージ・W・ブッシュとウラジーミル・プーチンの間の核削減についての合意は、双方が約二〇〇〇基の核弾頭を保持することを認めている。つまりかつての恐怖の均衡は存続しているのだ。

もしアメリカの世界に対する関係が逆転し、保護から潜在的攻撃へと変わるとするなら、ロシアの世界に対する関係もまた逆転して、攻撃から潜在的保護へと転換する。このようなモデルの中で唯一変わらない安定要素は、結局のところ、ロシアとアメリカの関係が敵対関係であるということである。

第3章　帝国の規模

アメリカ・システムについての考察を歴史を参照することによって補強しようと考える者は、アテネとローマという古典古代の二つの帝国との比較検討を是非とも行なわなければならない。アメリカ合衆国の支持者はアテネという先例がお気に入りで、反米派はローマの例の方がお気に召す。アメリカ合衆国に好意的な態度を示す者は、普通はアテネを参照対象として選ぶことになる。そこでアメリカ合衆国の場合、一国の枠をはみ出した政治的支配圏〔すなわち帝国〕の樹立は、ローマ型の軍事的征服の結果ではないことが、強調されることになる。

ローマにとっては、領土拡大そのものが歴史の意味＝方向をなしていた。ローマ市の遺伝暗号そのものが軍事力による拡張の原則を含み持っているようであった。国内政治生活、経済、芸術など、それ以外のすべての要素は副次的であった、というわけである。それに対してアテネは、もともと商人と職人の町で、悲劇と哲学と民主主義の誕生の場であって、その軍事的運命はペルシャの侵攻によって引き受けざるを得なくなったものである。スパルタとともにペルシャに抵抗するギリシャ諸都市の先頭に立つことになったのだ。ペルシャの最初の敗北ののち、農業国スパルタは闘いから身を引いたのに対して、海軍強国アテネは、都市連合たるデロス同盟を組織して闘いを継続した。大国は艦船を供出し、弱小国は資金を拠出するというものだった。このように最初にアテネの影響圏が樹立されたのは、一種の民主的リーダーシップによるものだった。

アメリカ合衆国もアテネと同じく本質的に海軍強国であり、真珠湾までは孤立主義だったのだから、ローマ流の生来の軍国主義と領土拡張主義で非難することはあまりできない。NATOの設立は全く、ヨーロッパにおけるアメリカ合衆国の同盟国が願ったことである。大西洋同盟〔NATO〕をデロス同盟になぞらえるのは、従っていささかも突飛なことではない。この譬え話の中ではソ連が恐ろしいペルシャの役回りを演じることになる。

とはいえこのような大西洋同盟の自由主義的で楽観的なイメージで完全に納得してしまうのは、アテネの歴史のその後の推移を忘れた者だけである。デロス同盟はかなり急速に変質する。同盟都市の大部分は艦船と乗組員を提供するよりは、フォロスと称する貢納金をアテネに支払って軍事的義務を免れようとした。指導都市アテネはやがて、デロス島に置かれた拠出金庫を手中に収め、それを同盟内の不服従の都市を従わせるための費用として用いるだけでなく、アクロポリスの神殿の建立の費用にも振り向けたのである。この例は不完全か、さもなければ完璧すぎる。もしかしたらヨーロッパ人に――日本人にもおそらく――己自身の軍事的行動様式についての「現実的な」瞑想を促すことになるかも知れないのである。

アテネは最後にはスパルタによって打ち破られる。スパルタは事の成り行きからギリシャの自由の防衛者に変貌したわけである。残念なことに今日まで残されている史料では、アテネがその帝国から引き出した経済的利益についても、その利益がアテネ自体の社会構造に及ぼした影響についても、正確に分析することはできない[1]。

経済的グローバリゼーションの基盤は政治的・軍事的事由

アメリカの帝国的性格についてはローマの帝国主義に喩えるべしと考える者の方が数が多いが、彼らはアメリカ帝国の歴史は、一九四八年のプラハの政変〔チェコスロヴァキアでの共産主義政権の成立〕に際して、ソ連圏の確立への反動として始まったわけではないと、強調するだろう。アメリカ・システムはすでに一九四五年、第二次世界大戦の終結とともに確立した、というのである。この大戦中、アメリカはその工業的・軍事的優位を顕示した。アメリカ・システムはこうして一九四五年に確立したわけだが、その基本的な征服の成果はドイツと日本という二つの保護領であった。この二つの併合国は、経済的規模からしてまことに重要であった。ドイツは戦前の第二の工業大国であり、日本は現在の第二の工業大国である。この二つの拠点は、世界経済システムの制圧にとって本質的に重要であるが、それに対する権力をアメリカ合衆国が確立したのは、まさしく軍事力によってであった。その点はローマ帝国とよく似ている。

ローマのケースは経済的・社会的側面についてアテネのケースより史料が残されている。軍事的支配圏の中で生産された富が政治の中心地に蓄積することによって社会構造がどのような変形を蒙ったかを、ローマについては計測することができるのである。

第二ポエニ戦争によってカルタゴに決定的勝利を収めたのちの一〇〇年間で、ローマは急速に東方へと拡大し、環地中海地域全域の主となった。今や土地、金銭、奴隷の無限の資源を有していた。支配圏全域から金銭資源を徴集し、それで大量の食料品と加工製品を輸入することができたのである。ローマの政治的支配によってグローバル化されたこの地中海経済の中で、イタリアの農民と職人はその有用性を失って行った。社会は経済的に無用の平民層と略奪的金権政治階層の二極に分極化した。無産階級化した住民のはるか上方に富を飽食した少数者集団がふんぞり返っていた。中産階級は内部崩壊し、その崩壊過程が共和国の消滅と帝国の確立を引き起こした。まさに政治システムの安定性のために中間的社会カテゴリーがいかに重要であるかについての、アリストテレスの分析が示す通りのことが起こったのである。(2)

平民は従順ではなかったが、地理的中央部に居座っているため排除するわけにも行かず、終いには帝国の経費でパンと見世物、すなわち食糧と娯楽を与えるようになった。

アメリカの指導の下に進められている現在の経済的グローバリゼーションに関心のある者にとって、古典古代のモデルとの比較は、類似点であれ差異点であれ教訓に満ちている。アテネの例に拠るにせよローマの例に拠るにせよ、いずれの場合も経済的支配圏の成立の原因は政治的・軍事的なものであることが明白に示されるのである。このような経済の政治的イメージは、グローバリゼーションを非政治的現象として表象して見せる現在の公認の教義を、光学的な意味で補正してくれる。その教義によれば、やがて実現する自由主義経済の世界には、民族も国家も軍事力も存在しない。ところがアテネから出発するにせよ、ローマから出発するにせよ、われわれとしては、グローバル化された世界経済の形成は、なんらかの政治的・軍事的過程の結果であること、そしてグローバル化された経済が見せるいくつかの奇妙な点は、システムの政治的・軍事的側面を参照するのでなければ説明がつかないことに、気付かないわけには行かないのである。

生産から消費へ

自由主義経済理論は、自由貿易の利点を賞揚するとなると実に饒舌になる。それによれば唯一自由貿易のみが、生産と消費を全世界のすべての住民にとって最適のものとすることができる、ということになる。各国がそれぞれ自分に最も適した財とサービスの生産に専門化する必要がある。このように強調した上で、市場による適正化が自動的であるという点を際限なく当てにするのだ。各国通貨の価値の変動という媒介を通して、生産と消費、輸入と輸出の間に雄大壮麗な均衡が打ち立てられる、というわけである。このようにこの経済のスコラ学は、各国が同等の地位を占め、共同の利益のために働く、そうした完璧に対称化された理想世界を案出し、知覚し、描き出す。この理論の胚芽はスミスとリカードによって分離抽出されたものであるが、今日ではその八〇%がアメリカの一流大学で栽培されて生産されている。それは音楽や映画とともに、アメリカ合衆国の文化的主要輸出品目の一つをなしている。その現実との一致の度合いは、ハリウッド・タイプであって、つまり薄弱である。いざグローバリゼーションは対称性原理ではなく非対称性原理によって編成されているという厄介な事実を説明する段になると、それは能弁を失って、何も言えなくなってさえしまう。世界はますますアメリカが消費するために生産するようになっているのだ。アメリカ合衆国にはいかなる輸出入の均衡も確立していない。終戦直後の過剰生産の自律的な国であったアメリカ合衆国は、いまや一つのシステムの中核となったが、そのシステムの中でアメリカの果す使命は生産ではなくて消費なのである。

アメリカの貿易収支の赤字のリストは実に感銘深い。世界の重要な国が一通り網羅されているからである。例えば二〇〇一年では、中国に対する赤字が八三〇億ドル、日本に対しては六八〇億ドル、ヨーロッパ連合には六〇〇億ドル、うちドイツに二九〇億ドル、イタリアに一三〇億ドル、フランスに一〇〇億ドル、さらにメキシコに対する赤字は三〇〇億ドル、韓国に対しては一三〇億ドルである。イスラエル、ロシア、ウクライナさえもアメリカ合衆国との貿易は輸出超過になっており、それぞれ黒字が四五億ドル、三五億ドル、五億ドルとなる(3)。

対アメリカで黒字を出している国のリストから推察できることだが、原材料の輸入はアメリカの赤字の主たる原因ではない。先進国ならば通常ならそうなるはずなのだが、例えばアメリカの戦略の強迫観念となっている石油は、二〇〇一年に貿易収支赤字八〇〇〇億ドルに該当するだけで、残りの三六六〇億ドルの品目の大部分は工業製品なのである。

このアメリカの貿易赤字を、農業とサービスを含む包括的な国民総生産とではなく、工業生産だけと比較すると、アメリカ合衆国はその工業製品の消費の一〇%について、自国の製品の輸出によってカヴァーされない財に依存しているという、唖然とするような結果に到達することになる。この工業製品の赤字は、一九九五年にはまだ五%だった。アメリカ合衆国は最も高尚な先端的製品の生産に没頭しているのだから、この赤字は技術レベルの低い製品に集中しているだろう、などと想像するのはとりわけ禁物である。アメリカ工業は、依然としてかなりの数の領域でトップの位置を保っている。コンピュータは最も明白な分野だが、他にも医療機材や航空機を挙げることもできよう。しかしそれでも年々、アメリカのトップの地位は、先端的分野を含むあらゆる領域で失われて行くのである。二〇〇三年にはエアバスはボーイングと同数の飛行機を生産するだろう。もちろん金額にして完全な同等が達成されるのは二〇〇五年から二〇〇六年と予測されるのであるが。先進技術製品についてのアメリカの貿易黒字は、一九九〇年には三五〇億ドルあったが、二〇〇一年には五〇億ドルに落ちており、二〇〇二年一月には赤字となっていたのである。[4]

このアメリカの工業製品についての赤字は急速に姿を現したわけだが、その速さも現在進行中の過程の最も興味深い様相の一つに他ならない。一九二九年の景気後退の直後には、世界の工業生産の四四・五%はアメリカ合衆国にあった。それに対してドイツには一一・六%、イギリスには九・三%、フランスには七%、ソ連には四・六%、イタリアには三・二%、日本には二・四%であった。[5]それから七〇年後には、アメリカの工業生産は、ヨーロッパ連合のそれよりやや少なく、日本のそれを辛うじて上回るにすぎない。

この経済力の低下は、アメリカ系多国籍企業の活動によって補填されることがない。一九九八年以来、これがアメリカ合衆国に環流させた利潤は、アメリカに進出した外国企業がそれぞれの本国に環流させた利潤を下回るのである。

コペルニクス的断絶の必要──「国内」統計への訣別

二〇〇一年の不況の直後、経済コメンテーターのうちの多数は、アメリカ経済の驚異的な活力、投資の力強さと消費の活発さと軽度のインフレを組み合わせた新たなパラダイムの誕生を褒めそやした。七〇年代の解決不可能な難題はついに解決された。アメリカは過大な物価上昇を伴わない成長の道を見い出した、というのだ。二〇〇二年の初めには、ヨーロッパや日本の生産性の遅れを気遣うのが、わが国フランスの新聞にとってまさに規定演技となっていた。ところがその頃、アメリカ政府は競争に負けた自国の鉄鋼業を保護するために関税を復活しようとしていたのであり、また日本のヴィデオ・ゲーム、プレイステーション2とゲームキューブは、この領域での競争に挑戦しようとするマイクロソフトの試みであったX-BOXを笑い者にしていたのである。さらにはカリフォルニアで電力が不足し、ニューヨークは何と飲料水の供給に四苦八苦するという体たらくだった。

すでに五年前から私は、アメリカ経済の、おめでたいとは言わないが楽観的なヴィジョンと、国民総生産の成長率の意味するところは、現実には疑わしいと思っていた。国民総生産など、今や何を意味するのかあまり分からなくなっている。われわれはますます選択を迫られているのだ。すなわち、アメリカ合衆国の国内のすべての企業の活動から派生する国民総生産の数字を信じるか、貿易収支が描き出す現実を信じるか、いずれか一つなのである。貿易収支は国と国の間の交換の多寡を明らかにし、アメリカの工業力の不足を暴き出す。ある財の輸入が困難であることが判明すると、隠れていた現実の緊張が姿を見せることになるのだ。カリフォルニアの停電が不足振りを暴露した電力の場合が、その一例である。

　私は長いことアメリカの活力の現実性について迷っていたが、エンロン事件と、それ以上に、続いて起こったアンダーセン事件で踏ん切りがついた。電力仲買い企業のエンロンの破産は、新聞で報じられた神話的で魔術的でヴァーチャルな金額である一〇〇〇億ドルの取引高が雲散霧消するという事態を引き起こした。アンダーセン会計事務所による帳簿改竄によって、この金額のうちのどの部分が「付加価値」に該当するのか、付加価値としてアメリカの国民総生産に組み込まれるべきであったのかを、今日明確にすることができなくなっている。しかし一〇〇〇億ドルというのはアメリカ合衆国のＧＮＰの約一％に当るはずである。いくつの企業が、アンダーセンその他の会計操作のプロの助けを得て帳簿を改竄しているのだろうか。同種の事件が最近増加しているところを見ると、こういうことをやっている企業が多数派であると考えられる。一九九四年から二〇〇〇年の間に、金融業務、保険、不動産は工業の二倍の速度で成長し、工業生産の一二三％に相当する「価値」の生産を達成したと言

表4　アメリカ合衆国の経済部門と成長率

	2000 年の内訳（%）	1994-2000 年の成長率（%）
国民総生産	100.0	**40**
農業	1.4	15
鉱業	1.3	41
建設業	4.7	68
製造業	15.9	**28**
運輸	8.4	35
卸売業	6.8	41
小売業	9.1	44
金融・保健・不動産	19.6	**54**
サービス	21.9	**59**
国家	12.3	27

出典）　経済分析局　http://www.bea.gov/dn2/gpoc.htm#1994-2000

われるが、このような経済はいったい何なのだろう。価値という語に括弧を付けたのは、これらのサービスの価値と工業製品の価値の違いは、前者は大部分が国際市場で交換することができないということだからである。もちろんこれらのサービスの中でも、輸入をカヴァーするのに必要なフレッシュマネー、資本をアメリカ経済に補給するための部門は例外であるが。私企業が群れをなして行なっている不正行為で膨れ上がったアメリカのGNPは、統計的信憑性についてはソ連邦のそれに類似し始めている。

オーソドックスな経済理論は、アメリカの工業活動の収縮も説明できなければ、アメリカ合衆国が己のための供給を外部世界に依存する、消費に特化した空間に変貌した理由も説明できない。逆にローマ型の帝国のイメージを援用するなら、この過程を政治的・軍事的編成の経済的結果として把握することができるようになるのである。

第二次世界大戦の直後、アメリカ合衆国は、ヨーロッパと日本の惨状、ソ連システムの勢力伸張に直面して、自らの影響圏を自分を中心とするグローバルなシステムとして編成した。段階を追って徐々に、アメリカ合衆国のイデオロギー的選好に対応するゲームの規則が押し付けられて行った。それは通商と金融の規則だったが、軍事的・政治的にアメリカの統制下にある圏域の統一を保証することができたのは、唯一このゲームの規則のみだったのである。当初は世界の主要部分の安寧を保証するとのアメリカの主張は、完全に正当な根拠を有していた。この世界システムの出現を破壊的現象と考えるのは馬鹿げている。一九五〇年から一九七五年までの成長がその証拠である。マーシャル・プランは、ヨーロッパに再建の手段を供給し、アメリカ合衆国には一九二九年型の新たな経済恐慌を逃れる手段を提供したものだが、これは歴史にほとんど例を見ない政治的・経済的な英明の行ないである。この期間についてはポジティヴな帝国主義という言い方をすることができよう。

共産主義との闘いに集中していたアメリカ合衆国は、己の経済的優位が恒常的で永遠不変であるといささか確信しすぎており、己の軍事的支配圏の政治的統合に絶対的優先権を与えた。その目的でヨーロッパの生産物ととりわけ日本の生産物に、自らの市場を開放したのである。そのためには己の工業の広範な分野を犠牲にする必要があった。アメリカ合衆国は最初はそのことに気付かなかったが、のちにはある程度不安を覚えるようになった。貿易赤字は七〇年代初頭に姿を現す。そしてそれ以降、拡張を続け、本来の政治的支配圏さえも越えて、世界全体との貿易にまで拡大したのである。

共産主義の内部崩壊は、この非対称的な貿易システムの中にいくつもの重要な国が新たに加わるのことを可能にした。今日、アメリカ合衆国との貿易で最大の黒字を出しているのは、日本やヨーロッパではなく、中国である。アメリカの過剰消費は今や世界経済の構造の枢要な要素となっており、人によってはこの構造を帝国的とみなす者もいるのである。とはいえアメリカはもはや生産によって世界にとって必要不可欠な存在ではなくなってしまった。この世界的需要不足の情勢において、消費によって不可欠な存在なのである。そしてこの需要不足の情勢は、自由貿易によって作り出された構造的現象に他ならない。

不況下の世界経済にとってのケインズ的国家

貿易の自由化は、経済理論通りに、世界規模での不平等の拡大を引き起こした。貿易の自由化というものには、全体としての世界の特徴に他ならない所得較差を一国規模で各国に導入する傾向があるのだ。至る所で国際競争は総賃金の停滞と利潤の上昇、いやむしろ爆発的上昇を助長した。自由貿易によってもたらされる労働所得の縮小は、資本主義が伝統的に抱えているジレンマを再び活性化し、今日それが全世界規模で噴出するのが観察される。要するに縮小された賃金には、増大する生産を吸収する力がなくなってしまうのである。この珍しくもない現象は、イングランドではマルサスとケインズによって、また十九世紀と二十世紀の社会主義経済学者によって研究されて来たが、アメリカ合衆国の非体制順応主義的経済学者によって、完璧に理解されている。

アメリカの大学エスタブリッシュメントの経済学者は一般に、自由貿易の結果として不平等が拡大することは認めるけれども、逆に需要の停滞の方は、タブーとなっている。それはポール・クルーグマン〔一九五三年生、マサチューセッツ工科大学経済学教授〕のような偽の反体制順応主義者にとっても同じである。需要の停滞というグローバリゼーションの結果に触れることは、既成秩序との断絶の印であり、例えばチャルマーズ・ジョンソン〔一九三一年アメリカ生まれ、日本政策研究所々長〕のような真の反逆者のみがそれを告発するということをやってのけるのである。彼はアジアの専門家で、第二次世界大戦以来のアメリカの行動様式について書かれた最も辛辣な本の一つである『アメリカ帝国への報復』の著者である。[(6)] しかしグローバリゼーションのまことに明晰な分析者であり、国家や民族の存続だとか、アングロ・サクソン資本主義と日本ないしドイツ資本主義との違いを完全に承知しており、アメリカの覇権の経済的・イデオロギー的脆弱性にかくも注意深い、ロバート・ギルピンでさえ、この問題を喚起する勇気がないのである。それはエスタブリッシュメントの品行方正の規則に違反することを意味するのだ。

ここでジョゼフ・スティグリッツ〔一九四三年生、クリントンの経済諮問委員、二〇〇一年ノーベル経済学賞〕を全面的に非難するとしたら、半ば不当であるだろう。元世界銀行主席エコノミストのスティグリッツは、文句なしのエスタブリッシュメントの一員で、彼のノーベル賞受賞はまさにエスタブリッシュメントへの所属の証明書のごときものに他ならない。その彼は『大いなる幻滅』の中で、世界の総需要の問題を強調し、何度も国際通貨基金が各国の一国的需要ないし地域的需要の不足——特にアジアにおける――を知覚する能力を持たないことを指摘している。[7] しかし彼は自由貿易に忠誠を守り、実践的には世界的な調節機関が存在しないことを嘆くことしかできない。彼は愚直なのか巧妙なのか、よく分からない。多分その両方なのだろう。ＩＭＦの官僚たちには厳しいが、己の職業的ドグマには執着しているのである。とはいえ過大な要求を突き付けるのは馬鹿げている。アメリカ経済分析の最大の代表の一人が、ケインズ以降ここで再び、総需要の低下は起こっている可能性があり、全世界規模で調節を行なうことが必要である、と断言したということは、一つの転換の始まりである。もっともワシントン政府は、その後の処理について「交渉する」のにそもそもかなり不利な立場にあるのではあるが。

自由貿易と賃金の削減の結果として需要停滞の傾向があることは自明の事柄であり、世界経済の成長率の規則的な低下とますます頻繁に起こる景気後退の原因は、それで説明がつく。こうしたことは別に目新しいことでも何でもないが、ここではさらに検討を押し進め、世界全体の消費の落ち込みがアメリカ合衆国にとってどのような戦略的意味を持つのかを追求してみよう。というのも、アメリカ合衆国が「グローバル化された」経済の調節機関にして略奪者であるという己の役割を正当化し、地球規模のケインズ国家としての職務を引き受けることができるのは、まさにこの世界規模の需要の停滞のお蔭なのだから。

停滞し落ち込んだ世界経済の中にあっては、生産する以上に消費するアメリカの性向は、終いには世界から良いことだとみなされるようになる。景気後退がある度に、アメリカの消費の衰えを見せない活力は讃嘆の的となり、やがてはこれがアメリカ経済の基本的なプラス面となって行く。そしてだれもその基本的な非生産性を見ようとしなくなるのである。アメリカの世帯の貯蓄率はゼロに近い。しかしアメリカ合衆国の「景気の回復」の度に、世界各地からの製品の輸入は膨れ上がる。貿易収支の赤字は増大し、毎年毎年、マイナスの新記録を打ち立てる。ところがわれわれは満足する、というよりはむしろ、安堵する。これはまさに逆様にしたラ・フォンテーヌの世界で、蟻が蝉〔きりぎりす〕に食べ物を受け取ってくれと頼んでいるようなものなのである。

こうなるとアメリカ合衆国に対するわれわれの態度は、国家が景気刺激策を打ち出すのを待望する、全世界的なケインズ的国家の臣民の態度に他ならない。現にケインズの見解では、需要を下支えするために消費するというのは、国家の機能の一つである。その『一般理論』の末尾で彼は、ピラミッドを建設するファラオについていてちょっとした優しい言葉をかけている。彼は浪費を行なうが、それによって経済活動の調節を行なっているわけである。アメリカはわれわれのピラミッド、全世界の労働によって維持されるピラミッドに他ならない。このケインズ的国家としてのアメリカというヴィジョンと、グローバリゼーションの政治的解釈とは完全に適合するということ、これは確認せざるを得ないのである。アメリカ合衆国の貿易収支の赤字は、このモデルで言うなら、帝国が徴集する課徴金と定義されなければならない。

アメリカ社会は経済的観点からすると、世界全体にとっての国家となった、ということになる。ところがアメリカ社会の方は自分では、生来的に国家というものに敵対的だと思っている。そこでレーガン流の調節放棄〔規制緩和〕によって自国の経済における国家の活動領域を縮小しようと努めたわけである。しかし社会の中における国家の否定は、最後には社会そのものを国家にしてしまうに至った。その国家は一方では、古典派ないし新古典派経済学者たちが国家に付与しているマイナスの特徴、すなわち非生産性と財政的無責任性、他方では、ケインズ派経済学者たちが国家に認めているプラスの潜在力、すなわち景気後退の局面において需要を刺激する能力、この両方を備えている、ということになる。

通貨のメカニズムと心理のメカニズムは捉えがたい。しかし調節が放棄された労働市場という安全性の無さをも受け入れることのできた、あのかくも活力に溢れたアメリカ人たちは、今や世界全体にとって全体として非生産的で消費のみを事とする役人となったのである。個人的責任の行過ぎは、集団的無責任にしか行き着かなかったことになる。

アメリカ社会の「帝国的」変形

この経済の「帝国的」変化は、地中海沿岸地域を征服した直後のローマのそれを思い出させずにいないが、アメリカの社会と経済のさまざまの分野に多様な仕方で及んだ。工業と、それまで中産階級に組み込まれていると思われていた労働者階級とは、真っ向から打撃を喰らった。彼らの部分的分解は、これまたローマの農民層と職人層の解体を思わせる。彼らはシチリア、エジプト、ギリシャから大量に流れ込んだ農産物と物品によって広範に破壊されたのであった。一九七〇年から一九九〇年のアメリカ労働者の場合は、相対的貧困化だけでなく、時には絶対的貧困化を問題とすることができる。

経済メカニズムの詳細にまで踏み入らず、ある程度の一般性の水準に留まったとしても、次のことは確認せざるを得ない。すなわち経済の帝国的変貌は、アメリカ社会の上層階層を一国の枠組みを越えた帝国的（現代の言葉で言えば「グローバルな」ということになる）社会の上層階層に次第に変貌させて行く、ということである。このグローバリゼーション進行中の社会は、当初は自由世界の全体を組み込んだが、その後、共産主義の崩壊ののち、潜在的には世界全体を組み込んだのである。

当のアメリカ合衆国においても、「国民」所得のうち最も豊かな五％に吸い上げられる割合は、一九八〇年には一五・五％だったのが、二〇〇〇年には二一・九％となり、最も豊かな二〇％の取り分は四三・一％から四九・四％に上昇した。その他の八〇％の取り分は五六・九％から五〇・六％に低下しており、その各二〇％の取り分はそれぞれ二四・七％から二二・九％、一七・一％から一四・九％、一〇・六％から九・〇％、四・五％から三・七％に減少している。『フォーブズ』誌が行なった分類によれば、二〇〇〇年のアメリカの金持ち上位四〇〇人は、一九九〇年の上位四〇〇人より一〇倍も金持ちであるという。ところが国民生産は二倍になっただけなのだ。こうしたアメリカ社会の上層部の所得の驚異的な膨張は、住民の大多数の所得の停滞ないし極めて慎ましい成長と同様に、帝国モデルを用いなければ説明できない。

一九八〇年から二〇〇〇年までの期間を二つの局面に分解してみると、不平等の増大は全期間にわ

表5　アメリカ合衆国における所得の推移

2000 年における各層の平均所得（単位：ドル）	1980	1994	2000	94/80	2000/94
最富裕の 5 %	132,551	210,684	250,146	＋ 59 %	＋ 19 %
最富裕の 20 %（上層 1/5）	91,634	121,943	141,620	＋ 33 %	＋ 16 %
次の 20 %（第四の 1/5）	52,169	58,005	65,729	＋ 11 %	＋ 13 %
次の 20 %（第三の 1/5）	35,431	37,275	42,361	＋ 5 %	＋ 14 %
次の 20 %（第二の 1/5）	21,527	22,127	25,334	＋ 3 %	＋ 14 %
最貧困の 20 %（最下層 1/5）	8,920	8,934	10,190	＋ 0 %	＋ 14 %

出典）　http://www.census.gov/hhes/income/histinc/h03.html

たる特徴ではなく、帝国への再構造化の過程の局面Ⅰとも言うべき期間に合致することが、明らかになる。

一九八〇年から一九九四年までの間は、すでに豊かになっていた者ほど所得の増加率が高くなっている。最も資産のある五%においては、増加率は五九%で、所得の階層を下に行くにつれて増加率は少なくなり、最も貧困な者ではゼロとなっている。ここでは不平等の劇的な拡大があったと言うことができる。

ところが一九九四年から二〇〇〇年までの間となると、この動きは意味と性格を変える。最富裕層の所得の増加の動きは鈍くなり、最富裕の五%でプラス一九%、最貧困層を含むその他のグループの増加率はほとんど一様となり、一三%から一六%の間に収まってしまう。「ニュー・エコノミー」論者たちは、この変化は現代化過程の平等主義的局面だと主張することだろう。現代化過程は最初の段階で不平等の増大の局面を必然的に含み、次いで平等主義的な局面に移る、というのが、ハーヴァードの経済学者たちの内輪の世界でもてはやされている理論の一つなのだ。

しかしローマの歴史との比較を押し進めてみると、アメリカ社会の近年の推移のうちの、所得の成長に関してはより平等主義的な局面IIと、一九九三年には年間一〇〇〇億ドルをわずかに上回る程度だったのが、二〇〇〇年には実に四五〇〇億ドルに達するという、アメリカ合衆国の貿易収支の赤字の厖大な膨張とが、同時に起こっていることに驚かざるを得ない。帝国流の物質的財の徴収のシステムが成熟に達し、今やアメリカ国民全体がその恩恵に浴すことができているわけである。

一九七〇年から二〇〇〇年までの間にアメリカ合衆国では、金権政治勢力の発達と平民階層の拡張が組み合わさった、ローマ型の社会の分極化の過程が進行した。ここで「平民」plebes というのは、この語がローマ帝国期に持っていた意味〔賤民、下層民〕においてである。金権政治勢力と平民の観念は、ここでは単に豊かさのレベルを示すだけでなく、この豊かさ――厖大な豊かさの場合も、取るに足らない微弱な豊かさの場合も――が直接生産に関わる活動から派生したものではなく、外の世界への政治的支配の結果として派生したものであるという事実を喚起する。(8)

私は次の章で、この富が自由主義経済を背景として徴収され再分配される、かなり不可思議なメカニズムを検討する積りであるが、ここでこのローマ帝国との比較の妥当性を強調しておきたい。アメリカは一九九四年から二〇〇〇年までの間に、「情報ハイウェー」の「ニュー・エコノミー」の奇蹟の段階に達したのではなく、「パンと見世物」panem et circenses〔ローマは帝国から収奪した富によって、本国市民に食糧と娯楽を供給した〕の段階に達したのである。

もちろん私は議論を分りやすくするために、誇張した物言いをしている。だからアメリカ経済には

図　アメリカの貿易収支の赤字（単位：10億ドル）

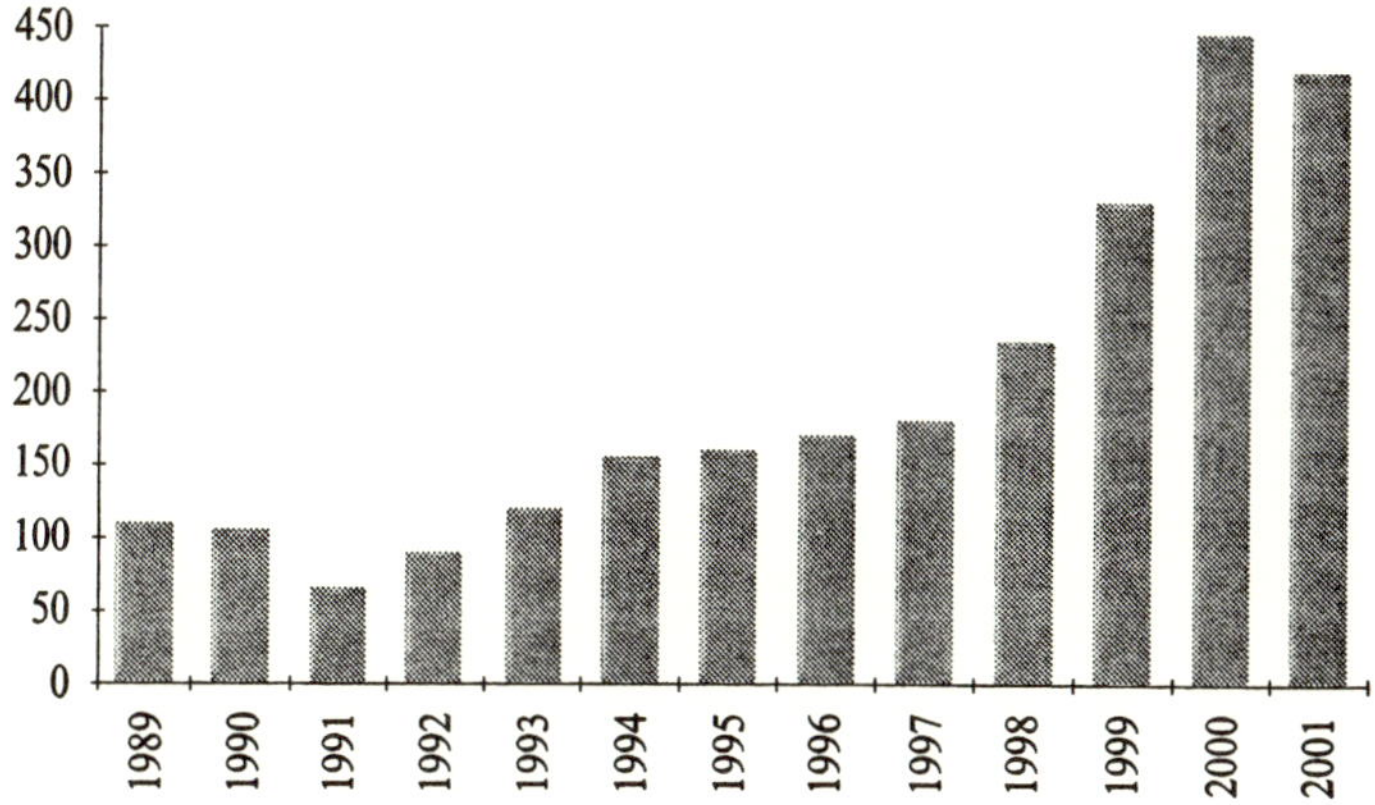

出典）　http://www.census.gov/foreign-trade

有効性もあれば現実に生産性もあると信じようとする経済学者も、全く常軌を逸しているとまでは言えない。現段階で現実に常軌を逸していると思われる唯一の事柄は、一九九〇年から一九九五年に行なわれていたような論争が現在は行なわれていない、というかむしろ、消えてしまった点である。その論争の焦点の一つは、アメリカ経済の実質的有効性に対する懐疑であった。

モデルから歴史の現実に戻るなら、アメリカは最近二〇年の間に、経済的・社会的編成の二つのタイプ、すなわち国民国家〔ネーション〕と帝国のいずれを採るかで迷ったと言うことができるだろう。今日でもネーションとしての特徴を一切失ってしまったわけではないし、帝国としてはやがて挫折するだろう。しかし帝国への傾向が加速化したのは、一九九〇年から二〇〇〇年まで、より正確には一九九四年から二〇〇〇年までの間であるということは、明らかである。

一九九〇年から一九九五年の論争――国民国家 対 帝国

帝国的な経済を選ぶという選択は、論争も衝突もなしに行なわれたわけではない。自由貿易とそれがアメリカの労働者界にもたらす帰結を告発する研究者は、アメリカにはヨーロッパ以上に数多くいた。ただそうした経済学者は大抵はエスタブリッシュメントの最も威信ある大学の外にいたというのも、事実である。ドイツ人の保護主義理論家、フリードリッヒ・リスト〔一七八九～一八四六年、主著『国民経済学体系』（一八四一年）〕が再発見されたのは、アメリカ合衆国においてである。保護主義とは、外の世界から護られているが内部での作動は自由主義的である、そうした一国的空間を定義する経済方式である。[9] ストラテジック・トレイダーと呼ばれる者たちは、アジア一般、特に日本に対するアメリカ工業防衛論者たちだが、彼らは数多くの論文・著作を発表し、クリントンの一回目の大統領任期の初期にある程度の政治的重要性を保持していた。

彼らストラテジック・トレイダーたちは、経済的・通商的角度から問題を捉えていた。マイケル・リンドは初めて一九九五年に、自由貿易の確立に対応するアメリカ社会の変遷のイメージを練り上げた。彼は労働者・民衆諸階層への圧迫の増大を告発するだけでは満足しなかった。彼の最も重要な貢献は、アメリカの新たな指導階級、「白人上流階級」white overclass を特定し、描写したことである。これは所得だけでなく、文化的・心性的習慣によっても定義され、技術系の学業より法学系の学業への選好、安っぽいイギリス贔屓、人種問題ではアファーマティヴ・アクション（マイノリティに有利な「ポジティヴな差別」）に対して示す理解、大学に関しては自分の子供を巧みに知的競争から護る手腕、などを特徴とする。リンドは、労働組合が民主党への影響力を失い、社会全体がますます民主的ではなくなって行く、階層化されたアメリカの姿を描き出したのである。[10] 彼はまた、現段階ではヨーロッパとアメリカの間で逆転が起こり、今や旧大陸は新世界より民主的であるということを見て取った、最初の人間だと私は思う。[11] 知識人で活動家でもあるリンドは、依存的で寡頭支配の国ではなく、自給自足で民主主義的な国民国家〔ネーション〕として、アメリカを定義し直すことを要求していた。

それは一九九五年のことだった。しかし一九九四年から二〇〇〇年までのアメリカの貿易収支の赤字の増大と、所得がたどった推移を見ると、民主的で経済的に独立した国民国家を目指す闘いは、一九九五年から二〇〇〇年までの間に敗れ去ったと考えられる。この時間的推移と、そこからうかがえる帝国へと向かう推力の加速化とは、ライバルにして均衡の対極に他ならないロシアの客観的変遷と、それがどのように知覚されたかということと切り離しては、理解できない。この点については、アメリカの外交政策の一般的論理を扱う第6章にて、見ることになろう。アメリカ合衆国の十全にして全面的な帝国システムへの進行は、アメリカ社会内部の力関係にのみ依存するものではなく、また実際、主にそれに依存するわけでもない。帝国とは世界との関係に他ならない。世界は支配され、呑み込まれ、帝国の権力の内部空間へと変えられてしまうわけだが、まさにそのような世界との関係なのである。

今からアメリカ帝国の未来について語るべきであろうか。

歴史を通じて真に帝国の名に値する組織体は、常に以下の二つの特徴を呈して来た。その二つの特徴は機能的関係で互いに結ばれている。

——帝国は軍事的強制から生まれる。そしてその強制が、中心部を養う貢納物の徴収を可能にする。

——中心部は終いには、征服した民を通常の市民として扱うようになり、通常の市民を被征服民として扱うようになる。権力の旺盛な活力は、普遍主義的平等主義の発達をもたらすが、その原因は万人の自由ではなく、万人の抑圧である。この専制主義から生まれた普遍主義は、征服民族と被征服諸民族の間に本質的な差異が存在しなくなった政治的空間の中で、すべての臣民に対する責任へと発展して行く。

この二つの判断基準に依拠するなら、直ちに以下のことが理解できるようになる。すなわち、最初は征服者にして略奪者であったが、次いで普遍主義的で、道路、水道、法と平和という恵みを分配したローマは、まさに帝国の名に値していたのに対して、アテネは挫折した一形態にすぎなかった、ということである。アテネが軍事的征服という条件を満たしているかどうかは疑わしいが、これについては疑わしきは罰せずの原則を適用して、その軍事力はデロス同盟の加盟諸都市が支払うフォロスと称する貢納物の存在によって証明されるということを認めてやっても良い。しかしアテネは、普遍主義の方向に前進することはあまりなかった。せいぜいがところ、己自身の法の枠内で同盟都市の成員間のある種の法律上の紛争を裁こうとする努力をした、というぐらいである。逆にローマのように市民権を拡大することはいささかもせず、アテネの市民権は中心権力が確立して行く時期に反対に制限される傾向があったのである。

この二つの基準に照らしてみると、アメリカは著しい不足振りを呈する。それを検討するなら、二〇五〇年前後にはアメリカ帝国は存在しないだろうと、確実に予言することができる。

二つの型の「帝国」の資質がアメリカには特に欠けている。その一つは、全世界の現在の搾取水準を維持するには、その軍事的・経済的強制力は不十分である、ということ、二つ目は、そのイデオロギー上の普遍主義は衰退しつつあり、平和と繁栄を保証すると同時に搾取するため、人々と諸国民を平等主義的に扱うことができなくなっている、という点である。

これに続く二つの章は、こうした基本的な欠落について検討する。

第4章　貢納物の頼りなさ

昨今はアメリカ合衆国の軍隊の度外れの巨大さを、それだけでも帝国的野心の証拠だとして告発するのが通例となっている。そんな時はだれしもが「唯一の超大国」の軍事支出は世界の軍事費総計の三分の一を占めるという点を言い募る。だからと言って、アメリカの指導者たちが自ら自国の軍隊の実力のほどを、それほどではありませんと打ち消すなどと期待しても始まらない。それでも軍事支出を系統的に検討してみれば、ブッシュが九月一一日の同時多発テロよりも前に予算の増額を提案していたのは、アメリカ合衆国の潜在力についての現実の不安からであったことがうかがえる。要するに現状は帯に短し襷に長しなのだ。アメリカの軍備は、一つの国民国家の安全を保証するには規模が大きすぎるが、一つの帝国を統制するには、そしてより広範に、遠方のユーラシア、新世界からかくも遠いユーラシアでの覇権を持続的に維持するには規模が小さいのである。

アメリカの軍事的脆さはある意味では、対等の敵と闘わなければならなかったことが一度もないということの国の歴史に根ざしている。アメリカ軍を育て上げたものとしては、インディアンとの戦争の役割が頭に浮かぶが、これは識字化されていない部族の装備に劣る兵力とヨーロッパ型の近代的軍隊が戦うという、根本的に非対称的な戦争だった。

伝統的な軍事能力不足

それゆえアメリカ合衆国の軍事的適性の現実性については、そもそもの出発点からの疑いとも言うべきものが付きまとう。第二次世界大戦中の目覚ましい経済資源の投入にも拘わらず、戦場での軍隊の活躍の慎ましさを忘れることはできない。アングロ・サクソンによって実行され、大量の非戦闘員の死傷者を出した重爆撃の問題は措いておこう。あれは評価に値する戦略的効果を挙げず、連合軍の攻勢に対するドイツ住民全体の抵抗が頑強になったということ以外、おそらく目につく帰結はなかったのではないか。

第二次世界大戦の戦略的真相は、ヨーロッパ戦線での真の勝利者はロシアであったということである。スターリングラードの以前、最中、以後のロシアの人的犠牲が、ナチスの軍事機構を粉砕することを可能にしたのだ。一九四四年六月のノルマンディ上陸作戦は、時期的にはかなり遅い時点で実行されたもので、その頃にはロシア軍部隊はすでにドイツを目指して戦前の西部国境に到達していた。当時多くの人士が、ドイツ・ナチズムを打ち破り、ヨーロッパの解放に最も貢献したのはロシア共産主義だと考えたということを忘れたら、戦後のイデオロギー的混乱を理解することはできない。

イギリスの歴史家で軍事問題の専門家であるリデル・ハートが見事に見抜いたように、あらゆる段階でアメリカ軍部隊の行動様式は官僚的で緩慢で、投入された経済的・人的資源の圧倒的な優位を考慮すれば、効率性に劣るものだった。(1) ある程度の犠牲精神が要求される作戦は、それが可能である時には必ず同盟国の徴募兵部隊に任された。イタリアのモンテ・カッシーノ〔ローマとナポリの中間〕ではポーランド人部隊とフランス人部隊、ノルマンディではファレーズ〔カーンの南方〕で敵軍を分断するのにポーランド人部隊という具合である。作戦毎に部族の長と契約して金を支払うという、現在アフガニスタンでアメリカがやっている「流儀」は、それゆえ昔ながらの方法の、さらに悪質化した現代版にすぎない。この面ではアメリカはもはやローマにもアテネにも似ておらず、ガリア人傭兵やバレアレス島の投石兵を雇っていたカルタゴに似ている。B52はさしずめ象の代りということになろうが、生憎ハンニバルの役割を果す者はだれもいない。

それに対してアメリカ合衆国の海空の制圧力には疑いの余地はない。それはすでに太平洋戦争の時から目に付いていた。もちろんアメリカと日本の対決を思い出す時、投入された物量の考えられないような格差がいささか忘れられがちではあるのだが。ミッドウェーの海戦のようにこちらと比肩し得る兵力に対して行なわれた緒戦の英雄的な戦闘ののちに、太平洋戦争はかなり急速に「インディアン戦争」(2) の様相を呈するようになった。科学技術力の不均等が段違いの損失の不均等をもたらしたのである。

第二次世界大戦後、この戦争の地上戦の真の勝者ロシアとの対決にアメリカ軍を至らしめかねない一歩一歩は、アメリカ合衆国の基本的な軍事的脆さを暴露した。朝鮮ではアメリカは、その力を半分しか立証しなかったし、ヴェトナムでは全く立証していない。赤軍を相手にした実験は幸いなことに実現しなかった。湾岸戦争はどうかと言えば、あんなものは神話に対する勝利にすぎない。イラク軍というのは、人口二〇〇〇万人の低開発国の軍事装置にすぎないのだ。

最近、死者なき戦争という概念が、少なくともアメリカ合衆国の側で浮上して来たが、この概念こそは、非対称的対決へのもともと持っていた選好を最終的到達点にまで突き詰めたものに他ならない。それはアメリカ軍の伝統的な地上での無能さを許容し、公式化し、さらに助長することになる。

私はここで、アメリカ合衆国が他の国と同じように戦争をすることができない、つまり敵国人と自国の住民とを同時に殺戮する、馬鹿げた戦争をすることが出来ないと言って糾弾しているわけではない。自分にとっては最小の犠牲で、敵にとっては最大の犠牲で戦争をするというのは、健全な功利的論理から派生してもおかしくない考えである。しかしアメリカに地上での軍事的伝統がないという事実は、領土の占領と、慣習的な意味での帝国的空間の形成を、不可能にしているのである。

ロシア軍は今日では、かつての兵力の小さな残滓のみとなっている。そのチェチェンでの苦戦についてだれもが皮肉を言う。しかしカフカスにおいてロシアは、いまだに人命の犠牲という血税を徴収することができる、しかも選挙民の支持を得てそれができるということを、証明しつつあるのだ。その能力とは社会的・心理的なタイプの軍事潜在力に他ならず、アメリカは死者なき戦争の概念の発達とともに、それを決定的に失いつつあるのである。

「帝国」の地理

ソ連体制の崩壊から八年経った一九九八年、「テロリズムとの闘い」が始まる直前の世界各地へのアメリカ軍部隊の配備は、いまだに過去の大規模な敵対関係、すなわち冷戦によって規定されたままのものであった。アメリカ合衆国の国外に駐留するアメリカ軍兵士の数は、当時、ドイツに六〇、〇五三人、日本に四一、二五七人、韓国に三五、六六三人、イタリアに一一、六七七人、イギリスに一一、三七九人、スペインに三、五七五人、トルコに二、八六四人、ベルギーに一、六七九人、ポルトガルに一、〇六六人、オランダに七〇三人、ギリシャに四九八人だった。[3]このアメリカ軍の兵員と基地の分布は、「帝国」が実際に存在するとして、その主観的ではない客観的な姿を示して見せてくれる。アメリカ合衆国の基本的な属領、ブレジンスキーが極めて明快に述べたように、その旧世界への実際上の足掛りは、ヨーロッパと極東の二つの保護領であって、その二つがなければ、アメリカの世界的勢力は存在しなかっただろう。ヨーロッパと極東の二つの保護領は、アメリカ軍の国外駐留兵員の八五%を住まわせており、しかも日本とドイツの場合は、かなり潤沢に養っているわけである。

これらの従来よりの拠点と並んで、新たに設けられた、ハンガリー、クロアチア、ボスニア、マケドニアを含む南東ヨーロッパの極は、一九九八年には一三、七七四人の兵員を擁するのみであり、エジプト、サウジアラビア、クウェート、バーレーンからなる中東の極は、九、九五六人、ロシアと中東に同時に向けられた多機能的なトルコの極を加えたとしても、一二、八二〇人を擁するのみである。本質的には帝国の兵士たちは、相変わらずかつての共産主義の空間の周縁部を監視し、事実上ロシアと中国を包囲しているわけである。アフガニスタンに一二、〇〇〇人、ウズベキスタンに一、五〇〇人が配置されたのも、この基本的な地理的分布を変質させはせず、むしろ補完している。

頓挫した撤退

このような確認を行なったからと言って、アメリカの安定的にして執拗な攻撃の意志を告発しているというわけではない。それとは反対の議論を提起することさえ不可能ではない。すなわち、ソヴィエト帝国が崩壊してから一〇年の間、アメリカ合衆国は軍備縮小の、撤退のシナリオを誠実に演じてみせた。一九九〇年にアメリカの軍事予算は三八五〇億ドルだったが、一九九八年には二八〇〇億ドルに、二八％も減少した。一九九〇年から二〇〇〇年までの間、アメリカ軍の現役総兵員は二〇〇万人から一四〇万人へと減少した。一〇年で三二％の減少となる。[4] アメリカのGNPの現実の本性がいかなるものであれ、その総額のうち軍事費の占める割合は、一九九〇年に五・二％だったのが一九九九年には三％に下落している。このような大規模な縮小が帝国への意志の明らかな印であると解釈されるとは、とても思えない。アメリカ合衆国が絶えず世界支配の恒常的計画を追求しているとか称して告発するのは、馬鹿げている。アメリカの軍事費の減少が止まったのは、一九九六年から一九九八年にかけてであり、予算が再び上向きに転ずるのは、ようやく一九九八年頃になってからなのである。
したがって二つの局面を特定することができる。この二つの局面があるということは、九〇年代の中頃をやや過ぎた辺りに、アメリカの戦略の転換があったことを、暴き出してくれる。ここでもう一度言っておくが、一九九〇年から二〇〇〇年の一〇年間は、同質的な様相を呈していない。

——一九九〇年から一九九五年までの間、帝国からの撤退は軍事面において明瞭である。それは経済・社会面における保護主義と国民民主主義的方向の選択の可能性をめぐる論争の隆盛に呼応している。共産主義の崩壊の直後、アメリカを大きめの国民国家として、自由主義的・民主主義的諸国のリーダーではあるが、その原則において他の国と同等である、そうした一個の国民国家として定義し直すことが、真剣に検討された。この選択は経済の「相対的」独立性への復帰を伴っただろう。この経済の「相対的」独立性とは、自給自足を意味するものではなく、外国との貿易の縮小を意味するものでさえなく、対外収支の均衡を意味するのである。それこそは諸国の平等の経済的徴候に他ならない。

——この傾向は段階を追って逆転して行った。と言うよりむしろ、挫折して行った、と言った方が良いだろう。一九九七年から一九九九年までの間、貿易収支の赤字が爆発的に増大する。一九九九年から二〇〇一年にかけて、アメリカはその軍備再増強の口火を切る。経済的依存性の増大と軍事装置の成長の間には必然的関連がある。軍事力の再増強は、アメリカ合衆国の経済的脆さが増大しつつあるという自覚から派生するのである。

ジョージ・W・ブッシュが発表した軍事費の一五％増大は、九・一一事件より以前になされた選択を実行したものにすぎない。一九九九年前後に、アメリカの政治的エスタブリッシュメントは、帝国型の経済、つまり依存的経済という仮説を立てた場合、軍事潜在力が現実に不足しているということを自覚した。国外の富を代償なしに召し上げることで生存して行く大国というものの軍事的安全保障の問題は、収支の均衡を保っている国々の安全保障の問題とは、全く次元を異にするのである。

とはいえアメリカ合衆国の場合は、このような富の召し上げを伝統的な、国家的・帝国的な意味での貢納物、暴力すなわち軍事的強制によって直接入手するものである貢納物の徴収と考えることは難しい。唯一、日本とドイツがアメリカ軍部隊に支払っている住居費と食料費だけは、古典的タイプの

表6
1998年における外国駐留アメリカ軍兵員

200人以上が駐留する国	
ドイツ	60,053
日本	41,257
韓国	35,663
イタリア	11,677
イギリス	11,379
ボスニア=ヘルツェゴヴィナ	8,170
エジプト	5,846
パナマ	5,400
ハンガリー	4,220
スペイン	3,575
トルコ	2,864
アイスランド	1,960
サウジ・アラビア	1,722
ベルギー	1,679
クウェート	1,640
キューバ（グアンタナモ）	1,527
ポルトガル	1,066
クロアチア	866
バーレーン	748
ディエゴ・ガルシア	705
オランダ	703
マケドニア	518
ギリシャ	498
ホンジュラス	427
オーストラリア	333
ハイチ	239
合計	259,871
地上	218,957
海上	40,914

出典） *Statistical Abstract of the United States : 2000*,〔『現代アメリカデータ総覧 2000』〕p. 368

貢納物として分析することができる。アメリカが代償なき消費を可能にしている方法は、不可解と言わぬまでも、奇怪であり、危険である。

貢納物というものの分かりにくさと自発性

アメリカは輸入し、消費する。そして輸入品の代金を支払うために、世界中から貨幣記号物を徴収するのだが、そのやり方は古今の帝国の歴史の中で前代未聞の、独特で一風変わったやり方なのである。アテネはフォロスと称する、同盟都市の年次分担金を徴収していた。それは最初は自発的に納入されたが、のちには武力で強要されるようになった。ローマは初期には地中海世界の諸国の財宝を略奪していたが、やがてシチリアやエジプトの小麦を現物で召し上げるか、もしくは税として得た金銭を用いて買い上げるようになった。暴力による徴収はローマの本性の不可分の一要素であって、例えばカエサルは、ゲルマニアを征服することのできない理由として、かの地の不安定な移動農耕ではローマの軍団を養うことができないことを挙げている。

アメリカが権威主義的な方法で徴収しているのは、己に必要な貨幣記号物と財のうちのほんの一部分でしかない。既に見たように、日本とドイツの駐留アメリカ軍部隊の住居と食糧の供給という例がある。湾岸戦争に際しては、同盟諸国のうちイギリスとフランスのように軍事作戦に直接参加することをしなかった諸国による直接の財政的貢献という例があった。これはアテネのフォロスに非常に似ていた。さらには武器輸出という極めて現実的な例がある。武器の販売は収入をもたらすが、その価格は自由主義経済理論の説くように、個々の消費者の選好によって決定されることがない。国家間の力関係によってこの売買は可能になるのであり、時にはそこに隠れていたアメリカの本物の強制力が姿を現すということも起る。例えば最近、ダッソー社の愚直なセールス担当者が韓国で痛い目にあったことで確認したように。

こうした武器販売がアメリカにもたらす通貨資源は、まさに政治的・軍事的手段で徴収される貢納物に相当する。しかしそれだけでは、量的にアメリカ人の現在の消費水準を維持するには全く足りない。古典的反米主義は、武器輸出の分野でのアメリカ合衆国の圧倒的役割を指摘するが、それは間違いとは言えない。アメリカの武器輸出は、例えば一九九七年には三二〇億ドルで、世界の武器輸出の五八%を占めていた。この比率は軍事面では圧倒的である。しかしその時点で貿易収支の赤字はまだ一八〇〇億ドルにすぎなかったから、この程度の金額でも経済的になんらかの意味を持っていたが、二〇〇〇年には四五〇〇億ドルに達するという貿易収支の赤字の前では、大した意味を持たない。

いくつかの産油地帯の制圧は、伝統的な貢納物の重要な一要素ではある。アメリカ系石油多国籍企業は、政治的にも経済的にも支配的な位置を占めており、世界中から金利収入を巻き上げることができる。しかしその水準は今日ではもはやアメリカがあらゆる種類の製品を輸入するための資金としては十分ではない。とはいえ貢納物の政治的徴収圏の内部では石油は支配的な位置を占めているのであって、アメリカの対外政策が石油というこの個別的財に強迫観念的に執着しているのは、それで説明が付く。

それでもやはりアメリカ合衆国が徴収する貢納物の主要部分は、政治的・軍事的強制なしに、自由かつ自発的に取得されるのである。アメリカが世界で行なう財の購入には、対価が支払われる。アメリカの経済行為者たちは、かつてなく自由な通貨市場で、これらの購入を可能にしてくれる外国通貨を入手するわけだが、そのためにドルとそれらの通貨を交換することになる。ところがこのドルというのは魔法の通貨で、貿易収支の赤字が重大化した局面の間も、少なくとも二〇〇二年四月までは価値が下がることがなかった。まことに魔法のような動きを見せたわけで、経済学者の中にはそこから、アメリカ合衆国の世界経済における役割は、もはや他の国々のように財を生産することではなく、通貨を生産することなのだという結論を演繹した者もいる。

オニール・ドクトリン

経済理論の本来の世界では、物品の購入に必要な外貨の需要は、ドルの下落を引き起こすはずである。アメリカ産の製品は世界規模ではますます競争力を失っているので、アメリカ産製品の購入のためのドルの需要は減少して行くからである。そのような動きは比較的最近の過去において、特に貿易収支の赤字の出現を見た七〇年代に観察された。したがってフランスで幾人かの古典的ド・ゴール派が考えているように、ドルの準備通貨としての役割によって、アメリカ経済が達成する輸出での成果とは独立した通貨としての購買力の保証がアメリカ合衆国に付与される、というようなことはないのである。

ところがそれから四半世紀後、われらが第三千年紀の初めにあたって、歴史上いまだかつて見たこともない貿易赤字にもかかわらず、利子率が高いわけでもないのに、そしてインフレ率はヨーロッパや日本より相対的に高いにも拘わらず、ドルは長い間、強い通貨であり続けて来た。何故なら世界中の資金がその間、アメリカ合衆国の方に流れ込んでいたからである。至る所で企業、銀行、機関投資家、個人投資家がドルを買い始め、ドルの平価を高い水準に維持することを保証した。そのような状況ではそれらのドルは消費財の購入に用いられるのではなく、アメリカ合衆国国内で直接投資を実現するか、国債、社債、株といった有価証券を入手するために用いられるのである。

アメリカの国際収支の均衡を確保しているのは金融資本の動きである。観察されたメカニズムを極端に単純化してみるなら、毎年毎年アメリカ国内空間へと流れ込む資本の動きが、世界全体から到来する財の購入を可能にしている、ということになる。国外から購入される財のうちの多数が消費に向けられる、つまりは際限なく更新される短期的需要に対応しているのに対して、アメリカ合衆国に投資される金融資本の方は、その多数が中長期的投資に対応するという事実を考慮するなら、このメカニズムの中には何かしら構造的に不安定な、とは言わないまでも、逆説的なものが存在することを認めざるを得ない。

アメリカ財務長官オニールが何度も言明を行なったのを受けて、ロンドンの『エコノミスト』誌は、今日の国境なき世界においては対外収支の均衡にはいかなる重要性もなくなった、との主張に、「オニール・ドクトリン」というかっこいい名称を、とはいえいささか不安げに献上した。(5) 元駐パリ・アメリカ大使、フェリックス・ロハティンは、エンロン・スキャンダルが外国の投資家に及ぼす影響を気遣いつつ、アメリカは貿易収支の赤字を埋め合わせるために、日に一〇億ドルの金融収入が必要であると述べたが、これこそアメリカの指導者たちの抱く恐れを見事に代弁する発言であった。(6)

　アメリカ経済分析局も毎年毎年、金融フローの流入によって輸入超過の穴埋めをしている実態を、明らかに不安を抱きつつ追跡している。各国通貨というものが存在するのである以上、均衡は何らかの形で実現されなければならない。オニールのほっとさせる美辞麗句は――彼は市場の不安を払拭する役目を負っているため、出任せを言うわけである――十全にして全面的な帝国的通貨体制の世界においてでなければ意味を持たないだろう。つまりドルが全世界に信用による強制レートと弁済手段としての強制通用力を持つのでなければ、何の意味もないのである。ところでこのような状況の最も基本的な条件は、絶対的な軍事的・国家的強制力なのである。つまりはアメリカ合衆国が全世界規模で行使する正統暴力のウェーバー的独占に他ならない。相変わらずオマル師もビンラディンも捕縛できていないアメリカ軍には、このような使命を果す力はないように見える。伝統的規則はいまでも効力を失っていないのであって、もしアメリカ人が多量に消費し過ぎ、金融フローの流入が途絶えたならば、ドルは崩壊するだろう。しかしもしかしたら、ここで私は強制の政治的・軍事的概念を重視しすぎており、帝国と権力というものについての全く時代遅れの考え方に囚われている、ということになるかも知れない。金融フローはグローバル化された資本主義の現段階にあっては、新たなタイプの帝国的経済の本質的必要性、安定的要素となっているのかも知れないのである。この仮説については、きちんと検討する必要があるだろう。

その日暮らしの超大国

厄介なことを好まない（その理由は、アメリカ・エスタブリッシュメントの大学に所属しているか、基金の移転を財源とする機関のための仕事をしているかだが）経済学者たちが産み出す支配的解釈によると、アメリカ合衆国に資金が投資されるのは、アメリカ経済がより活力に富み、よりリスクを受け入れるものであって、厳密な意味でより利益が上がることが確実だからである、ということになる。それはそうかも知れない。アメリカ合衆国のような経済の「実体的」にして科学技術的・工業的な非生産性は、それだけでは必ずしも財政的収益性の水準が低いということにはならない。経済において企業の高い利益率と無益なセクターの過剰発展との共存は、限定された期間ではあるが、それなりにかなりの期間において、原則的問題を引き起こすことはない。金融活動は、現実の生産の圏域に関係しない取引から利潤を引き出して、それ自体で自足することができる。ところが既に見たように、アメリカの経済生活においては、今や金融の持ち分が工業の持ち分を凌駕しているのである。さらにその先まで進むこともできる。すなわち科学技術的・工業的ポテンシャルの低い活動において利益率が高い場合、経済は非生産性へと向かう。エンロンの仲介活動は、直接的生産性を持たぬ仲介取引から利益を引き出すことであったのだから、この観点からするとまさに原型的であった。経済理論はこの活動が生産と消費の間の調整を「最適化する」ことを保証していたのである。ヴァーチャルの時代以前には敢て言われていたことだが、プディングがあるという証拠はそれを食べるということの中に存する。ところがエンロンのケースでは、何も食べる物がなかった、いずれにせよ現実的なものはなかったということが、今や明らかである。しかしエンロン現象は現に存在し、数年の間、現実の経済を低生産の方へ、この場合で言えばエネルギー資源不足の方へと誘導するのに貢献したのである。

投資家は収益性への顧慮に従順であるがゆえに、金《カネ》がアメリカ合衆国へと流れ込むのだと断言することは、現代の上層階層の公認教義に屈服することになる。その教義は、高い利益率は高いリスク水準を伴うにもかかわらず、今や金持ちにとって夢の地平をなしていると確言するのである。このようなモチヴェーション――利潤を好み、リスクを愛する――は、アメリカ合衆国における株の購入と外国からの直接投資の構造的優位へとつながるはずである。ところがそうはならない。アメリカ合衆国に流入するすべての通貨フローは、今や全世界的なものとなったニュー・フロンティア、すなわちネットと「情報ハイウェー」の力動的で冒険好きなヴィジョンの中に収まらない。これから見るように、収益性の追求より安全性の追求の方が優勢なのである。

アメリカの収支の均衡に関心を持つ者にとって最も驚くべき点は、実はアメリカの赤字を埋める資金調達の中で、国債、社債、株の購入と、直接投資とが占める相対的地位が常に変動するという点である。[7] そうした激しい動きは、それらのものの利回りの変動では説明が付かない。利回りの変動は同じ速さでも同じ規模でもないからである。国債と社債の購入はもちろん、収益性という至上命令を逃れることはできない。しかしこれらもまた、安全な経済・政治・銀行・通貨システムによって保証された固定利率の安全性の方を好む傾向を露呈する。ところがこれらの安全な購入というものが、アメリカ合衆国の現今の資金調達には極めて重要であったし、今なお重要なのである。

分析を進める中で、銀行からのにせよそれ以外にせよ、負債の項目は、重要だが不安定かつ不可解なので、一先ず措いておこう。そして金融資本の動きの古典的で安心できる様相に集中して考察してみよう。さらにまた九〇年代に考察を集中してみよう。その一〇年間は、世界が共産主義の崩壊を消化し、金融のグローバリゼーションの絶頂を体験した決定的な歳月である。この間のアメリカ合衆国への資本の流入の増大はまさに息を呑むものがあった。一九九〇年の八八〇億ドルから二〇〇一年には八六五〇億ドルに増大したのである。この数字はもちろん、額としては二分の一ほどになる、アメリカ合衆国から国外への資本の流出という反対の動きを組み入れてはいない。財とサービスの貿易収支の赤字を埋めるために、二〇〇〇年には四八五〇億ドルという、資本収支の黒字が必要だった。しかし流入金融資本の量の増大もさることながら、この一〇年間について驚くべきなのは、何よりも先ず流入資本のタイプが不安定に変動している点である。一九九〇年には直接投資、つまり外国人による企業の創設か買収（流入資金の五五％）が優越している。一九九一年、一九九二年、一九九五年、一九九六年、一九九七年には国債の購入が重要であり、アメリカの赤字を補填するのに役立った。一九九七年から二〇〇一年までの間では、株と社債の購入が増大し、流入資金の二八％から五八％に達している。効率的であると同時に小口投資家に支えられる自由主義的資本が繁栄を謳歌していると信じることもできよう。しかしもし、二〇〇〇年と二〇〇一年にはそれが可能なのだが、「私企業有価証券の購入」という項目を、収益性が変動する株と、収益率が固定された債券とに分解するなら、株の購入、つまり最大リスクによる最大利益の追求という英雄的な支配的イメージは現象の本質的様相を表わしていないことが、明らかになるのである。

二〇〇〇年の最盛期に外国人によるアメリカの株の購入は一九二七億ドルだった。しかし同じ年に社債の購入は二九二九億ドルに達していた。これらの売買量がアメリカ合衆国が世界から取り上げるフレッシュ・マネーの中に占めるパーセンテージを計ってみると、株は一九％、社債は三〇％となる。テロの恐れから景気が後退した二〇〇一年には、株の総量は全体の一五％に落ちたが、社債の購入の方は絶頂期を迎え、四三％を占めていた。

この分析結果は、別につまらぬ洒落ではないが、枢要〔capital「資本」の意味もある〕である。ケインズのあの見事な表現をここで借用するなら、自分の金をどこかに預けようとする人間は二重の不安に苛まれる。その金を失うという恐れと、可能な限り最大限には儲けられないという恐れである。つまり安全と利潤を同時に追求するのだ。現代の新自由主義のイデオロギーが示唆するところとは逆に、現在の資金運用の真実の歴史を見る限り、アメリカ合衆国を投資先として選択する際に、安全性の至上

表7　アメリカ合衆国における外国による証券購入と直接投資

	総額（単位：100万ドル）	国債（%）	株・社債（%）	直接投資（%）	負債（%）
1990	88,861	-3	2	55	46
1991	78,020	24	45	30	1
1992	116,786	32	26	17	26
1993	191,387	13	42	27	19
1994	243,006	14	23	19	43
1995	343,504	29	28	17	26
1996	441,952	35	29	20	16
1997	715,472	20	28	15	37
1998	507,790	10	43	35	12
1999	747,786	-3	46	40	16
2000	985,470	-5	49	29	27
2001	865,584	2	58	18	22

出典）　http : //www.bea.doc.gov/bea/international

命令が優先していることが明らかなのである。このような実情は、自由主義的資本主義の伝説からわれわれを遠ざけるが、経済と金融のグローバリゼーションというものの政治的・帝国的な考え方にわれわれを近付ける。というのもアメリカ合衆国はまさに経済システムの政治的中心部であり、つい最近まで金を預けるのに最も安全な場所だと思われていたからである。最近の安全性の不足は、アメリカ合衆国で偽装会計が露見した結果であって、九・一一の同時多発テロの結果では全くない。

しかしまだ一つの問題が解決されていない。すなわち、世界はその金《カネ》をアメリカ合衆国に投入しようと考えた。そこまでは良い。しかし何で世界はそれほどの量の金《カネ》を投入できる態勢にあるのか。各国社会の中における経済のグローバリゼーションの金融面での影響の分析によって、そのメカニズムを把握することが可能になるが、そのメカニズムは実はかなり単純である。

金持ちのための国家

資本主義は唯一の合理的で穏当な経済の組織法であることを認める（私はこの立場だが）としても、このシステムはそれだけで放置された場合、たちまちいくつかの基本的な機能不全――金持ちにとってのものも含めて――に見舞われてしまうことは認める必要がある。ここで真の不偏不党に到達するようにしてみよう。労働する大衆とその賃金の縮小を忘れよう。総需要の不足の傾向によって踏みにじられる一般利益もまた忘れよう。この際一度だけ、特権者の観点に立って見よう。近視眼になるよう努め、彼ら特権者たちの気掛かり、つまり自分の利潤の行く末だけに関心を払って見よう。

利潤率の上昇は上層階級の所得を増大させる。しかしそれらの膨れ上がった所得は、いささかも具体的現実をなすことはない。利潤の総量とは抽象的な金融的集計、通貨記号物の集積にすぎず、所有者はもちろんそれを自分の消費だけに用いることはできない。使用人関係の出費を増やして、サービスの購入によって、独り占めした所得の一部を社会の底辺に向けて再配分することはできる。このメカニズムはすでにアメリカ合衆国では非常に重要になっており、サービスの発達はもはや近代的な第三次産業の発達などではなく、過去の貴族社会のあの古めかしい人間の濫用への復帰に他ならない。当時は富の所持者であった貴族たちは、屋敷内の務めや軍務のために雇い入れた、果てしなく続く依存者の群れを養っていた。新たな金権政治階層は、弁護士や会計士やお雇いボディーガードのサービスをあつらえる。こうした再配分のメカニズムの最良の分析者は、おそらく今日でも依然として、アダム・スミスのような初期イングランド経済学者たちであろう。彼らは十八世紀末の当時、大量の使用人を雇い入れて富の底辺に向けての再配分が行なわれるさまを、いまだ目の当たりにしていたのである。「一人の男は、大勢の労働者を雇えば豊かになる。しかし下僕を抱えると貧しくなる。[8]」

しかし採取される金銭の量は今日では膨大である。アメリカの国民所得のうち最も豊かな二〇%、さらには五%によって独占される部分がすさまじく膨れ上がっているのは、既に見たところである。程度の差こそあれ、この現象は経済的にグローバル化された世界のすべての国々の特徴となっている。使われない所得はどうするのか、どうやって保管したら良いのか？ 金持ちはこうした懸念を抱くわけだが、また期待も抱く。所得が収穫をもたらし、自分で利益を産み出し、ますます大きくなるようにするには、どうしたら良いのか？

資金の投資は一個の必要性である。安心できる利潤の結晶化機関の存在は、資本主義にとって死活に関わる必要なのである、と言った方が良いかも知れない。かつては国家という借り手がいた。その役割はマルクスが完璧に把握していた。国債は極めて早期よりブルジョワジーにとって、資金運用の安全確保の用具だったのである。それに利潤として得た金がざくざくと流れ込む証券取引所がある。世界資本主義は数年で原始の状態に戻りつつあるが、そうした状況で、金融化をリードする国たるニュー・エコノミー・システムの中心国家は、保管と安心感の確保という目的のために全世界から集

表8　株式の時価総額（単位：10億ドル）

	1990	1998	増加率
アメリカ	3,059	13,451	340 %
日本	2,918	2,496	-15 %
イギリス	849	2,374	180 %
ドイツ	355	1,094	208 %
フランス	314	992	216 %
カナダ	242	543	124 %
イタリア	149	570	283 %

出典）*Statistical Abstract of the United States : 2000*,
〔『現代アメリカデータ総覧 2000』〕表 1401.

まって来る利潤を吸収するのに好都合な、一種比較的優位とでも言うべき利点を当初より持っていた。アメリカは、ぴったりと順応したイデオロギー、世界最大の軍事装置、スタート段階での最大の株式の時価総額といった具合に、ありとあらゆる切り札を持っていたのだ。日本を除いて、他の西欧諸国の株式の時価総額は、一九九〇年頃にはアメリカ合衆国のそれと較べて弱体であった。一方、日本は、あたかも外部からの浸透の難しさの保証のごとき言語を持ち、その経済システムは依然として保護された国民経済型のものであって、憂慮すべきライバルとはなり得なかった。

通貨と軍事力の第一人者であるアメリカ合衆国は、スタート時点においてすでに最大限の安全条件を提供していた。ウォール・ストリートの株価指数は今や世界全体の株価指数をリードしている（昨日は上昇に、今日は下落に、という具合に）ように見えるが、このようにウォール・ストリートは、資金流入メカニズムの最主要の到達点となった。アメリカ合衆国への資本集積は、一九九〇年には三兆五九〇億ドルだったのが、一九九九八年には一三兆四五一〇億ドルに増大しているのである。しかしそうしたこと一切は、「ニュー・テクノロジー」のイメージがこの過程の評価し得る神話的要素をなしているとしても、具体的・現実的な経済効率や生産性の観念とは大して関わりがないのである。

株式の時価総額の増大は、アメリカ経済の現実の成長とは全く比例しておらず、現実には言わば金持ちたちの膨張のごときものにすぎない。利益の採取が所得を膨らませ、そうして膨らんだ所得は証券取引所に投資されるが、その市場では購入すべき「財」、すなわち株が相対的に希少であるため、株の名目価値の高騰が産み出されるのである。

蒸　発

世界のすべての国の指導階級、特にヨーロッパの保護領と日本という保護領の指導階級が、このグローバル化された社会の均衡から利益を得ている限り、先進世界の労働者諸階層の搾取と発展途上国の過剰搾取がこの均衡にとって克服しがたい問題となることはないだろう。アメリカの覇権の脆さが拡大して行くとすれば、その原因の一半は、調節メカニズムが、ヨーロッパと日本の有産階層や発展途上国の新ブルジョワジーという、被支配的周縁部の特権諸階層にとって脅威となるということに存する。それゆえわれわれとしてはここで、利潤というものが全世界規模でどのような運命を辿るのかを、さらに先まで追跡して行く必要があるだろう。それを追跡して行くと、利潤の採取の仕方の悪辣さがどうのこうのという道徳的告発などを越えて、やがて利潤の蒸発という現象の検討へと行き着くことになる。

資本主義、利潤、金持ち、証券取引所、等々の用語を用いる一般的にして抽象的なモデルから脱却して、それらの概念を世界の現実の中に再び挿入してみるなら、全く単純明快に、世界の利潤の大部分はアメリカの証券取引システムの方へと流れ込んで行く、と言わざるを得なくなる。私としては、外国から流れ込むこの所得のアメリカ国内での再配分のメカニズムの全体を、自分一人で復元して見せようなどとは思わない。あまりにも多くの金融上・イデオロギー上の幻想が絡み合って、このシステムは物を歪めて映す鏡の戯れと化している。資本所有者たちが弁護士や会計士という無数の奉公人を雇い入れている一方で、平均的世帯は借金を抱え、ウォール・スリートでは首切りが相次いで行なわれる。さらには利子率が相次いで切り下げられ、現実の利子率ゼロが厳しい監視の下で遵守されることになると、それは投機経済からすれば、通貨の無償分配に等しい。しかしもしアメリカ経済は、消費財の大量輸入がさらに増大していることからも分かるように、その実体的現実においては生産性が低いということを認めるならば、株式の時価総額は虚構の集塊であり、アメリカ合衆国へと向かう金《カネ》は文字通り蜃気楼の中に吸い込まれるのだと、考えなくてはならない。

摩訶不思議なやり口によって、周縁部の特権者たちが資本投資と考えた金《カネ》の動きは、アメリカ人にとっては、世界中から購入される財の日常的消費のために用いられる通貨記号物へと変貌してしまう。資本投資はしたがって、何らかの仕方で蒸発してしまうということになる。本来なら経済学は思弁し、分析し、予見しなければならないところだ。株価指数の下落、エンロンの消滅、アンダーセン会計事務所の内部崩壊は、探究の道筋と仮説とを提供してくれているのである。アメリカで倒産がある度に、それはヨーロッパや日本の銀行にとっては、資産の蒸発となって現れる。それにわれわれはフランスでの経験から、クレディ・リヨネ〔フランス有数の銀行〕のスキャンダルから、ジャン＝マリ・メシエ〔経済財政省の高級官僚出身で「ヌーベル・エコノミー」の代表とされるフランスの複合企業ヴィヴァンディ社会長、著書『ニュー・エコノミーなんか怖くない』〕のアメリカ贔屓の誇大な野望に至るまで、アメリカ合衆国への大量の投資は、あたかも切迫した破滅の予告のごときものであるということを知っている。どのようにして、どの程度の速さで、ヨーロッパ、日本、その他の国の投資家たちが身ぐるみ剥がれるかは、まだ分からないが、早晩身ぐるみ剥がれることは間違いない。最も考えられるのは、前代未聞の規模の証券パニックに続いてドルの崩壊が起るという連鎖反応で、その結果はアメリカ合衆国の「帝国」としての経済的地位に終止符を打つことになろう。二〇〇二年四月初旬に、エンロン・アンダーセン事件の結果として始まったドルの下落は、システムの偶然的不具合にすぎないのか、システムの終わりの始まりなのか、まだ分からない。そうしたことについて、何かが期待されたり予想されたりしたというためしはない。メカニズムの内部崩壊は、その出現がそうだったように、ある日突然、意外な形で起るだろう。

アメリカ合衆国において一九九五年から二〇〇〇年までの間、貧困者と中流諸階級と特権者の所得がほぼ同じ速度で上昇しているのだから、道徳家は、アメリカの平民階級が全世界、特にヨーロッパの利潤の一部を懐に入れているという最終的ヴィジョンにある程度の慰めを見い出すことも出来よう。

それはジェッシー・ジェームズ(9)への原理主義的回帰に他ならない。金持ちから金《カネ》を盗んで、貧乏人に恵んでやる、というわけだ。ただし自国の貧乏人に限るわけだが。このようなメカニズムは、ローマ帝国の権力によく似た、アメリカ合衆国の帝国としての権勢を示すものではないだろうか？

しかしアメリカはローマのような軍事力を持っていない。その世界に対する権力は、周縁部の朝貢国の指導階級の同意なしには成り立たない。徴収率が一定限度を越え、資産運用の安全性の欠如が一定水準を越えると、彼らにとって帝国への加盟はもしかしたら妥当な選択ではなくなってしまう。

われわれの自発的隷属は、アメリカ合衆国がわれわれを公平に扱うのでなければ、さらに的確に言うなら、われわれをますます中心的支配社会の成員とみなすようになる――これこそはあらゆる帝国の力学の原理そのものである――のでなければ、維持され得ないであろう。アメリカ合衆国は、その普遍主義によって、また言葉によるだけでなく経済的行動様式によって、「われわれはみなアメリカ人である」ということをわれわれに納得させなければならない。しかしますますアメリカ人になるどころか、われわれはますます二級の臣民として扱われるようになっている。何故なら世界全体にとって残念なことに、普遍主義の後退が現在のアメリカの中心的なイデオロギー的傾向となっているからである。

第5章　普遍主義の後退

帝国というものの本質的な強さの源泉の一つは、普遍主義という、活力の原理であると同時に安定性の原理でもあるもの、すなわち人間と諸民族を平等主義的に扱う能力である。このような姿勢は、征服した民族や個人を中核部に統合することによって権力システムを連続して拡大して行くことを可能にする。当初の民族的基盤は止揚される。システムと一体化する人間集団の規模は、被支配者が支配者の一員となることが認められるがゆえに、絶えず拡大を続ける。服従した諸民族の心の中で、征服者の当初の暴力は寛大さへと変貌する。

ローマの成功とアテネの挫折とは、既に見た通り、軍事的能力の差ではなく、ローマの市民権が徐々に開かれて行ったのに対して、アテネの市民権の閉鎖性はますます強固になって行ったことに起因する。アテネ市民団は、最後まで血統で定義される民族的集団のままに留まった。紀元前四五一年からは、アテネ市民団の一員であるためには、両親ともにアテネ市民であることが必要とされるようになったのである。ローマ市民団も、もともとは民族的意識においてアテネになんら劣るものではなかったが、逆に絶えず拡大して行き、まずラティウムの全住民、次いでイタリア全域、さらには地中海沿岸地方全域の全住民を包含するに至る。二一二年にはカラカラ帝の勅令によって、帝国のすべての自由民に市民権が認められることになる。終いには属領がローマの皇帝を輩出するようになるのである。

民族と人間を平等主義的に扱うことによって、軍事的潜在力を増大させることができた普遍主義的システムについては、他にも例を引くことができよう。例えば中国。それは今日でもなお、単一の国家権力の下に集められた史上最大の人間集団を統合している。成立当初のアラブ帝国の電撃的な拡大は、征服者の軍事力やローマ帝国とパルチアの解体もさることながら、イスラムの極端な平等主義によっても説明が付く。近現代においては、その経済的脆さによって崩壊することとなったソヴィエト帝国は、諸民族を平等主義的に扱う能力に依拠していたが、その能力は、共産主義イデオロギーという上部構造の特徴であるよりは、むしろもともとロシア民族の特徴であったように見える。フランスは、その人口の相対的衰退が始まる以前には、ヨーロッパ規模での紛れもない帝国であって、普遍主義的法体系によって機能していた。最近の帝国的企ての挫折の例としては、ナチズムを挙げることができる。その徹底的な自民族中心主義が足枷となって、ドイツのそもそもの国力の上に征服された集団の力がさらに加わるということが、起こらなかったのである。

このように比較検討をしてみると、征服民族が征服した集団を平等主義的に扱う資質を持っているかどうかは、なんらかの外因の結果ではなく、元々の人類学的コードのごときものの中に書き込まれているらしい、ということが分かる。それは文化的な先天的要素なのである。兄弟を平等なものと規定する平等主義的な家族構造を持つ民族——ローマ、中国、アラブ圏、ロシア、そしてパリ盆地のフランス――は、人間と諸国民を一般に平等なものとして把握する傾向がある。統合への性向はこの平等主義的な先天的要素の結果なのである。もともとの家族構造が兄弟についての厳密に平等主義的定義を含まない民族――アテネ、そしてより明瞭にドイツのケース――は、人間と諸国民の平等主義的把握を発達させるには至らない。軍事的接触は、むしろ征服者の「民族的」自己意識を強めることになりがちである。その結果、同質的ではなく細分化されたものとしての人類のイメージが浮上し、普遍主義的ではなく、差異主義的な姿勢が導き出されることになる。

アングロ・サクソンは差異主義と普遍主義の軸の上のどこに位置付けるのか難しい。イングランド人は、幾世紀にもわたってウェールズ人とスコットランド人のアイデンティティーを保存することに成功したのだから、明らかに差異主義的である。大英帝国は、圧倒的な科学技術の優位のお蔭で海の彼方に建設されたものだが、長くは続かなかった。服従諸民族を統合しようとはいささかもしなかったのである。イングランド人は「間接統治」、つまり間接的支配権を打ち立てたが、これは各地方の慣習をそのまま受け入れる、一種独特の制度だった。彼らはインド人、アフリカ人、マレー人を標準型のイギリス人に変えようなどと思いもしなかったがゆえに、その脱植民地化は相対的に痛みを伴わない平和的なもので、まさにプラグマティズムの傑作と言うべきものだった。フランス人はその帝国の退潮を受け入れるのに、はるかに苦労した。彼らの多くはヴェトナム人とアルジェリア人を普通のフランス人に作り変えようと夢見ていたのである。そこでフランス人は、潜在的な普遍主義に駆り立てられて、帝国としての抵抗に乗り出すことになり、その結果、一連の軍事的・政治的失敗に見舞われることとなった。

とはいえイングランド人の差異主義を誇大に受けとってはならない。イングランドの国土の狭さを考慮に入れれば、たとえ束の間であってもあの広大な大英帝国を統治したということは、彼らには征服した諸民族を相対的に平等主義的で節度あるやり方で扱う確かな資質があることを証明している。エヴァンス＝プリチャード〔一九〇二～七三年〕によるスーダンのヌエル人の研究やメイヤー・フォーテス〔一九〇六～八三年〕によるガーナのタレンシ族の研究という、その感性からしても厳密さからしても驚嘆すべき、英国社会人類学の傑作は、植民地時代に実現したものである。それらの分析は、各民族の差異を記述することに長けたイングランド人の伝統的資質と、構造の多様性の蔭に隠れて見えにくい人間の普遍性への鋭い知覚とを組み合わせている。アングロ・サクソン個人主義は、常に個人を直接把握する可能性を残している。つまりは人類学的母胎によって作り上げられた人間ではなく、むしろ人間一般の把握に他ならない。

アメリカのケースは、普遍主義と差異主義という対立競合する二つの原理に対するアングロ・サクソンの二面性を極端かつ病的な形で表現している。アメリカ合衆国はまずは徹底的普遍主義の民族的・国家的成果として記述することができる。何はともあれアメリカ合衆国というのは、ヨーロッパのすべての民族から供給された移民の融合から生まれた社会である。当初のイングランド人からなる中核は、さまざまに異なる民族的出自の個人を吸収する能力が完璧にあるところを示した。一九二〇年代後半に中断した移民流入は、六〇年代に再開したが、今度はアジアと中南米にまで範囲を広げることになった。統合する能力、中心核を拡大する能力こそが、アメリカの成功の秘訣であり、アメリカ合衆国の先行きにおける帝国としての成功はこれに懸かっているのである。二〇〇一年には二億八五〇〇万人で、二〇二五年には三億四六〇〇万人と予想される人口量だけでも、この能力の証明となっている。

しかしアメリカ合衆国はまた、これとは反対の根底的な差異主義という用語でも描写することができる。アメリカ合衆国の歴史には常に他者というものが存在した。異なる者、同化し得ない者、殲滅か、大抵の場合、隔離を宣告された他者である。インディアンと黒人がこの異なる人間の役割を演じて来たし、黒人の場合は今日でも演じ続けており、インディアンの場合は、ヒスパニックに形を変えて演じ続けている。アメリカのイデオロギー・システムは、普遍主義と差異主義を組み合わせて一個の総体となしているのである。一見したところ対立すると見えるこの二つの考え方は、現実には相互補完的に作動している。出発点においては、他者を自分に似た同類とするか異なる者とするかが先験的には決められないという、他者に対する不確定がある。外国人の中には似た者、同等者と知覚される者もあろうし、異なる者、劣った者と知覚される者もあろう。類似と差異、同等性と劣等性は、分極化によって一緒に生まれるのである。インディアンと黒人を排斥することによって、アイルランド人、ドイツ人、ユダヤ人、イタリア人移民を同等者と扱うことが可能になった。これらの移民を同等者と定義することが、翻ってインディアンと黒人を劣等者として位置付けることを可能にしたわけである。

アングロ・サクソンが他者の身分について不確定であるというのは、近現代に由来する事象ではない。それどころかどうやら、イングランド人は歴史的・文化的には旧世界の周縁部のある層に属するという、人類学的なある種の原始性から由来するらしい。この周縁部の層は、旧世界に興亡を繰り返した諸帝国にほとんど組み込まれることがなかったため、平等原理と不平等原理をうまく使いこなせない。この原始性は家族的領域にのみ関わるものではなく、イングランドとアメリカ合衆国が歴史の最近の局面において、経済的現代性のパイオニアとして頭角を現すことの妨げには全くならなかった。

イングランド文化はそれゆえ、普通はユーラシアで極めて明快な、平等と不平等という価値の定義が多少不確定であるという特徴を有する。(1) もし人類学的構造と先験的なイデオロギー的知覚様式とを結び付ける人類学的モデルに戻るなら、実際に伝統的イングランド家族の中には、イデオロギー的領域での不確定性に対応する不確定性があることを突き止めることができる。すなわち兄弟は、互いに平等でも不平等でもなく、互いに異なるのである。ドイツ人や日本人の遺産相続規則は不平等主義的であり、フランス人、ロシア人、アラブ人、中国人の遺産相続規則は平等主義的であるのに対して、イングランドでは親が自由に遺言をし、自分の思い通りに遺産を子供たちに分配する。この遺言の自由は、イングランド貴族社会以外では、一人にだけ遺産を相続させ、他の子供はすべて排除するというような大きな不平等を引き起こすことは通常はない。

差異主義と普遍主義の間の緊張によって、アングロ・サクソンの他者に対する、外国人に対する関わり方は、全く特異で興味深いものとなっている。すなわち不安定的なのである。

普遍主義的諸民族は、外部の諸民族を先験的に自分に似た者と決めてかかる。この基本姿勢から、時として具体的な外国人が最初の一瞥でこのような先験的確信を裏付けないような場合に、すぐに怒り出してしまうということが起こる。普遍主義的民族に外国人嫌いの潜在性があることは明らかである。アラブ女性が屋内に閉じ込められて外出を許されないことを知った時のフランス人のいら立ち、自分の妻を虐げることのない周辺部諸民族に対する古代中国人やローマ人の軽蔑、さらには黒という色に慣れていないロシア人の黒人嫌い等、幾らでも例は見つかる。しかし相手の人類学的システムについて理論化し、断罪するということは決してなかった。それに対して明瞭に差異主義的な民族は、少なくともその征服者的期間においては――例えばナチズムに至るまでのドイツ人や軍国主義時代の日本人の場合だが――この地上の諸民族を優れた者と劣った者に安定的な形で序列化するのである。

アングロ・サクソンの世界への関わり方は、不安定で流動的である。彼らの頭の中には、普遍主義的民族にはない人類学的境界線が存在する。その点で彼らは差異主義的諸民族に近いのだが、ただしその境界線は移動することがある。こちらの範囲は大きく拡大する時もあれば、収縮して狭くなることもあるわけである。われわれと他者たちとがいるわけだが、他者たちの中にはわれわれのような者もいれば、異なる者もいる。異なる者のうちのある者は、われわれに似た者と分類し直されることもあり得るし、似た者のうちのある者は、異なる者と分類し直されることもあり得る。しかし常に人間たる条件を完備した者と他者とを分かつ境界線が存在するのだ。「どこかには線を引かなければならない」。イングランド人の心性的空間は、最小限に縮小した時は彼らイングランド人だけを含むにすぎないが、拡大してすべてのイギリス人を含むこともある。そして現在はきっとヨーロッパ人全体にまで拡大しつつある。

アメリカ合衆国の歴史も、この境界線の変動という主題をめぐる試みとして読むことができる。それによって中心集団は、独立から一九六五年までは連続して拡大し続けたが、一九六五年から今日に至るまで、縮小の傾向にある。

出発点においてイングランド人であったアメリカ人は、アイルランド人、イタリア人、ユダヤ人に同等者の身分を認めるに当っては著しい逡巡を示した末に、やがてすべてのヨーロッパ人を統合するすべを学んだ。「白人」というカテゴリーによって、この部分的拡大は形式的に整備され、インディアン、黒人、アジア人を、似た者と異なる者を分かつ心性的バリアの向こう側に弾き出した。一九五〇年から一九六五年までの間に新たな拡大が行なわれ、アジア人と原住インディアンは完全なアメリカ人とされた。この現象の程度は、この両カテゴリーがアメリカ人の一般的婚姻市場に参入したという事実から判定できる。特に女性は支配的集団の男性にとってタブーではなくなり、彼らは今やこの女性たちを娶ることができるようになっている。とはいえ一九五〇年から一九六五年までの間、黒人問題によって普遍主義と差異主義の間の緊張は最大限に達した。政治問題という意識的レベルでは公民権のための闘争が黒人を中心空間に含めるようにしようと努力するが、深層の信念という無意識のレベルでは、状況はほとんど変わらず、黒人女性の婚姻隔離は無限小の減少しか見せることがない。

なぜ拡大の傾向が現れたかは、人間の理性というものは時とともにやがては他者の同類性を認めるに至る力を持っているものだという仮説によって、楽観的な説明を加えることもできる。このような解釈は、平等主義へと向かう自律的な推力が存在する、平等原理にはそもそも本来的に不平等原理に対する優越性が存在するのだということを示唆している。しかしもし一九五〇年から一九六五年までの、あの真の帝国の名に最も値したアメリカにおける普遍主義の最後の、そして残念ながら短期間に終った勢力伸張の原因を十全に理解しようとするなら、副次的な外的要因を無視することはできない。すなわちソヴィエト帝国による競争という要因である。冷戦の時代はアメリカ普遍主義が最大限に達した時代であった。

ロシアは、おそらくフランス革命以来最も普遍主義的なイデオロギーに違いない共産主義を作り出し、世界に押し付けようとした。フランス革命は万人に自由の原理を贈呈したが、これに劣らず平等主義的なロシア革命は、万人のための強制収容所を全世界に突き付けた。このように共産主義は多くの欠陥を持っていたが、服従した諸民族を平等主義的に扱わなかったという非難だけは浴びせることができない。ソヴィエト帝国の具体的な作動振りを検討してみると、国家の暴力と搾取は併合された諸民族よりも中心たる当のロシアの上に厳しくのしかかり、東ヨーロッパの人民民主主義諸国は最大限の「自由」を享受していたことが分かる。

ロシア人の普遍主義は明瞭かつ明快である。それが強い誘惑能力を発揮するさまは、共産主義インターナショナルの設立の際に目の当たりにすることができた。フランス革命の担い手たちと同様、ボルシェヴィキたちは、すべての人とすべての民族を同じように考える生来の資質を有するように見えた。このような姿勢は単に共感を呼ぶというだけでなく、政治的拡大にも有利なのである。

冷戦の間、アメリカはこの恐ろしい潜在力に立ち向かわなければならなかった。外に対しても内においても、である。そこで外に対しては、先進国の同盟諸国には同質的な自由主義経済を拡大し、西側諸国全域には脱植民地化を奨励することによって、普遍主義が表現された。アメリカ社会の内においては、共産主義の普遍主義からの競争によって、黒人隔離に対する闘争が必要となった。二つのモデルのいずれかを選ぶよう迫られた世界は、自国民の一部を人間以下扱いするアメリカを選ぶことはできなかったのである。日本人とユダヤ人の同化が上手く行ったことは間違いない。黒人の場合は、政治システムへの統合までは実現しても、経済的解放とアメリカ社会全般への拡散が伴わなかった。黒人の中産階級は発達したが、自らゲットーを作り上げて閉じこもっており、それに加えて、はるかに多数の貧困黒人のゲットーが存在するのである。

共産主義というライバルの崩壊に対応する最近の数年間は、アメリカの普遍主義の後退が見られる。まるでアメリカ合衆国は、競争相手の帝国の圧力によって、現実に自分に可能な範囲を越えて普遍主義的に振る舞うよう強いられていたかのようなのである。この圧力が消え去ったために、アメリカの心性システムは、生来の均衡を取り戻し、それゆえに「自分流の」普遍の中に諸民族を含める範囲を縮小することが可能になったのである。

内部的普遍主義の後退——現像液としての黒人とヒスパニック

アメリカ社会と統計の「多人種」性は、われわれが「内側」におけるアメリカの普遍主義の衰退のさまを辿り、人口学的分析によって黒人の統合の失敗と「ヒスパニック」という第三の個別集団の出現の可能性を把握することを可能にしてくれる。この「ヒスパニック」という集団は、実際はインディオ系のラテンアメリカ人で、その圧倒的多数はメキシコ人である。

とはいえアメリカの統計は、ざっと調べた限りでは、千年期の転換点においてアメリカ黒人男性については混淆婚件数のわずかな増加を示唆している。五五歳以上の者では混淆婚率は二・三％だが、一五歳から二四歳まででは一一％になっているのである。しかし黒人女性については有意的増加は見られない。これは被支配的集団の女性は、支配的集団の男性によって配偶者とされてはならないという、基本的な人種タブーが存続していることを示唆するものに他ならない。黒人と白人の異人種婚は、高等教育を受けた階層においてはやや件数が多い。これに対してアジア人については非常に大きな増加が見られ、五五歳以上では混淆婚率八・七％であるのに対して、一五歳から二四歳まででは三〇・一％に上昇している。アメリカのユダヤ人はどうかというと、青年層では混淆婚率は五〇％に達しており、一般的婚姻市場への参入が、ということはつまり集団の拡散が始まりつつあるということである。しかしそれに伴って、イスラエル国家との積極的連帯が鳴り物入りで勢力を伸張している。

とはいえ最近の統計は、一九八〇年から一九九五年までの間に黒人について観察された混淆婚件数の緩やかな増加は、その後停止してしまったことを明らかに示している。アメリカ合衆国の統計年鑑を見ると、一九八〇年から一九九五年までの間に最大限の雪解けがあり、その後は人種問題の状況は膠着したことが読み取れる。混淆婚率は女性について一九八〇年には一・六%だった。それが一九九五年には三・一%に上昇したものの、一九九八年には三%と停滞する。しかしそれだけでもアメリカの統計学者たちにとってはおそらく多すぎたのである。彼らは直観的にこの微少な増加さえもあり得ないと感じたのだ。「十分というのは、それだけですでに多すぎるのだ」。一九九九年については、彼らは白人系と黒人系のヒスパニックをともに統計から除外するという適切な処理を行なった。このカテゴリーに関する選択によって、黒人女性の混淆婚率は二・三%に下落することになった。[2] 要するに一九九五年の上昇は間違った警報であって、スペイン流普遍主義を担ったヒスパニックという少数派が、黒人と婚姻することで、混淆婚率の上昇を実現していたわけである。おそらくプエルトリコ人たちに違いない。現在、配偶者を有する黒人女性の九八%近くが、黒人男性と暮らしている。このほとんど絶対的な人種内婚に加えて、黒人女性の優に半数以上は未婚の母である、したがって白人男性と結婚しているはずはない、という事実を考慮に入れるなら、人種問題の著しい恒久不変振りの確認に到達することになる。恒久不変というよりむしろ、悪化と言う方が正確だろう。なにしろ他の人口学的データは退行を示しているのであるから。

乳児死亡率、すなわち一歳以前に死亡した子供の比率は、アメリカ合衆国においては従来より黒人のそれが白人のそれよりはるかに高い。一九九七年には白人においては一〇〇〇に対して六であったが、黒人においては一四・二であった。実は白人系アメリカ人の成績それ自体、日本やすべての西ヨーロッパ諸国の率を上回るのだから、決して優秀とは言えないのだ。しかし少なくともそれは低下しつつある。一九九九年には一〇〇〇に対して五・八に下がっている。逆に黒人における率は、まことに異常な事態だが、一九九七年から一九九九年の間に一四・二から一四・六へと再び上昇しているのである。(3) 読者はおそらく人口統計の指標の社会学的解釈に慣れておらず、ある程度の良識をもって、この程度の増加は微小であると考えるかも知れない。乳児死亡率は社会にとって全般的な意味を持たないと、思っているかも知れない。実は乳児死亡率というのは、社会ないしは社会内の個別的一セクターの中で最も弱い個人の現実の状況を明らかにするものであるがゆえに、決定的な指標なのである。一九七〇年から一九七四年までの間のロシアの乳児死亡率のわずかな増加によって私は、すでに一九七六年にソ連邦の国内状況が悪化していることを理解することができ、ソ連体制の崩壊を予言したのである。(4) アメリカ合衆国における黒人の乳児死亡率のわずかな増加は、半世紀にわたる努力の末に人種統合が失敗したことを、確証しているのである。

しかしこの第三千年紀の冒頭に当ってアメリカの心性システムは、二人種制ではなく、三人種制である。各種統計と社会生活とはヒスパニックという第三の特殊集団を設定した。この集団はそのサイズからして基本的集団(5)をなしており、現実にはインディオ系のメキシコ人である。アメリカ社会は独立戦争の際、あるいはトックヴィルが十九世紀初頭に分析を加えた時に備えていた白人、黒人、インディアンという三元構造を再び見い出したのである。

メキシコ人共同体が今後どうなるかは、社会学者にとっては未知数である。子供たちの素晴しい英語習得能力のようないくつかの指標は、スペイン語使用をめぐる熱気溢れる論争が示唆するところとは反対に、同化の過程が継続していることを浮き彫りにする。しかし上昇の局面の後で、最も若い世代に混淆婚率の低下が見られる。五五歳以上では一二・六%、三五歳から五四歳では一九%であるが、二五歳から三四歳では一七・二%、一五歳から二四歳では一五・五%になるのである。[6] この低下は必ずしも当該住民の態度の変化を暴露するものではないが、テキサスとカリフォルニアの国境に近い地域にメキシコ人が多数を占める住民集団が出現したことの機械的な結果であるかも知れない。とは言っても、このような純然たる地方的結果でも、白人集団といわばスペイン系インディオ集団との分離を示唆していることに変わりはない。一九九九年における各集団の出産率指数は、依然として心性的分割が存続していることを完全に暴き出す。すなわち非ヒスパニック白人（何とも珍妙な言語・人種カテゴリーである）の場合は一・八二、非ヒスパニック黒人の場合は二・〇六、「ヒスパニック」の場合は二・九である。[7] 二〇〇一年には、メキシコの出産率指数は二・八であった。

権利の平等の称賛をやめて、代わりに「多文化主義」という名の「多様性」――出自の、文化の、人種の――の神聖化を始めた社会の中に、統合の失敗が観察されることは本当に驚くべきことなのだろうか？　アメリカ社会の中で平等の価値が収縮しているのは、人種関係の分野のみの特徴ではない。一九八〇年から一九九五年までの経済の変化は、すでに見た通り、不平等への強行軍として記述することができる。その結果、低所得階層——まるで偶然の結果であるかのように、大幅に黒人が含まれる——では退行と内部崩壊の現象に立ち至るのである。

しかしもう一度言うが、戯画の中に沈み込むのはやめにして、アングロ・サクソンの心性システムのメカニズムをその全体において把握するよう努めなければならない。アングロ・サクソンの心性は、ある者たちを同化するには他の者たちの隔離を必要とするのだ。その同化される者たちとは、日本人やユダヤ人であり、隔離される者たちとは、もちろん黒人であり、多分メキシコ人であるのだ。この同化は普遍主義的ではなく、むしろ差異主義的である。

内部的普遍主義の後退という文脈の中で、アメリカ社会の中枢部にユダヤ人を組み込むということは、アメリカの戦略的選択に関心を抱く者にとっては、特別の重要性を呈している。というのもそれは、アメリカの世界への関わり方の中でかくも明白であり、中東紛争の管理の中でかくも顕著になっている、外部に対する普遍主義の後退と共鳴しているからである。イスラエルをアメリカの心性システムの中に組み入れることは、内部的にも外部に対しても進行しつつあるのであり、外でのアラブ人の排除は内での黒人やメキシコ人の排除に呼応するのである。

アメリカ合衆国におけるヘブライ国家へのイデオロギー的固着は、ユダヤ人共同体にのみ限って見られる傾向ではない。アメリカ普遍主義の全般的後退という仮説を立てるなら、このような固着の原因を理解することが可能になる。しかしわれわれとしては、覆いの下から姿を現す歴史を謙虚に検討してみなければならない。アメリカとイスラエルの絆の固さというのは、前代未聞の、新たな事実なのである。ここで重要なのは、それを「説明する」ことではなく、アメリカ合衆国を揺り動かす深層の傾向をあぶり出す「現像液」としてそれを用いることである。イスラエルを選ぶということは、アメリカ普遍主義の後退の、差異主義の勢力伸張の最も目につく顕現に他ならない。差異主義の伸張は国の内外で顕現しており、外に対してはアラブ人の排斥という形で、内にあってはメキシコ人の統合の困難や黒人隔離の執拗な存続という形で、顕現するのである。

外に対する普遍主義の後退――イスラエルを選ぶということ

アメリカのイスラエルへの忠誠は、戦略分析の専門家たちにとって掛け値なしの不可思議となっている。近年の定評ある著作を読んでも、何の解明も得られない。キッシンジャーはイスラエル・パレスチナ問題を詳細に扱うが、「現実主義」の信奉者が、約束の地の領有のために闘う不合理な民族と妥協しなければならないという苛立ちがみえみえである。ハンチントンはイスラエルを、彼が戦略的ブロックにまとめあげようとしている西欧文明の圏域の外側に位置付けている。(8) ブレジンスキーは、イスラエルの話はしない。フクヤマも同様である。それはアラブ圏、ないしはより広範にイスラム圏に対するアメリカ合衆国の全般化された敵対的関係の確立に当って、イスラエルとの絆がいかに重要であるかを考えるなら、実に奇妙である。

この絆が合理的で有益であるかどうかは、証明が難しい。民主主義国間の必然的な協力関係という仮説は成立しない。イスラエル人の植民がパレスチナ人に残されたわずかな土地に対して、毎日のように犯している不正は、それ自体が、民主主義の土台である平等原理の否定に他ならないからである。ちなみに他の民主主義国、特にヨーロッパのそれは、イスラエルに対して、アメリカ合衆国の特徴である無条件の共感を寄せてはいない。

タハール〔イスラエル国軍〕の軍事的利用価値の方が、論拠としてはより重大であろう。アメリカの地上軍は、行動に迅速を欠き、その上損害を受け入れることができない虚弱な軍隊であり、地上作戦には系統的に同盟国の召集兵か、場合によっては傭兵さえも用いなければならない必要性がますます大きくなっている。石油という収入源の制圧を悲願としているアメリカの政府指導者たちは、中東随一の陸軍であるイスラエル軍の地域的支援を失うようなことはおそらくできない。イスラエルの国土の狭小さと形態、それにその過剰な軍備は、ますます不沈空母のイメージを喚起するようになっている。軍人であれ文民であれ、アメリカの現実主義的戦略家の目から見ると、アラブのどの国の軍隊であれ、数日もしくは数週間で殲滅してしまう力を持つ軍事力を味方に付けておくのは、イスラム圏からの敬愛を獲得するより重要であろう。とはいえもしこれが現になされている計算なら、なぜ「現実主義」の戦略家たちはそれを口にしないのか？　それにかつてはレバノン南部を、そして現在はヨルダン川西岸を甚大な損害を出さずに守り切ることができなかったイスラエル軍が、サウジアラビアやクウェート、アラブ首長国連邦の油井をコントロールするなどということは、真面目に想定することができるのだろうか？

アメリカのユダヤ人共同体の役割と選挙のプロセスに影響を及ぼす能力を強調する解釈は、多少の真実を含んでいる。それが「ユダヤ・ロビー」説である。もっともこれは「アラブ・ロビー不在」説とでも言うべきもので補足することもできよう。ユダヤ人勢力に対してバランスをとるだけの勢力を有するアラブ共同体が存在しないのだから、イスラエルへの支持の政治的コストは、再選に困難を抱えるどんな政治家にとってもゼロということになる。見返りに同じ程度のアラブ票を獲得することができないなら、ユダヤ系有権者の票を手放すような真似をすることはないではないか？　しかしユダヤ人共同体の量的規模を誇大視してはならない。六五〇万人で、アメリカ合衆国の人口の二・二％を占めるにすぎないのだから。それにアメリカには反ユダヤ主義の伝統が存在しないわけではなく、ユダヤ系以外の九七・八％のアメリカ人の中には、イスラエルに好意的な政治家に制裁を加える有権者も数多いと想像することもできよう。しかし今や反ユダヤ主義者は反イスラエルではなくなっている。ここに謎の核心が潜んでいるのである。

アメリカのユダヤ人自身が反ユダヤ主義者とみなしているキリスト教原理主義者たちは、政治的には共和党右派に同調している。(9)ところでイスラエルへの支持は共和党支持層において最大となる。またブッシュを支持する宗教的なアメリカの右派勢力は最近、イスラエル国家への情熱に目覚めた。それはイスラム共同体とアラブ圏に対する憎しみの裏返しに他ならない。その一方でアメリカのユダヤ人の四分の三は依然として中道左派を志向しており、民主党に投票し、キリスト教原理主義に不安を抱いていることを考慮するなら、ことはまさに逆説の極致ということになる。すなわちアメリカのユダヤ人と、アメリカの有権者のうちイスラエルを最も強く支持する部分との間には暗黙の敵対関係が存在するわけである。

したがってアリエル・シャロンの率いるイスラエルへの支持がますます確固たるものになって行くのを理解するには、本性を異にする二つのタイプの支持があるという仮説を立てなければならない。矛盾する動機を持つその二つが組み合わさっているということが、アメリカの対イスラエル政策が一貫性を欠いたままで連続していることの説明となるのである。

一方にはアメリカのユダヤ人から寄せられる伝統的なイスラエル支持がある。それは民主党が政権にある時に、できる限りパレスチナ人の権利を尊重しながらイスラエルを護ろうとする試みを促すことになる。キャンプ・デーヴィドの和平協定を成立させるためのクリントンの行動は、この型のモチヴェーションに対応している。

もう一つ別のイスラエルへの支持は、共和党右派による支持であり、これは比較的新しく、いささか奇妙なものであるが、その際、共和党右派は、現在のアメリカの特徴に他ならない不平等への選好を中東の領域に投影させている。不平等と不正への選好というものも存在するものなのだ。

普遍主義的イデオロギーは、諸国民の同等性を高らかに主張する。このような「正しい」態度に接すると、ともするとわれわれは、諸国民間の同盟の成立には平等原理が必要だと思いこんでしまう。しかしながら平等の観念のあるなしに関わりなく、他者に自己同一化するということはできるものなのだ。ペロポネソス戦争の間、民主制の盟主アテネは、それが可能な時は必ずギリシャ全域で民主派を支持した。しかし寡頭制の盟主スパルタは、一つの都市の支配権を握るとその都度、寡頭制政体を政権に据えたのである。[10] 十八世紀の末に、ヨーロッパのさまざまな形の君主制国家は、フランス革命がもたらす平等原理に対して団結することに大した困難もなく成功した。平等原理に対して敵対的であるだけでなく、諸民族の序列性という考えに執着する二つの政体が、地理的にも遠く離れていたにも拘わらず互いに自己同一化した例として最も目覚ましいのは、やはり第二次世界大戦中のドイツと日本の例である。真珠湾攻撃ののちヒトラーは、日本との連帯のゆえにアメリカ合衆国に宣戦布告した。このように国家間の関係においても、人間同士の関係におけると同様に、悪に対する選好、もしくはもう少し控え目に言うなら、不正に対する選好というものが、当人が悪いか不正である時には、存在し得るのである。他者に対する自己同一化の基本原則は、他者の中に善を認めるということではなく、己自身を認めるということなのである。

自分の行ないが正しくないと感じている時は、自分を二重に正当化してくれるものがさらに必要になるものだ、とさえ言うことができそうである。アメリカのイスラエルに対するさらに強められた新たな執着の正体を突き止めるには、まさにこのような言葉遣いをする必要がある。アメリカ自身の行ないが正しくない時に、イスラエルも正しくない行ないをしているがゆえに、パレスチナ人に対するイスラエルの行動がますます凶暴になるのを、アメリカは是認するのである。アメリカは人間の不平等への、ますます強固となる信念の方へと漂って行き、人類の単一性をますます信じないようになって行く。以上の確認は、いささかの修正も加えずにイスラエル国家に適用することができる。そのイスラエル国家のアラブ人に関する政策に伴って、経済的不平等と宗教的信仰による内部的細分化が進行しているのである。イスラエル人がアラブ人を人間一般として知覚することがますますできないようになっていることは、新聞やテレビの報道を見守っている人々にとっては明白な事実に他ならない。しかしイスラエル社会の内部的細分化の過程は、それほど人目に付かない。ところがイスラエル社会はアメリカ社会と同様に、不平等熱に引きずりこまれている。[11] 所得格差は今や「民主的な」先進諸国の中で最大の部類に入る。非宗教的、アシュケナージ〔東欧系ユダヤ人〕、セファルディ〔地中海系ユダヤ人〕、ウルトラ正統派という相異なるグループは、互いに分離を強めている。この現象は、グループ間の出産率が、非宗教的グループでは女性一人に対して二以下であるのに対して、ウルトラ正統派では七になるという具合に懸け離れていることで測定できるのである。

イスラエルとアメリカ合衆国の関係の出発点にあっては、両国はともに自由主義的民主主義という共通の圏域に属していた。またディアスポラ最大のユダヤ人共同体がアメリカに存在するということから来る具体的な絆もあったし、カルヴァン派とユダヤ教の聖書を通した絆も忘れてはならない。プロテスタントがいささか万事を字義通りに受け取る態度で聖書を読むと、イスラエルの民に自己同一化したものである。約束の新天地に移住した十七世紀のアメリカのピューリタンという具体的なケースについて言えば、偶像崇拝の民への先験的な恐怖と嫌悪——聖書の差異主義——がインディアンと黒人の上に固着した可能性はある。

近年のアメリカ合衆国のイスラエルに対する包括的な固着は、こうした本来の宗教的近親性や、聖書への愛、神に選ばれたイスラエルの民への肯定的で楽観的な自己同一化などとは、どうやらあまり関係がないものとなっている。私としては、共和国であろうとカトリック国であろうと、もしもフランスが依然としてアルジェリア戦争を続けており、イスラエル国家が現在パレスチナで行なっているように、アラブ人を抑圧し、居住区に閉じ込め、殺害していたとしたら、差異主義的で、不平等主義的で、しかも良心が咎めて仕方ない現在のアメリカは、普遍主義から転落した植民地主義国フランスに自己同一化したことだろう。正義の陣営を放棄する時には、他の者が悪を行なうのを眺めることほど心を安らげるものはない。イスラエルが昨今行なっている不正は、西欧を支配する大国に不快の念を与えることはないのである。[12]

世界全体の戦略分析にとって最も重要なのは、アメリカの行動の深層の論理を的確に把握することである。アメリカ合衆国がアラブ人を人間一般と把握することができないという事実は、アメリカ社会内部の普遍主義の退潮という動きの一環をなしているのだ。

アメリカのユダヤ人の不安

このモデルを用いるとアメリカのユダヤ人共同体の発熱状態をよりよく理解することができる。アメリカのユダヤ人共同体は、己の統合が上手く行ったことに単純に満足しており、イスラエルに対するアメリカの忠実な行動に驚嘆していると、だれもが考える。ところが実際は全く逆で、この最も恵まれた共同体は、ノイローゼ的とは言わないが、不安に苛まれるようなホロコースト崇拝に陥ってしまったのである。[13] 彼ら自身は免れることができた虐殺をいつまでも果てしなく記念し続け、世界中至る所で頭をもたげているとして反ユダヤ主義を絶えず告発し続ける。そしてディアスポラのすべての集団、特にフランス在住の集団に成り代わって恐怖を実感するのである。例えばフランス在住のユダヤ人は、二〇〇二年春にフランスの都市郊外で起ったユダヤ教会堂への襲撃にも拘わらず、彼らアメリカのユダヤ人が実感するほどの恐怖をいささかも実感していない。アシュケナージ系のフランスのユダヤ人にとってホロコーストとは、アメリカのユダヤ人にとってとは比べものにならない具体的な家族にまつわる現実であったが、彼らははるかに冷静であり、はるかに将来に信頼を抱いている。ところが大西洋の彼方からは、ユダヤ人共同体の自覚を持たぬ変節漢ども、との告発が飽きもせず繰り返し投げ付けられ、フランスは未来永劫ユダヤ嫌いの国であるから、いずれはお前たちもその犠牲となるぞと、予告されたりするのである。自称「全能のユダヤ・ロビー」を持つ国であるアメリカのユダヤ人が、このように執拗に続く恐怖感に取り付かれているのは、いささか逆説的である。[14] アメリカの普遍主義の退潮という仮説を立てなければ、こうしたアメリカのユダヤ人の紛れもない不安の存続を理解することはできない。

この説明モデルを要約してみよう。アングロ・サクソンの心性は、他者に対する関係については二つの特徴を有する。すなわち包含するために排除する必要があるのだ。包含される者と排除される者の境界は一定しない。拡大の局面と収縮の局面とがあるのである。

アメリカ・ユダヤ人の包含は、黒人の排除、そしておそらくはメキシコ人の排除に呼応している。普遍主義の後退、差異主義の勢力伸張――アメリカの日常語で言えば、人種的感情の顕在化の再来――の局面の中で進行したのである。今日のアメリカの変遷は、平等の価値を原動力とするものではなく、不平等の価値を原動力としている。だとすると、このように逆説的な統合の過程を経験する者は、良心のやましさを避けることはできないだろうし、安全感を抱くこともできないだろう。このような包含は脆く、当てにならず、潜在的危険に満ちていると実感せざるを得ないだろう。アメリカのユダヤ人は、己が普遍主義型の征服者の寛大さのお蔭で包含されたのではなく、むしろアメリカ社会の退行的な差異主義的力学に翻弄される者であると、おぼろげながら感じるがゆえに、己自身の中にある恐怖を外の世界に投影するのである。

このような意見を私が持つのは、単に理論的な考察の結果からだけではない。この主題について私が最初に真相を悟ったのは、八〇年代の初め、オーストリア系ユダヤ人でアメリカ在住の祖父との会話からだった。ディズニーランドに行った時、ミッキーたちが踊っているのを見物しながら、彼は相変わらず消えることのない不安を表明したのである。アメリカ社会の人種をめぐる情熱は、少年時代のウィーンの不愉快な思い出を呼び起こすというのだ。私の親族のフランス・ユダヤ人の部分には、このような類の不安が観察されたためしは一度もない。

帝国は差異主義的ではあり得ない

「悪の帝国」とか「悪の枢軸」とか、その他諸々のこの地上の悪の化身についてのアメリカのレトリックは、あまりの馬鹿馬鹿しさで――時とその人の気質によって――笑わせもするだろうし怒鳴らせもする。しかしこれは冗談で済ますべきものではなく、真剣にその意味を解読しなければならない。それはアメリカの悪への強迫観念を客観的に表現しているのだ。その悪は国外に対して告発されるが、現実にはアメリカ合衆国の内部から生まれているのである。実際、アメリカ合衆国では至る所に悪の脅威が潜んでいる。平等の放棄、責任を負わない寡頭支配集団の勢力伸張、消費者たちと国そのものの借金生活、ますます頻繁に適用される死刑、人種の強迫観念の復帰。炭疽菌による攻撃という無気味な事件も忘れてはならない。どうやらそれは情報機関の統制の効かない跳ねっ返り分子が起こしたもののようであるが。どう考えてもこのところアメリカには神のご加護はなさそうである。アメリカは至る所で悪を告発するが、それはアメリカが思わしからぬ行動をしているからなのだ。この後退は、今まさに何が失われつつあるのかを、われわれに自覚させずにはおかない。一九五〇年から一九六五年までのアメリカ、大衆民主主義の国、表現の自由、社会的権利の拡大、公民権獲得の闘いの国であったアメリカは、善の帝国であった。

アメリカ流の一方的な行動様式と呼ばれるものは、国際政治における明らかな差異主義の現れに他ならないが、とはいえこれは本論考の枠内では本質的に道徳的な角度から考察されてはならない。その原因と帰結が検討されなければならないのである。その根本的原因は、いま見た通り、アメリカ合衆国それ自体における平等主義的・普遍主義的感情の後退である。その基本的帰結は、アメリカ合衆国が帝国というものに不可欠のイデオロギー手段を失ったということである。人類と諸国民についての同質的把握を失ったアメリカは、あまりにも広大で多様な世界に君臨することはできない。公正感という武器を、もはやアメリカは所有していない。終戦直後――一九五〇年から一九六五年――という時代はそれゆえ、アメリカの歴史の中で普遍主義の絶頂期ともいうべきものであった。当時の戦勝国アメリカの普遍主義は、ローマ帝国の普遍主義と同様に謙虚で寛大であった。

ローマ人はギリシャの哲学、数学、文学、芸術の優越を認めていた。ローマ貴族はやがてギリシャ化して行った。軍事的勝利者が多くの点で、被征服国の優れた文化に同化したわけである。それにローマはオリエントの宗教のうちのいくつかに帰依し、やがてそのうちのただ一つに帰依するに至る。アメリカ合衆国は本当に帝国の名に値した時代にあっては、外部の世界に対して知識欲と敬意を抱いていた。世界のさまざまな社会の多様性を、政治学や人類学や文学や映画を通して共感をこめて観察し分析していた。本物の普遍主義は世界中から最良のものを集めて貯えるものである。征服者の力の強さが文化の融合を可能にするのである。アメリカ合衆国において経済・軍事力と知的・文化的寛容とが組み合わさっていたあの時代は、いまではもはるか昔のことと思われる。二〇〇〇年の弱体化し生産的でなくなったアメリカは、寛容でもなくなった。専ら己のみが人間の理想を具現しており、いかなる経済的成功の秘訣をも手中にし、己のみが映画の概念に適った映画を制作していると豪語する。このような最近の社会的・文化的覇権への主張、このような自己陶酔的な拡大のプロセスは、アメリカの普遍主義と同時に、その現実の経済・軍事力も劇的に衰退して行く、その数多ある兆しの一つにすぎない。世界を支配する力がないために、アメリカは世界が自律的に存在することを否定し、世界中の諸社会が多様であることを否定するのである。

第6章

強者に立ち向かうか、弱者を攻めるか

アメリカの社会と経済が不平等へと向かい、それにとりわけ有効性の欠如へと向かうという動きは、最後にはアメリカ合衆国と世界との関わり方を一変させるに至った。一九四五年には自律的な超大国だったアメリカは、それから半世紀後には、全世界の商品と資本を吸い上げるが、その代わりにそれと等価な財を供給することができない、一種ブラックホールのごときものになってしまった。己を養ってくれるこの世界の掌握を維持するためには、ケインズ的な最終決定権を持つ消費者の役割とは別の役割を確定しなければならないのだが、それは容易いことではない。覇権的大国として己を定義し直すとすれば、それは政治的・軍事的な事柄となる。己れを世界全体にとっての国家として認めさせ、正統的暴力の世界的独占を確立しなければならない。しかしアメリカは、このような転換に不可欠の手段的裏付けを持っていない。ジョゼフ・ナイ一流の概念を用いるなら、ハードパワーにせよソフトパワーにせよ、持ち合わせていないのである。

自由貿易は、すでに見たように、全世界的規模で成長の困難を引き起こし、いまや世界の繁栄にとって阻害要因となっている。アメリカ自体は短期的には次のようなまことに異様なメカニズムを体験している。すなわち、自由貿易が産み出した需要不足はアメリカ合衆国に「不可欠な消費者」の役割を与える一方、システムのもう一つの帰結である不平等の勢力伸張は、利潤の膨張を可能にし、その利潤が消費のための資金調達に必要なフレッシュマネーを当のアメリカ合衆国に供給する、というものである。

アメリカの中央調節器としての地位は強固ではない。帝国的貢納物の徴収は、先に見た通り、権威主義的なやり方で行なわれるのではなく、「自由主義的」なメカニズムによって行なわれるのだからである。それは自発的意志による精緻で不安定なメカニズムであり、ヨーロッパと日本を筆頭とする被支配的周縁部の指導階層の善意に完全に依存している。ウォール・ストリートとアメリカの銀行が働いた数々の詐欺不正は非難できても、利用者と顧客に金を無駄遣いするよう強制していると告発することはできないのである。

資本主義体制にもさまざまの変種がある中で、アメリカ合衆国を旗頭とする、一切の規制を排した型の資本主義体制は、ますます正統性を失いつつあるように見える。その証拠には、『フォーリン・アフェアーズ』誌の二〇〇二年一・二月号は、グローバリゼーションへの異議申し立てがいかなる戦略的脅威となるかを扱っていた。

アメリカの軍事的強制力の不十分さが、経済問題を複雑にしているのである。海空軍的には疑問の余地のないアメリカの武力も、アメリカ合衆国にとって必要な商品が生産される、もしくは資金量が抽出される地理的空間を、直接統制下に置くことはできない。その上、そしておそらくはこの点が重要なのだが、理論的には爆撃の脅威によって絶対的威力を発揮するに十分かも知れない空軍力も、それを十全に発揮できるかどうかは、対空戦闘技術によってアメリカの航空機を部分的もしくは全面的に無力化する能力を持った唯一の大国、すなわちロシアの好意次第であるという事情がいまだにある。ロシアが存在する限りは、アメリカは世界への依存という新たな立場において、長期的な経済的安全保障を可能にしてくれる全面的権力を手中にすることはないだろう。

経済的には依存し、軍事的には不十分。このアメリカの欠落の一覧表には、さらに第三の要素を書き加えなければならない。すなわち普遍主義的感情の後退であり、これのゆえにアメリカ合衆国は、世界全体に対する正当にして責任ある、平等主義的見方ができないでいる。普遍主義は、いやしくも一国ないしはより広大な、多民族的にして帝国的な領域を支配し統制しようとする限り、いかなる国家にとっても基本的に必要な資源なのである。

これらの説明要素は、世界の中でアメリカが占める位置の根本的な矛盾を浮き彫りにする。アメリカ合衆国は帝国的な経済均衡を持続的に安定化しなくてはならないが、現実にはそのための軍事的・イデオロギー的手段を持っていない、という矛盾である。とはいえアメリカの対外政策を的確に理解するためには、この根本的矛盾がどのようにして出現したかをさらに検討し、このように半ば帝国的で半ば自由主義的という、座りの悪い姿勢にいかにして立ち至ったのか、その軌道を記述しなければならない。現在のジレンマをもたらした一連の決定を辿ってみると、なんらかの長期的な計画が存在したとは、考えられないのである。

帝国を目指す選択がなされたのは最近である。それは何らかの強固な意志から生まれたものではなく、それどころかアメリカの指導者たちに、安易な解決策として提示された。つまり一時的情勢の産物なのだ。ソヴィエト・システムの崩壊が、しばし全能の幻想を与えることによって、包括的で安定した覇権という夢へと立ち至らせることになるのだが、それには二つの段階があった。一九九〇年よりはむしろ一九九五年が、選択の瞬間であった。

共産主義の崩壊からロシアの崩壊まで

アメリカの指導者たちと戦略家たちのうちだれ一人として、ソヴィエト・システムの崩壊を予想した者はいなかった。この共産主義者たる競争相手に挑まれた競争が、かつて第二次世界大戦直後には、自由主義圏に一種ネガティヴな結束のようなものを付与していたものである。もっともアメリカ合衆国は九〇年代初頭には、己自身の経済的欠落を自覚し始めていた。マイケル・ポーター〔一九四七年生、ハーヴァード・ビジネス・スクール教授〕は早くも一九九〇年に『国の競争優位』の中で、日本、ドイツ、スウェーデン、韓国等、さまざまな資本主義を、自由主義的規則を己の利益になる時にしか受け入れないがゆえに、生産の点ではアングロ・サクソン資本主義より有効であるものとして記述していた。(1)

主要な敵たる共産主義の崩壊によって、当初はヨーロッパとアジアの資本主義大国との競合関係が第一線に浮上することになるかと思われた。一九九三年にレスター・サロー〔一九三八年生、マサチューセッツ工科大学教授、主著『ゼロ・サム社会』等）は『大接戦』の中で、来るべき米欧日間の経済戦争を予告していた。(2) その段階でアメリカ政府の要人を初めとする人士は——彼らはその数年前に共産主義の崩壊を予想することができなかったわけだが——超大国としてのロシアが消え去ってしまうことをまだ予想していなかった。先進諸国は、共産主義の経済的有効性を過大評価していたわけだが、今度は共産主義からの脱却に伴う困難の程度を過小評価していたのである。

九〇年代初頭にだれにとっても最も確実と見えた仮説は、ロシアの戦略的重みがある程度は維持される、というもので、イデオロギーの分極化を清算した世界には、相変わらず二つの超大国が存在し続けるだろうと考えられていた。ついに同じゲームの規則を受け入れるに至った諸国が平等に参画する均衡のとれた世界を夢想することもできたのである。この情勢にあってはアメリカ合衆国は、諸国の勢力均衡への復帰のゲームを推進した。すでに見た通りアメリカ合衆国の軍縮への努力には目覚ましいものがあった。(3) 当時は帝国の道を示すものは何もなかったのである。しかし一九九〇年から一九九五年までの間に、旧ソ連圏の政治的解体は明白となり、かつての連邦所属共和国の経済的内部崩壊は現実に悲劇的なものとなった。

ロシアの生産は一九九〇年から一九九五年の間に五〇％減少した。投資率は壊滅的に下落し、通貨の使用も後退し、地方によっては物々交換経済が再び姿を現すという始末であった。ウクライナ、ベラルーシ、それに民族構成からすればロシア人が半ばを占めるカザフスタンの独立は、システムの「スラヴ的」中核部から七五〇〇万人の帰属民を奪うことになった。ロシアは人口という点でアメリカ合衆国とほぼ同等の地位にあったが、その地位が失われたのである。一九八一年にはソ連邦は人口二億六八〇〇万、アメリカ合衆国は人口二億三〇〇〇万だった。二〇〇一年にはロシアは人口一億四四〇〇万にすぎず、アメリカ合衆国は人口二億八五〇〇万に達している。

さらに悪いことには、民族的権利要求は、旧ソ連邦所属共和国だけでなく、カフカスからタタルスタンに至る、ロシア連邦内の自治区にまで飛火した。中央政府はシベリアの遠隔地の統制力を失いつつあるように見えた。そこで純粋にロシア人居住の地方同士の絆も断たれ、ロシア国家の封建的細分化のごときものが現出すると考える者さえあった(4)。そうしたこと一切が、全面的分解の可能性を示唆していた。一九九六年前後には、アメリカのかつての戦略的好敵手は、純然たる消滅の道を辿っていると思われた。帝国という選択が姿を現したのは、まさにその時であった。世界は均衡を失い、アメリカ合衆国によって全面的に軍事的に支配されるという仮定は、その時には多少の真実らしさを含んでいたからである。さらにもう一押しして、ロシア連邦の周縁部、カフカスと中央アジアのその軟らかい腹部にアメリカ合衆国による刺激と挑発が加えられ、かくしてチェスの勝負はアメリカの勝利に終った。ブレジンスキーの『大いなるチェスボード』はユーラシアにアメリカ合衆国の一方的な支配を確立すべき必要性とその手段についての最も一貫した戦略的著作であるが、これが出版されたのは一九九七年である。

ロシアの崩壊の結果、アメリカ合衆国は唯一の軍事大国となった。それと並行して金融のグローバリゼーションが加速化する。一九九〇年から一九九七年までの間にアメリカと世界全体の間の資本移動の差額の黒字は六〇〇億ドルから二七一〇億ドルに増大した。これによってアメリカは生産によって補填されない追加消費に身を任せることができたのである。

とはいえ帝国の道を選択したからと言って、アメリカの指導者集団が極めて明断であり、天才的な計算能力を発揮して、決定的な瞬間に何らかの戦略を決断するや、その後は粘り強くその戦略を適用し続けるのだ、などと想像してはならない。帝国の道の選択に至ったのは、全く逆に事態の自然の成り行きに身を任せ、不断に安易な道を好んで選んだ結果にすぎないのである。ヨーロッパの指導階層はその非力をしばしば批判されるが、アメリカの指導階層は、彼らよりもはるかに意志と積極的企てを持ち合わせなかった。ヨーロッパ建設は何はともあれ、協調と組織の努力を要求するものだが、アメリカの指導階層は現段階では、そんな努力はこれっぱかりもできないだろう。

帝国への道ではなく国民国家への道の方がアメリカ合衆国にとって長期的にははるかに確実だっただろう。一つの大陸に匹敵する面積を持ち、中央に集中した金融システムを持つことを考慮に入れれば、この方向は他のどの国にもましてはるかにアメリカで実現可能であった。しかしそれは行政の側に本物の組織化と調節の作業を要求することとなっただろう。エネルギー政策と産業保護政策という二つの本質的な要素に併せて、外に向けては他の国や地域を万人の利益となる自律性の確立へ向けて進化するよう促すための多国間政策を採ることが必要になっただろう。実際、「地域化」された基盤の上に立って発展した国の経済を再活力化する方が、発展途上国への有効な援助となっただろうし、発展途上国の負債は保護主義への復帰の埋め合わせとして相殺してやっても良かっただろう。この型の世界計画を進めていたら、アメリカ合衆国は疑問の余地のない、決定的な世界のリーダーとなっていたことだろう。しかしそうしたこと一切を考え実行するには、大変な労力が必要となっただろう。

ロシアは最終的・決定的に崩壊した、アメリカ合衆国は世界唯一の超大国として浮上した、このように信じて、資本の大量流入を目にしても何もせず、貿易赤字への果てしないのめり込みに身を委ねる方が、はるかに容易で自己満足に浸れることだった。レッセ・フェール〔自由放任〕の自由主義的イデオロギーによって正当化された帝国への道は、心理としては何よりも先ずレッセ・アレ〔投げやり〕の果実だったのである。

目標は野心的だが動機が軟弱なこの戦略は、大きなリスクを含んでいた。一九九七年には、ロシアの国力が最終的・決定的に死に絶えたとは断定できなかったのである。このように不確実な仮定を確定したものとみなして進められる対外政策はいかなるものでも、アメリカに次のような巨大なリスクを負わせることになるのだった。すなわちいつの日か、現実の軍事的優越性を持たずに重大な経済的依存状態に身を置く羽目になるというリスク、要するに半帝国的立場から、偽帝国的立場へと転落するというリスクである。

もし熟慮されたものであり、強靭な意志の結果であったなら、帝国への道に対応する外交的・軍事的戦略は、少なくとも粘り強く系統的に継続されただろう。ところがそうではなかった。この努力における連続性の不在を立証するのに最も単純な方法は、帝国を目指す計画の中で最も妥当性があり率直なもの——ブレジンスキー・モデル——を分析し、次いでアメリカの指導者たちがどの程度までそれに入れ込んだのか否か、を検討することである。近年の歴史を検討してみれば、彼らは容易なことはすべてその日その日で実現し、時と精力の多量の投入を必要とすることはすべてなおざりにした、ということが分かって来る。

巨大な外交のチェスボード

ブレジンスキーの計画は簡潔にして明瞭である。もっともウクライナを西欧の側に併合し、ウズベキスタンを利用して中央アジアをロシアの影響圏から離反させることによって、ロシアに止めをさす必要があるが、それはロシア自身の利益になるのだと思わせようとしているし、またロシアの包囲が必然的にロシアの核心部の解体に結び付くことも、あからさまには述べていない。高度な戦略と言えども、最小限の外交的用心は必要なのだ。しかしさらに明瞭に述べられないことがある。すなわちアメリカ経済の無効性と、アメリカ合衆国は世界の富への統制を政治的・軍事的に確保しなければならないという必要性、この二点にブレジンスキーは触れていない。しかし地政学的教養の持ち主である彼としては、このアメリカの本質的モチヴェーションを間接的に述べざるを得なかった。つまり先ず第一に世界の人口と活動の主要部分はユーラシアに存在するという点を強調し、次いでアメリカはユーラシアから遠いということを確認しているのである。これを解読すると、こうなる。すなわちアメリカの上層階層の生活水準も平民の生活水準もともに維持するために不可欠の商品と金《カネ》は、ユーラシアから流入する、ということである。

以上の点を留保した上で見てみると、計画は一貫性を持っている。確立すべきアメリカ帝国にとって唯一の脅威はロシアである。それゆえロシアを孤立させ、勢力を削ぐ必要がある。言わばこれはビスマルク的対処法と言うことができ、ロシアはさしずめ一八七一年から一八九〇年までの敗戦後のフランスの立場に立たされることになる。宰相ビスマルクは当時、一八七〇年から一八七一年にかけてのフランスの崩壊によって、ドイツの統一を成し遂げたところであった。その後の二〇年間、彼は唯一の敵性国フランスを孤立させるために、その他のすべてのヨーロッパ列強との間に良好な関係を維持することに腐心した。フランスはアルザス・ロレーヌの喪失のゆえに構造的に報復的な体質を持つと考えられていた。ブレジンスキーはアメリカ合衆国に、ロシアを除くすべての国との宥和路線を推奨する。そしてユーラシアに対するアメリカ合衆国の真の足掛かりは何よりも先ずヨーロッパの保護領と日本という保護領の同意の如何によって決まることを完璧に理解したため、日本に対してアジアの枠を越えた全世界的役割を与え、統一ヨーロッパ建設には理解ある態度を採ることによって、この足掛かりを固めるよう助言するのである。唯一イギリスだけは目下扱いされており、「行為者にあらず」と定義されている。仏独のコンビは主要な戦略的プレイヤーとして尊重されている。政治的英知の極みとも言うべきだが、ブレジンスキーは、フランスに対してより理解ある態度を採るように、とさえ示唆している。出発点となるヴィジョンは明晰である。ヨーロッパと日本がアメリカのリーダーシップに満足している限り帝国は安泰だ、というものである。こうして帝国は世界の科学技術的・経済的勢力の主要部分を己の近接圏に集中させる。このような戦略的中核のさらに外側では、中国とイランへの宥和的態度をも彼は推奨している。中国がライバルとなる可能性はまだ長期的問題にすぎないし、イランは変化が起る可能性があり、対決に向かうことはない。ヨーロッパと日本の間に挟まれ、中国とイランから切り離されたロシアは、実際上ユーラシアにおけるいかなる行動手段をも失ってしまうだろう。これを要するに、唯一の超大国アメリカは、己の覇権に対する当座の軍事的脅威となり得る唯一の国ロシアを決定的に蹴落とすために、すべての二流大国に対して理解ある態度で接しなければならない、ということになる。

この計画のうちいかなる部分がアメリカ外交によって適用されたのだろうか？　実のところロシアに対する行動だけである。それはＮＡＴＯの東への拡大、ウクライナに対する提案、可能な限りあらゆる口実を用いて、カフカスと中央アジアにアメリカの影響力を広げる努力によって行なわれた。アルカイダとタリバン政権への戦争の結果、アメリカ兵をアフガニスタンに一二、〇〇〇人、ウズベキスタンに一五〇〇人、グルジアにおよそ一〇〇人配備することが可能になった。しかしここでもアメリカ政府は、単に情勢の巡り合わせに付け込むだけで満足してしまい、次章で見るように、ロシアの決定的な不安定化に到達するための十分にして強力な努力をしていない。アメリカはそのための手段をもはや持ち合わせないのである。

それ以外の点ではアメリカの外交は輝かしいビスマルク的動きを見せるどころか、あの破滅的なヴィルヘルム二世の外交に似たものとなってしまった。ヴィルヘルム二世は、鉄血宰相を厄介払いするや否や、たちまちのうちにヨーロッパの主要強国のうちの二ヶ国と紛争状態に突入してしまう。すなわちイギリスとロシアであり、これによってフランスはお誂え向きの同盟システムを手に入れることになり、それが直接に第一次世界大戦につながり、ドイツの覇権の終焉をもたらすことになった。アメリカは一方的な行動によってヨーロッパの同盟国をなおざりにして、その面目を潰し、己の勢力の本質的な道具であるＮＡＴＯを成り行き任せにしている。また日本を軽蔑しており、世界一効率的で、アメリカの安寧に必要不可欠な日本経済は遅れた経済として絶えず決めつけられている。さらには中国を飽きもせずいつまでも挑発し続け、イランを悪の枢軸の一員にしてしまう。まるでアメリカは、いずれもアメリカの不規則な行動に振り回されて苛立つ、極めて多様な国々から成るユーラシア同盟を作ってやろうとしているかのようなのだ。これに加えて、ブレジンスキーの枠組みからは多少はみ出すけれども、イスラエルへの変わらぬ支持によってイスラム圏との対立を一般化しようとするアメリカの執拗な態度も指摘しておこう。

とはいえアメリカの手際の悪さは偶然の結果ではない。帝国の道もそうなのだが、事の成り行きに任せ、短期的な必要にのみ対処する態度の結果なのである。アメリカ合衆国の経済的・軍事的・イデオロギー的手段には限りがあるため、アメリカは己の世界的役割を主張するには、小強国を虐待する以外の可能性がないのである。アメリカ外交の酔っ払いの千鳥足のような行動振りには、一つの論理が隠されている。すなわち現実のアメリカは軍事的小国以外のものと対決するには弱すぎる、ということである。すべての二流の役者たちを挑発すれば、アメリカは少なくとも世界の檜舞台での役割を主張することができる。経済的に世界に依存しているという事態は、実際、何らかの全世界的なプレゼンスを必要とせざるを得ない。現実の手段が不十分であるため、副次的な対立を演劇的にヒステリー化することになるわけである。その上、アメリカは普遍主義が弱体化してしまったために、もし世界に君臨し続けたいのであれば、ともに世界の工業を支配しているヨーロッパと日本という主要同盟者を平等主義的に扱わなければならないという事実を忘れてしまったのだ。

軍事的小手調べ

アメリカ合衆国が、北朝鮮、キューバ、イラクという過去の残り滓とのいかにも無用に見える緊張を執拗に維持しようとしている様は、どこから見ても不合理の極みである。とりわけこれに加えて、明らかに民主主義的正常化の道を踏み出しているイランへの敵意と、中国に対する度重なる挑発を考慮に入れれば、なおさらである。本物の帝国に値する政策であれば、明らかに束の間のステータスしか持たない国との間には、忍耐強く慇懃な関係を確立することによって、パックス・アメリカーナ〔アメリカ支配下の世界平和〕を追求したはずである。北朝鮮やキューバやイラクの政体は、外からの介入がなくとも倒壊するはずなのだ。イランはわれわれの見守る中で、プラスの方向に変貌しつつある。ところがアメリカの攻撃的態度が、馬鹿げた共産主義を補強したり、イラクの政体を頑なに居座らせたり、イランの反米的保守勢力の立場を強化する結果になっているのは、全く明らかなのである。共産主義権力が資本主義への移行を権威主義的に管理している中国の場合は、実際上アメリカの敵意が政体に武器を与えている。民族主義的な外国人嫌いの感情に依拠して、政体が正統性を再確認する口実を絶えず与えているのである。アメリカ合衆国のマッチ・ポンプ的活動には、最近インドとパキスタンの間の紛争という新たな舞台が開幕した。パキスタンで進行中の不安定化とイスラム主義の局地的激しさについて大幅に責任があるくせに、アメリカ合衆国は不可欠な仲介者として乗り出すのである。

こうしたことすべては世界の利益になることではなく、同盟国を苛立たせもするが、それでも意味がないわけではない。それらの紛争はアメリカ合衆国にとって軍事的リスクはゼロであるが、そのお蔭でアメリカ合衆国は世界中至る所に「プレゼンス」を確保することができる。そこで全世界が不安定で危険であり、保護するためにアメリカ合衆国が必要だという幻想を維持するわけである。

ブッシュ一世が行なった第一次イラク戦争は、ある意味でその後のアメリカの行動様式を支配するモデルを供給した。あれ以来、戦略を論じようとする者はいなくなってしまったのだ。なぜならアメリカ合衆国の短期的な合理性は、どうも中期的には世界の中でのアメリカの位置の根底的な弱体化を引き起こすらしいからである。

イラクとは何か？　独裁者に支配された産油国だが、その害毒を及ぼす力は地域的なものにすぎない。クウェート侵略をめぐる情勢は謎に満ちており、アメリカ合衆国がクウェート併合はアメリカの立場からすれば受け入れ得ると漏らして、サダム・フセインをわざと過ちへと誘い込んだのかどうか、われわれとしては知る由もない。その問題は副次的なものにすぎない。確実なことは、クウェート解放は一つの可能な道を確定したということである。すなわちアメリカの強さを「立証する」ために、「ならず者国家」という、悪行と同時にサイズの小ささも示す表現で名指しされた、軍事的には取るに足らない国を相手に、最大限の紛争を始めるという道である。敵は弱くなくてはならない。ヴェトナムも相変わらず共産主義国であるが、アメリカ合衆国にとって現実の軍事的能力というものの象徴である――それも当然だが――この国は、そっとしておかれるということは注目に値する。イラクの脅威が膨張した――何と世界第四の軍隊とさえ言われたものだ――のは、世界にとって実在しない脅威が演出されるようになる端緒に他ならなかったということになるだろう。

九・一一の同時多発テロの結果勃発したアフガニスタン戦争はこの道を確証することとなった。またしてもアメリカの指導者たちは自らが予想しなかった紛争に飛び込んで行ったわけだが、その紛争は彼らの中心的技法をさらに強固にしたのである。それは取るに足らない敵をゆっくりと粉砕することによって、世界の中でのアメリカの必要性を証明するという、「演劇的小規模軍事行動主義」とでも名付けることのできる技法である。アフガニスタンの場合には証明は不完全なものでしかなかった。有効な対空防御体制、さらには核抑止力を持たない国は、いかなる国といえども、空から飛来する恐怖に情け容赦なく曝されるということを、実際上、世界中に示唆しはした。しかし地上戦に突入することができないというアメリカ陸軍の能力不足のために、超大国の根本的無能力も改めて浮き彫りにされてしまったのである。地上ではアメリカ軍は地方軍閥の首領に依存したばかりか、とりわけロシアの誠意に依存せざるを得なかった。ロシアは現場の間近におり、ロシアのみが迅速に北部同盟に武器を調達することができたのである。いずれにせよオマル師もビンラディンも捕捉されなかった。地方軍閥の首領たちはいくばくかの不幸な下っ端を雇い主のアメリカ軍に引き渡した。これらの大した意味もない捕虜たちは、キューバのグアンタナモ基地に収監されたのである。ところがキューバの首長カストロと、イスラム原理主義の首領たちとは、鬚を蓄えるのを好むことぐらいしか共通点はない。こうして「キューバ問題」とアルカイダ問題の間に虚構のつながりが作り出された。メディア的に悪の枢軸を構築することが、アメリカの目標なのである。

イスラムへの固着

現在のアメリカ軍の世界中への配備の様を見れば、帝国もしくはその残骸——もし帝国が上昇ではなく解体の途にあると考えるならだが——の現実の構造が見えて来る。ドイツ、日本、韓国は依然として、外国に駐留するアメリカ軍部隊の最大部分の配置場所である。一九九〇年以降、新たにハンガリー、ボスニア、アフガニスタン、ウズベキスタンに基地が設置されたが、共産主義との闘いの遺産であるこの全般的方向付けが統計的に言って大転換したということはない。この過去の時代以来の公然たる敵としていまだに存続しているのは、キューバと北朝鮮だけである。この取るに足らない両国は不断に烙印を捺され続けるが、この両国に対して言葉の上の攻撃から踏み出して、何らかの軍事行動に訴えるということはなされていない。

アメリカの軍事行動の主要部分はいまや、「テロリズムとの闘い」の名においてイスラム圏に集中している。この「テロリズムとの闘い」というのは、「演劇的小規模軍事行動主義」の最新の公的な文言化に他ならない。イスラムという宗教――それは同時に一つの地域でもあるが――にアメリカが勢力を集中するこの固着現象の理由は何か、それは三つの要因によって説明することができる。そのそれぞれはアメリカが帝国たるために不足を来している資源――イデオロギー的、経済的、軍事的――のどれかに対応する。


――イデオロギー的普遍主義の後退のために、イスラム圏の女性の身分の問題に関して、新たな不寛容が生まれる。

――経済的有効性の下落によって、アラブの石油への強迫観念が生じる。

――アメリカ合衆国の軍事的不十分のゆえに、軍事的領域では極端に弱体なイスラム圏が優先的標的となる。

アングロ・サクソンのフェミニズムとアラブ世界への軽蔑

世界の多様性に対してますます不寛容になって行くアメリカは、自然発生的にアラブ世界を敵として特定する。この場合、対立は本能的で原初的で人類学的である。ハンチントンがイスラム圏を西欧圏に対して外なるものと確定するのに用いた宗教的対立よりもはるかに深い根源を有しているのである。風俗慣習を研究するのに慣れた人類学者に言わせれば、アングロ・サクソン・システムとアラブ・システムとは、絶対的対比関係にあるのだ。

アメリカの家族は核家族で、個人主義的であり、女性に高い地位を保証する。アラブの家族は父系の拡大家族であり、女性を最大限の依存の立場に置く。いとこ同士の結婚はアングロ・サクソン圏ではタブーだが、アラブ圏では優先される。アメリカのフェミニズムは年を経るにつれて、ますますドグマ的かつ攻撃的になっており、世界の実際上の多様性に対するアメリカの寛容は、絶えず低下し続けている。それゆえアメリカは、アラブ世界との、あるいはより一般的にイスラム圏の中でアラブ圏と類似の家族構造を持つ部分、要するにアラブ・イスラム圏と呼ぶことのできる世界との紛争を起こすよう、ある意味でプログラム化されているのである。このように定義されるアラブ・イスラム圏には、パキスタンとイランは含まれ、トルコも部分的に含まれるが、インドネシアとマレーシア、それにアフリカ大陸のインド洋沿岸地域のイスラム化された諸民族——女性の地位が高い——は含まれない。

アメリカとアラブ・イスラム圏の衝突はそれゆえ、人類学的対立、本来的に証明不可能な価値と価値の間の理性では割り切れない対決という心地よからざる様相を呈する。このような側面が国際関係全体の構造を形作る要因となるということには、何かしら無気味なものがある。この文化的対立は九・一一以降、何やらグローバル化された通俗軽演劇といった類の、演劇的で道化的な色合いを帯びた。片や、去勢コンプレックスを植え付けるタイプの女性が君臨する国、アメリカ。その前大統領は、女性研修生と同衾しなかったことを立証するために査問委員会に出頭しなくてはならなかった。対するにこなた、一夫多妻のテロリストで、異母兄弟姉妹を数多抱えるビンラディン。これはまさに消え去りつつある世界のカリカチュアに他ならない。イスラム世界は、風俗慣習の面で進化するのにアメリカの助言など必要としていないのである。

現在、出産率の低下はイスラム圏の主要部分の特徴となっているが、このこと自体が女性の地位の向上を前提とするものである。その理由は先ず第一に、それは女性の識字水準の上昇を必要とするということであり、次いでイランのように、女性一人に対して子供二・一という出産率に達した国は、複数の男子を持つことを諦め、事実上父系的伝統と絶縁した家族を大量に抱えることにならざるを得ないということである。[5] いとこ婚についてのアンケートを継続的に行なっている数少ない国の一つであるエジプトでは、いとこ婚の比率は一九九二年の二五％から二〇〇〇年には二二％へと減少していることが観察されている。[6]

アフガニスタン戦争をきっかけとして、アフガン女性の地位をめぐって風俗慣習の改革を要求する文化戦争の言説が、ヨーロッパ大陸では多少、アングロ・サクソン世界では大量に出現した。ほとんどアメリカのB52爆撃機は、イスラムの女性蔑視を爆撃していると言わんばかりの報道がなされた。このような西欧の要求は滑稽である。風俗慣習の変化は現に進行中なのだが、それはゆっくり進む過程であって、現代的な無差別的に行なわれる戦争は、そうした過程にブレーキをかけることにしかならない。そのような戦争は、現に女権擁護的な西欧文明を、疑問の余地なき軍事的獰猛さと結び付ける結果となり、まわりまわってアフガン戦士の超雄性化したエトスに何やら高貴さを付与するような馬鹿げた結果になりかねないからである。

アングロ・サクソン世界とアラブ・イスラム世界との対立は根深い。アフガン女性に関するブッシュ夫人とブレア夫人のフェミニズム的態度表明もさることながら、もっと始末に負えないことは、アングロ・サクソンの社会人類学ないし文化人類学が退化の兆しをいくつか示していることである。エヴァンズ＝プリチャードやメイヤー・フォーテスに典型的に見られた、異なるシステムの中で生きる人々を理解しようとする努力は蔭をひそめ、無知無学な婦人参政権論者まがいの女性たちによる、ニューギニアでの男性支配に対する告発とか、タンザニアの沿岸部やモザンビークの母系システム――もっともその住民の多数はイスラム教徒だが――に対するあからさまな讃嘆といったものが横行している。科学が点数を付けて、良いとか悪いとか判定し始めているのだから、政府と軍隊の側に冷静さを期待できるわけはないではないか。

先に見た通り、「普遍主義」は寛容の同義語ではない。例えばフランス人が、アラブ女性の地位が自分たちの風俗慣習システムと衝突するがゆえに、マグレブ出身の移民に敵意を抱くということも全くあり得ることである。しかしその反応は直観的で、いかなるイデオロギー的形式化を伴うこともなく、アラブの人類学的システムに対するいかなる包括的な判定を伴うこともない。普遍主義はそもそも差異を気に掛けないのであり、何らかのシステムを明示的に告発するという態度を導き出すことはないのである。それに対して「テロリズムとの闘い」は、アフガン（アラブ）の人類学的システムに対する決定的・最終的な判定を下すきっかけとなった。そのような判定は平等主義的な先験的確信とは相容れないのである。

したがってここでわれわれが目にしているのは、単なる逸話の集成ではなく、アングロ・サクソン世界における普遍主義の後退の結果に他ならない。それはアメリカから国際関係についての正しいヴィジョンを奪い、アメリカがイスラム世界を正当に——つまり戦略的観点からして効果的に——扱うことを不可能にしているのである。

経済的依存と石油への強迫観念

アメリカ合衆国の石油政策は当然アラブ圏に集中しているが、それはアメリカの世界に対する新たな経済的関係の結果である。石油の発見と生産と利用の歴史をリードして来たアメリカは、最近三〇年で石油の大量輸入国となってしまった。ヨーロッパと日本の石油生産は僅少ないし皆無であるのだから、この両者と比較するなら、石油についてアメリカが正常になったということになる。

一九七三年にアメリカ合衆国は石油を日に九二〇〇万バレル生産し、三二〇〇万バレル輸入していた。一九九九年には生産は五九〇〇万バレルに減少し、輸入は八六〇〇万バレルに増加した。(7) 現在の採掘速度が続けば、アメリカの石油埋蔵量は二〇一〇年には枯渇するだろう。アメリカの石油への強迫観念も理解できるし、何ならブッシュ政府の中に「石油関係者」が多すぎることも理解できる。とはいえアメリカ合衆国の石油に対する固着は、純粋に理性に基づいたものとも、有効な帝国的戦略を背負っているとも考えられないのである。それにはいくつかの理由がある。

先ず第一に石油という主題系は、アメリカ経済の輸入に対する全般的依存の水準を考慮に入れるなら、いまや本質的というよりはむしろ象徴的なものとなっている。アメリカが石油をたらふく詰め込まれるが、商品の供給は受けられないとなれば、アメリカの消費は石油が不足した場合と同じように低下するだろう。石油の輸入は、すでに見た通り、アメリカの貿易収支の赤字の、無視は出来ないが副次的な一部分にすぎない。二〇〇〇年には赤字四五〇〇億ドルに対して、石油についての赤字は八〇〇億ドルである。実はアメリカは、石油に限らずどんな製品について封鎖されても破綻する。したがって石油という主題系が中心的であるのは、経済的合理性からは説明がつかないのである。

石油供給の不足への懸念が中東への固着の理由になるということは、とりわけあり得ないであろう。アメリカにエネルギーを供給する国は、あまり偏らずに地球全体に分布している。アラブ圏は世界の石油生産と、とりわけ埋蔵量の所有において卓越した位置を占めるが、いささかもアメリカ合衆国の死活を握っているわけではない。アメリカの石油輸入の半ばは、アメリカ合衆国にとって軍事的に確実な新世界から、すなわち主にメキシコ、カナダ、ベネズエラから入って来る。これら諸国からの輸入量とアメリカ国内の生産とを合わせると、アメリカ合衆国の消費量の七〇%は、モンロー宣言で定義された近隣西半球から来ていることになる。

現実に中東に依存しているヨーロッパや日本と比較してみると、アメリカ合衆国の石油に関する安全性はかなりに高いということになる。とくにペルシャ湾諸国はアメリカの石油消費の一八％を供給するにすぎない。中東での軍事的プレゼンス、海空軍ないし、特にサウジアラビアでの地上軍の駐留、イランを包囲する外交攻勢、イラクに対する度重なる攻撃、こうしたものは確かに石油戦略の一環を成すものには違いない。しかしそうやって統制しようとしているエネルギーは、アメリカ合衆国そのもののエネルギーではなく、世界全体のエネルギー、より特殊的には米欧日三極構造のうちの工業の生産性が高く、貿易収支が黒字の、ヨーロッパと日本という二極のエネルギーなのである。ここにおいてはアメリカの行動は実際上、帝国的行動の様相を呈すると言えなくもない。つまり必ずしも安心して見ていられる行動というわけではないのである。

現段階ではイランとイラクは多数の人口を擁し、今後はサウジアラビアさえも多数の人口を擁することになるので、これら三ヶ国は石油を売らなければ国が立ち行かなくなってしまう。したがってヨーロッパ人と日本人は、この三国の行動の自由について何ら懸念する理由を持たない。アメリカ合衆国は同盟国の石油供給の安全を保障すると称するが、実のところは、ヨーロッパと日本に必要なエネルギー資源を統制することによって、この両国に有意的圧力を加える可能性を保持できると考えているのである。

いまここで私が喚起したのは、いくつかの数字と地図のみに安易に頼る古いタイプの戦略家、言わばラムズフェルドの原型のごとき人間の夢想である。実際はアメリカ合衆国はイランとイラクの統制権を失った。サウジアラビアはアメリカ合衆国の手から逃れつつあり、第一次対イラク戦争に続いて

表9　2001年のアメリカの石油輸入元（単位：100万バレル）

アルジェリア	3	コンゴ（キンシャサ）	5
サウジ・アラビア	585	インドネシア	15
エジプト	2.5	マレーシア	5
アラブ首長国連邦	5	ナイジェリア	309
イラク	285		
イラン	0	オランダ領アンチル諸島	6
クウェート	88	カナダ	485
オマーン	6	エクアドル	43
カタール	0	メキシコ	498
		ペルー	2.5
アンゴラ	122	トリニダート・トバゴ	19
ブルネイ	2	ベネズエラ	520
中国	5		
コンゴ（ブラザヴィル）	16	それ以外	453
総計			**3475**

出典）http://www.census.gov/foreign-trade

サウジアラビアに恒久的基地を設置したのは、この地域の統制権を完全に失わないための最後の企てとしか考えられない。このような退潮が基底的な戦略傾向である。アメリカ合衆国からは遠隔の地であるから、当該地域諸国の支持がなければ、いかなる海空の軍団を以てしてもいつまでも軍事的優越を維持し続けることはできない。サウジアラビアとトルコの基地は、専門家から見ればアメリカの空母より重要なのである。

イスラム圏への固着はそれゆえ、帝国の拡大力ではなく、はるかに閉め出されることへの恐れを思わせる。アメリカ合衆国の力の強さではなく、その不安を暴き出すのである。先ず第一に経済的依存への恐怖。経済的依存はいまや全般的となり、エネルギー不足はそのシンボルにすぎない。次に巡り巡って、三極構造の中の生産性のある、日欧二つの保護領の統制権を失うという恐怖である。

短期的解決法——弱者を攻める

少ない出費でアメリカ合衆国の「戦略的遍在」を具体的に示すことを現実の目標とする、アメリカの演劇的軍事行動主義の最適な標的ならびに口実としてイスラム圏を選ぶについては、アメリカ合衆国の側からするあらゆる目に見えるモチヴェーション——アラブ女性の地位の低さに対する憤りとか、石油の重要性といった——のさらに奥に、全く単純にアラブ圏の弱さという理由もある。アラブ圏は本質的に生けにえの小羊なのだ。ハンチントンはイスラム文明は中心的支配国家、彼の用語で言うところの「コア国家」を持たないと記している。彼がそれを遺憾としているのか満足しているのかは、よく分からないのだが。実際、アラブ・イスラム圏には人口と産業と軍事力で突出した強国は一つも存在しない。エジプトもサウジアラビアもパキスタンもイラクもイランも、物質的・人的な真の抵抗手段を持っていないのである。さらに言えば、イスラエルはアラブ諸国の現在の軍事的無能力の証明を何度も何度も行なった。アラブ諸国の発展水準と国家的編成は当分の間、有効な軍事装置の出現を可能にするとは思えないのである。

したがってこの地域はアメリカ合衆国にとって理想的な示威作戦の場であり、アメリカ合衆国はそこでヴィデオ・ゲームの容易さを思わせる容易さで易々と「勝利」を収めることができる。ヴェトナムでの敗北を完全に内面化したアメリカの軍事的エスタブリッシュメントは、自国の部隊の地上での無能力を承知しており、アメリカ合衆国にとって唯一可能な戦争のタイプは、対空防御を持たない弱い敵に対する戦争だけだと、機会ある毎に思い出させることを忘れない。例えばある将軍などはアフガニスタンとヴェトナムを言い間違えたし、地上軍を投入することには明らかに恐怖を抱いているのだ。弱い敵を標的とし、彼我の戦力の不均衡を選ぶというのが、アメリカ軍にとって、差異主義と結び付いた軍事的伝統、インディアン戦争の伝統の再発見であるのは、疑いの余地もない。

アメリカ合衆国のアラブ敵視の方針は、安易な解決法である。それはいくつもの客観的なパラメーターの結果であり、アメリカが帝国的行動の振りをしなくてはならないということの結果であるが、かと言って、アメリカ帝国の可能性を長期的に最適化するために中心的に熟考された選択の結果というわけでもない。全く逆なのだ。アメリカ合衆国の指導者たちは常に、自然に下に流れて行くような路線に身を任せるのである。最も即時的に容易な行動、経済的ないし軍事的投資、場合によっては概念の投資さえも最も少なくて済むような行動が、その都度採られるわけである。アラブ人は軍事的に弱体で石油を持っているがゆえに、また石油神話は本質的なこと、すなわちアメリカ合衆国のあらゆる商品の供給に関する包括的依存という事態を忘れさせることができるがゆえに、アラブ人は叩かれる。またアメリカ合衆国の国内政治の駆け引きにおいては有効なアラブ・ロビーが存在しないがゆえに、普遍主義的・平等主義的に物事を考えることが出来なくなったがゆえに、アラブ人は叩かれるのである。

現に起っていることが何なのかを理解しようとするなら、アメリカは理性的に思考され、系統的に適用される何らかの包括的プランによって行動しているというモデルを完全に斥けなければならない。アメリカの対外政策の流れというものは存在する。それはどこかに至るはずのものだが、川の流れのようなものなのだ。どんなところであれ最も自然に下に流れて行くような路線を採れば、下に下って行くことになり、せせらぎが合流し、川が合流し、やがては大河となって海や大洋に流れ込むことになるのに決まっている。だから全体はどこかに行き着く。がしかし、その過程はいかなる思考もいかなる自制心もないままに進むのである。アメリカはこのようにして己の進む道を決めている。確かに超大国かも知れないが、あまりにも広大で、多様性ゆえにアメリカにとっては力が強すぎる世界を制圧するには無力なのだ。容易であるがゆえに選ばれた選択の一つ一つが、いくつもの領分で却って困難を倍加する結果になっている。それらの領分においては、本当に行動が必要だったのだ。しばらくの間は物事の流れに逆らって進み、水路のメタファーを再び用いるなら、最も自然に下に流れて行くような路線を拒否して、数百メートルは徒歩で流れを遡ることも辞さない、という態度をとるべきだったのである。要するに工業を再建すること、同盟国の利益も考慮に入れてやって、彼らの本物の忠誠に報いてやること、紛れもない戦略的敵対者であるロシアをちまちまといびるだけで満足せず、強力に対決すること、もしくはイスラエルに公正な講和を呑ませることが、必要だったのである。

ペルシャ湾でのアメリカのジェスチャー、イラクへの攻撃、北朝鮮への威嚇、中国に対する挑発、こうしたことはいずれも演劇的小規模軍事行動主義というアメリカの戦略の一環を成す。それは一時はメディアを楽しませ、同盟国の指導者たちの目を眩ませる。しかしそれらのジェスチャーはアメリカの現実主義的戦略の主要な軸からは外れている。米欧日の三極の中のヨーロッパと日本という工業生産の二極に対するアメリカ合衆国の統制権を維持し、思い遣りのある態度で接して中国とイランを中立化する、そして唯一の現実上の軍事的対抗者ロシアを打ち砕く、というのが現実主義的な戦略のはずなのである。本書の最後の二章において私は、ロシアの均衡回復とヨーロッパと日本の自律性獲得の傾向とが、いかにしてアメリカのリーダーシップの中期的な崩壊をもたらすことになるかを、示す積りである。さらにはアメリカが小規模軍事行動主義的にちょこまかと動き回ることが、いかにしてヨーロッパ、ロシア、日本という主要な戦略的行為者たちの相互の接近を助長するかも、示すことになろう。これはまさしく、もし世界に君臨したいのならアメリカが阻止しなければならない事態である。ブレジンスキーの夢の背後に隠れている悪夢は、実現しようとしている。すなわち、ユーラシアはアメリカ合衆国抜きでの均衡を求めている、という悪夢が。

第7章　ロシアの回復

アメリカ合衆国は、ロシアに屈従を要求したり、瀕死の病人を扱うような親切を装ったり、時にはその両方の態度を組み合わせたりして、まるでかつての戦略上の敵対者はもうものの数ではないとでもいうように振る舞い続けているが、ロシアの止めをさす、とまでは高望みしないまでも、せめてロシアを孤立させるための企てに挫折しつつある。二〇〇二年五月、ジョージ・ブッシュはヨーロッパ歴訪の旅を行なった際に、ロシアとの協力について語った。まさにその時、アメリカ兵はカフカスのグルジアに駐留を開始しつつあった。大抵の場合ワシントン政府は、NATOを拡大しても構わないとか、アメリカの宇宙の盾〔本土ミサイル防衛〕はモスクワの同意なしでも建設に入ることができるとかいうことを、世界に向けて証明するのに、明らかに大喜びしている。しかしロシアは存在しないと主張するのは、現実を否定することである。ロシアの積極的助力がなかったなら、アメリカ軍はアフガニスタンに足を踏み入れることができなかっただろう。しかし演劇的小規模軍事行動主義は、このような尊大な態度を必要とする。帝国を装わなければならないのだ。アメリカが戦術的にロシアに依存している時は、なおさら荒々しく帝国の振りをしなければならないのである。

ロシア問題に対してアメリカの戦略は二つの目標を持っていた。そのうち一つはもはや達成不可能であり、二つ目もますます到達が難しくなっているように見える。

第一の目標とは、ロシアの解体である。それはカフカスの独立運動への刺激と、中央アジアへのアメリカの軍事的プレゼンスによって加速化することができた。そうした力の誇示は、ロシア連邦内各地方の中央より離反しようとする傾向を助長するはずだった。こうした離反傾向は、ロシア民族の居住する地方にさえも見られたのである。ところがそう考えたのはロシアの民族的結束に対する重大な過小評価に他ならなかった。

第二の目標は、冷戦から受け継いだ対立構造を出来るだけ長く保持して、アメリカ合衆国とロシアの間にある程度の緊張を維持することによって、ヨーロッパとロシアの接近を――ユーラシアの西の部分の再統一――を阻止することであった。しかしアメリカの中東政策が混乱と不安を生み出した結果、逆にロシアが国際的な駆け引きの舞台に再び登場するための最適な条件が作り出されてしまった。この状況をウラジーミル・プーチンは即座に利用した。彼は二〇〇一年九月二五日にドイツ連邦議会で行なった、その大部分がドイツ語でなされた感銘深い演説の中で、西欧に対して真の冷戦の終結を提唱した。しかしいかなる西欧にか？　戦略上の幻想の国であるアフガニスタンにおけるアメリカ合衆国の小規模軍事行動的でメディア的な作戦を短期的に手助けするというのは、ロシア人にとって物事の表面にすぎない。本質的な部分とは、世界第一の工業大国であるヨーロッパに接近することなのである。輸出入の量を計ってみれば、ロシアとアメリカ合衆国とヨーロッパの間に形を取りつつある微妙な三角関係に、現実に何が懸けられているのかを突き止めることができる。

二〇〇一年にロシアとアメリカ合衆国の貿易量は一〇〇億ユーロ、それに対してロシアとEUのそれは七五〇億ユーロで、実に七・五倍である。ロシアはアメリカ合衆国抜きでもやって行けるが、ヨーロッパなしでは立ち行かない。ロシアは暗にヨーロッパに、軍事面でのアメリカの影響に対抗する押さえとなることと、己のエネルギー供給の安全保障を確保することを申し出ているのである。気をそそる取引である。

ブレジンスキーの著書はまことに知的な書物であるが、そのタイトルのチェスボードというメタファーには、フロイト的な意味での曰く言いがたい失錯行為、何やらヘマをやらかす予感のごときものがある。チェスはロシアの国技なのだから、ロシア人とチェスをやってはいけないのだ。彼らは敵が期待している誤りを仕出かさないよう知的訓練を十分に積んでいる。いまの場合で言えば、グルジアやウズベキスタンでの現実の戦略的実体のない挑発に、愚かに反応するという誤りである。交換も拒否し、奪取も拒否し、敵が提案するマイナーな局地的対決も拒否する、というのはチェスのイロハなのだ。とりわけこちらが劣勢にある時は。もしかしたら将来、外交の教科書の中には「プーチン流の防衛」が取り上げられるかも知れない。そして、勢力の低下という状況の中でいかにして同盟関係の逆転を勝ち取るかというような形で、その理論的定式化がなされることだろう。

とはいえ各国政府の計算と意識的選択の重要性を大げさに言い募るのはやめにしよう。世界の均衡は基本的には、ブッシュ二世とそのスタッフの行動にも、プーチンの政治的英知にも依存しない。本質的に重要なのは、ロシア社会に活発な力があるのかないのかという、重い要因なのである。ところがロシアはどうやら、共産主義からの脱却に由来する一〇年に及ぶ混乱から浮上し、大国の勢力均衡の安定した信頼できる行為者という本来の姿を取り戻しつつあるらしい。とはいえその状況は理想化してはならない。

ロシアの危機の人口学的パラメーター

ロシア社会は全面的に識字化されており、中等及び高等教育はかなり進んでいる。しかしロシアは依然として貧しく、極めて暴力的であり続けてもいる。この社会は九〇年代の終わり頃には、殺人率が極めて高く、同時に自殺率も極端に高いという、おそらくは世界でも希な社会の一つであった。殺人率は人口一〇万人に対して二三、自殺率は人口一〇万人に対して三五で、世界でも最も高い率を示している。

データが入手できる範囲で、ロシア社会の個人的暴力の水準より高い水準を示す国は、コロンビアだけである。コロンビア社会の無政府状態の水準は、狂気沙汰と形容することができる。もっともこうした狂気の一部はコロンビア革命軍の擬革命主義的饒舌によって表現されているのではあるが。ロシアの男性の平均寿命が極めて短いのは、大部分は自殺と殺人によって説明が付く。それはすでにソヴィエト時代末期には短く、一九八九年には六四歳だったが、一九九四年には五七歳という最低点に

表 10
ロシアの乳児死亡率と男性平均寿命

	乳児死亡率	平均寿命（男）
1965	27.0	64.6
1966	25.6	64.3
1967	25.6	64.2
1968	25.5	63.9
1969	24.4	63.9
1970	22.9	63.5
1971	21.0	63.2
1972	21.6	63.2
1973	22.2	63.2
1974	22.6	63.2
1975	23.6	62.8
1976	24.8	62.3
1977	21.4	62.0
1978	23.5	61.8
1979	22.6	61.7
1980	22.0	61.5
1981	21.5	61.5
1982	20.2	62.0
1983	19.8	62.3
1984	21.1	62.0
1985	20.8	62.3
1986	19.1	63.8
1987	19.4	65.0
1988	19.1	64.8
1989	18.1	64.2
1990	17.6	63.8
1991	18.1	63.5
1992	18.4	62.0
1993	20.3	58.9
1994	18.6	57.3
1995	18.2	58.2
1996	17.5	59.7
1997	17.2	60.9
1998	16.5	61.3
1999	16.9	59.9

出典）　基礎データは *Statistiques démographiques des pays industriels*〔工業国人口統計〕Alain Monnier, Catherine de Guibert-Lantoine, INED〔国立人口統計学研究所〕による。

達した。その後やや持ち直し一九九八年には六一歳になったが、一九九九年には再びわずかに低下して六〇歳となっている。

乳児死亡率の動きを見ると、共産主義以後の時代の劇的な情勢を辿ることができる。一九九〇年に一〇〇〇人に対して一七・六であった乳児死亡率は、一九九三年には二〇・三に達する。その後再び低下して一九九八年には一六・五になるが、一九九九年にはほんの僅かながら上昇して一六・九になっている。しかしロシア連邦の領土は異種混合的であるため、現段階でこの最近の低下がロシアの中核部にとって統計的に有意的であるとは考えにくい。とはいえこの最近二年の率は、先進国圏の尺度で言えば何ら輝かしいものではないけれども、ロシアの全歴史を通じて記録された最低の率ではある。

最も気掛かりで、その意味するところが明白な人口学的パラメーターは、出産率の下落である。現況指数によると、女性一人に対する子供の数はロシアでは二〇〇一年に一・二にすぎなかった。ベラルーシでは同じ水準で、ウクライナではさらに低く一・一だった。この出産率では、一見したところと逆に、ソヴィエト圏に特有の文化が持続しているかどうかを突き止めることが出来ない。なぜならこの極めて低い率は、中欧および南欧の率に近いからである。スペインの出産率は一・二、イタリアとドイツとギリシャのそれは一・三である。

死亡率の高さを考えると、このようなロシアの出生率の低さは人口の大規模な減少をもたらすはずである。それは憂慮すべき中期的人口予測が示すところであり、ロシアは二〇〇一年に人口一億四四〇〇万から、二〇二五年には一億三七〇〇万になるという。ウクライナは四九〇〇万から四五〇〇万に減少するとのことである。この予測はもちろん、全く不利な社会・経済的条件がこのまま続くことを前提にしている。ところがこの分野で状況は変って来ている。より明確に言えば反転しつつあるのである。

経済の回復と国家の復帰

一九九九年よりロシアの経済は再び順調に進み出す。国民総生産の減少が続いていた（一九九八年にもまだマイナス四・九％だった）が、ついに回復に転じたのである。一九九九年、二〇〇一年にはそれぞれ五・五％、八・三％、五・五％の増加を記録した。この成長は石油と天然ガスの輸出だけの結果ではない。この二品目はいかなる情勢にあってもロシア経済の強みであったが。一九九九年と二〇〇〇年の工業の成長は一一％から一二％と見積もられている。特に機械製造、化学、石油化学、製紙において成長は著しいが、軽工業も実質的な堅調を見せている。ロシアは経済面では混迷の時代を抜け出しつつあるようである。もはや破滅の一途を辿る国とは考えられない。通貨の使用停止――物々交換経済への移行――の過程は阻止され、いまや逆に再通貨経済化が進みつつある。この蒸発してしまうかと思われた国家も、社会生活の自律的な行為主体として再び浮上しつつある。この現象を測定する最も単純にして基本的な方法は、国民の富の一部を徴収する能力が回復したかどうかであるが、国家の歳入は国民総生産に対する比率で、一九九八年には八・九％、一九九九年には一二・六％、二〇〇〇年には一六・〇％と増加して来ている。国家予算は二〇〇〇年にはＧＮＰの二・三％の黒字を出している。(1)

この国家の再出現は、ロシア社会内部の均衡にとっては不可欠であるが、国際的には二つの結果をもたらした。ロシアは再び信頼できるパートナーとして振る舞うことができるようになった。対外債務の利払いを履行するのが困難ではなくなったからである。その上、アメリカ合衆国の曖昧で攻撃的な行動様式に直面したため、ロシアは最小限の軍事能力の再建に着手することができた。ＧＮＰに対する国防費の割合は、一九九八年にはわずか一・七％であったのが、一九九九年には二・四％、二〇〇〇年には二・七％と増加している。ロシアがすべての問題を解決した、少なくとも最も重要な問題は解決した、と言い切るのは全く軽卒と言わざるを得ないだろうが、プーチンの時代はロシアの社会生活の安定化と経済問題の解決の始まりの時代であることは明らかである。

一九九〇年から一九九七年までの間、アメリカ人顧問の助けを借りて推進された経済自由化の乱暴な企ては、いたずらに混乱を引き起こしただけで、国を破綻に瀕させるに至った。この点については、ロシアの移行期間に起った社会・経済的無政府状態の原因は、大幅に国家の崩壊に求められるべきだと考えるギルピンの診断(2)を受け入れることができる。中国はこのような破綻を引き起こさないように、経済の自由化の過程の核心に権威主義的国家を維持したのである。

ロシアにおける民主主義の問題

経済の活力の問題のみが、ロシアの将来に関して提起される問題であるわけではない。政治体制の行く末というのがもう一つの基本的未知数であって、いまのところ政治体制は民主主義的にして自由主義的なものとなると断言できる者はだれ一人いない。西欧の報道は、新聞もテレビ・ラジオも、ウラジーミル・プーチンの国ではメディアに関して本物の正常化が現在進行しているのだと、毎日毎日繰り返し断言している。テレビと新聞は次々に権力に同調させられていると報じられる。それでも西欧のメディアは時として、それは一九九〇年から二〇〇〇年までの擬自由主義的無政府状態から生まれた寡頭支配集団の勢力を打破することであって、報道の自由を抹殺することではないと認めている。いずれにせよそれほど遠くない過去において、フランスでは国家はテレビの独占権を有していた。それは疑義を呈され、やがては打破される運命にあった。しかし良識のある人士なら、当時のド・ゴール政権下のフランスを全体主義への道を辿りつつある国と記述する者は一人もいなかっただろう。

ロシアには普通選挙で選ばれた強力な大統領がおり、権力はやや劣るが、同じく普通選挙で選ばれた議会がある。複数の政党も存在し、アメリカでのように大企業に資金を提供されているわけではなく、フランスでのように国家から資金を提供されている。主要な勢力としては、共産党、政府与党の中道派、そして自由主義的右派の三つの勢力がある。日本の民主制と同様にロシアの民主制は、アングロ・サクソン型ないしフランス型の政権交替を伴う民主制という古典的な形態を採らなかった。もしこのシステムが安定化するなら、それは共同体的な人類学的基底への民主制の適応の一つの可能な形態を呈示すると言うことができるだろう。

ロシアの民主制は確かに中央政府によって再び掌握される局面を経つつある。一九九〇年から二〇〇〇年まで無政府状態が続いた後には、それは必要なのだ。プーチン政府はロシア連邦の国境地帯、チェチェンで汚い戦争をしている。その遣り口を告発するのは正当である。しかしまた連邦の領域内には無数の民族的少数派が居住することを考えれば、ロシア国家がチェチェンを従わせることを禁ずるということは、ロシアが最終的には解体することを要求することに他ならない。最近一〇年間におけるカフカスでのＣＩＡの直接介入、グルジアへのアメリカ軍事顧問団の投入、こうしたことがあるため、チェチェン紛争は国際的な側面を持つということになる。そこで起っているのはロシアとアメリカの対決なのであって、そこで発生した人的損害の道徳的責任は、二つの大国が公平に負うべきものなのである。

ロシアに判定を下そうとするなら、より広いパースペクティヴを採用し、その日その日のコメントというものに付き物の歴史的近視眼から抜け出さなければならない。ロシアがこの一〇年間の厖大な経済的・社会的苦痛の直中で実現したものは何なのか、ということの検討に直ちに入る必要があるのである。

ロシアは、およそ人類の歴史を通じてこれまでに敷かれた最も完備した全体主義体制を自らの手で打倒した。そして東ヨーロッパの衛星国が、次いでバルト諸国とカフカスならびに中央アジアの諸共和国が独立を果すことを、暴力を用いることなしに受け入れた。ロシア人そのものが居住する国の核心部が分裂し、ベラルーシとウクライナが分離するのを受け入れた。さらに独立を目指す新国家の大部分に少数派として居住するロシア人が独立を妨害しないことを容認したのである。もちろん何ごとも理想化してはならない。ロシアは選択の余地がなかったのであり、ロシア系少数派を各国に残置したのは将来に向けた勢力温存策であることを、強調することもできよう。しかしもしそうだとすれば、無用の暴力を直ちに行使するという安易な策を採らず、遠い将来を見据えた、ロシアの指導者たちの英知と自制心には讃嘆の念を禁じ得ない。ほんの一〇年前まで超大国であったロシアは、あらゆる撤退を受け入れたのである。それはミロセヴィッチ政権下のセルビアが拒絶したものであった。そうすることによってロシアは、己が計算と責任の能力を有する、非常に大きな国であることを証明したのである。われわれはスターリニズムの恐怖にも拘らず、いずれは歴史へのこの国の貢献を認める必要があるだろう。この貢献の中には、ゴーゴリ、トルストイ、ドストエフスキー、チェーホフ、ツルゲーネフ、その他大勢の作家を擁する、世界でも最も普遍的な文学の一つというものも含まれる。過去に遡った共産主義の告発のみが、ロシアの歴史の記述内容となるわけではない。

ロシアの普遍主義

ロシアが現在の世界にもたらすことのできるプラスの要素は何であるのかを評価するためには、先ず第一にロシアが過去の世界にあれほど強い影響力を発揮したのはなぜなのかを、理解しなければならない。共産主義はロシアが発明した隷属の教義と実践であるが、ロシア帝国の外で労働者、農民、教師たちの心をそそり、共産主義への願いを全世界的な力に押し上げることになった。共産主義の成功は主に、世界の中のかなりの部分、とりわけユーラシア中央部に、共産主義イデオロギーが自然で良いものであると知覚する素質を持った、平等主義的にして権威主義的な家族構造が存在するということによって説明される。しかしロシアは一時期、これらすべてを全世界規模でまとめ上げ、イデオロギーの帝国の中核となることに成功した。それはなぜか？

ロシアは普遍主義的気質の国である。平等は、完全に対称化された遺産相続規則によって、ロシア農民の家族構造の核心に刻み込まれている。ピョートル大帝治下においてロシア貴族は、他の息子を犠牲にして長男を優遇する遺産相続規則である長子相続制を拒んでいる。フランス大革命期の識字化されたばかりのフランス農民と同様に、二十世紀の識字化されたてのロシア農民は、だれに教えられたわけでもないのに自然に人間を先験的に平等なものと感知した。共産主義は普遍的教義として確立し、世界に差し出された。世界にとって不幸なことであったとは、私も認める。しかしこのような普遍主義的な姿勢が、ロシア帝国のソヴィエト連邦への変貌を可能にしたのだ。ボルシェヴィズムはその指導部集団に、バルト人、ユダヤ人、グルジア人、アルメニア人等々、帝国内の少数派を吸い上げた。フランスと同様、ロシアは人間を平等と考えるその能力によって人々の心を引き付けたのである。

共産主義は瓦解した。かつてのソ連邦の領域を占めていた人類学的基底は、変貌しつつある。しかしゆっくりとである。もし新たに生まれつつあるロシアの民主主義が成功するのであれば、それは必ずやいくつかの特殊性を保持したものとなるであろう。国際社会の舞台において将来ロシアが採る行動はいかなるものか、もしそれを予想したいのであれば、それらの特殊性を想像してみる必要がある。自由主義化されたロシア経済は、アングロ・サクソン流の個人主義的資本主義となることは決してないであろう。それは共同体的特徴を保持し、横の協同組織的な形態を作り出すことになろうが、それがどのようなものかを決めるにはまだ早すぎる。政治制度はどうやらアメリカないしイギリス流の二大政党の政権交替モデルにそって作動することにはならないだろう。ロシアの未来の姿について思弁を巡らせようとする者は、先ずアナトール・ルロワ＝ボーリューの古典的名著、一八九七年から一八九八年に発表された『ツァーの帝国とロシア人』(3)を読むと良いだろう。そこには共産主義の勝利の二〇年から四〇年以前における共同体的感性を有する行動様式と制度・機構の網羅的な記述が見い出される。

国際政治に対する普遍主義的な取り組み方は存続するだろう。その顕著な現れは、例えばフランスがイスラエル・パレスチナ問題に「平等主義的」姿勢を示してアメリカ合衆国を苛立たせる時のフランスの本能的な反射や反応に良く似た反射や反応であるだろう。ロシア人はアメリカ人と違って、人間たる資格を持った人間とそれ以外、つまりインディアン、黒人、ないしアラブ人とを隔てる境界という先験的確信を念頭に抱いてはいない。それにロシア人は十七世紀に始まるシベリア征服以来、そのインディアンたち――バシュキール、オスチア、マリ、サモイエード、ブリアート、ツングース、ヤクート、ユーカギール、チュクチュ――を絶滅させることはなかった。それらの民族が生き残っているということが、ロシア連邦の複合的構造の説明となるのである。

ロシアの普遍主義的気質がこのところ国際政治から姿を消しているのは、まことに辛いところである。国際関係に平等主義的な刻印を刻み込んでいたソヴィエト勢力が消滅したことが、現在アメリカ、イスラエル、その他の差異主義的傾向が我が物顔に横行していることの一因とさえ考えられる。フランスの奏でるささやかな普遍主義的な楽の音は、ロシアの勢力がないところでは重みを持たない。国際的力関係の場へのロシアの復帰は、国連にとっても他ならぬ切り札となり得る。ロシアが無政府状態か権威主義に陥ることにならなければ、この国は、諸国民の間の関係についての平等主義的知覚を表現する、強力だが覇権的ではない国として、基本的な均衡要因となることができる。このような姿勢を採るのは、ロシアがアメリカのように、世界からの非対称的な商品、資本、ないし石油の徴収に依存することがないだけに、なおさら容易であるだろう。

戦略的自律性

人口と保険衛生の領域でいくつもの困難が存続していることを考慮すると、ロシアの再出発が新たな世界の景観を決める決定的な要素になるとまでは考えられない。とはいえ仮定は最後まで押し進め、均衡と成長の可能性とを回復したロシア経済の独自の切り札はいかなるものかを検討する必要はある。となると直ちに次のような確認が成立する。すなわちロシアは、その労働力人口の教育水準が相対的に高いという点と、エネルギー面ではいかなる依存性も持たないという点の二つを組合わせる、全く独特の経済強国となるであろうということである。イギリスも北海の石油資源を保持するからといってイギリスと比較しようとしても、それは表面的な比較にすぎない。ロシアの石油生産、とりわけガスの生産は、エネルギーの面でロシアを世界的行為者に押し上げる底のものなのだ。それにその広大な国土は厖大な量のその他の天然資源を保証していることを忘れてはならない。依存的なアメリカ合衆国に対して、ロシアはその自然によって世界から独立したものと規定されているのである。その貿易収支は黒字である。

このような状況は人間の選択の結果ではない。しかしながらそれは社会制度を決定するに当って影響力を揮う。ロシアの広大な国土、その鉱物・エネルギー資源は、スターリンの一国社会主義という考え方を可能にした。グローバリゼーションと世界的相互依存をめぐる論争が展開する現在にあって、ロシアは、すべての最も有利な仮定を組み込んだシナリオによれば、対外収支の均衡とエネルギーに関する自律性を備えた巨大な民主制国家として浮上するかも知れないのである。このような民主制国家とは要するに、アメリカ合衆国に支配された世界にあってド・ゴールが抱いたであろう夢の具体的実現に他ならない。

ワシントンの指導者たちの熱に浮かされたような落ち着きのなさの理由の一半を、アメリカの商品、資本、石油の中期的供給について不安を抱いているからであると説明するのであれば、それと対称的に、ロシアの指導者たちの将来の心の平穏も想像することができる。制度を安定化し、チェチェン等々で国境を安定化するに至るなら、もはや何者にも依存するものではないことを、彼らは知っているのである。それどころか彼らは今でも、石油ととりわけ天然ガスの輸出という切り札を手にしている。ロシアの構造的弱点は人口の問題であるが、これから見るように、その弱点も切り札になり得る。かなり皮肉なことではあるが、これらすべての要因からして、脱共産主義化したロシアは、エネルギーで世界に依存しないがゆえに特に安心できる国となるだろう。これに対してアメリカ合衆国は、世界から富を略奪するがゆえに無気味で物騒な国なのである。

すべてのロシアの結集

とはいえロシアの最優先課題は、外国から見たロシアのイメージの問題ではなく、本来の戦略的空間の回復の問題である。その空間は厳密に言ってロシア内の空間とも外の空間とも言いがたい。旧ソ連は実に独特の構造を持っていた。それはある程度ツァーの時代から引き継いだもので、そのためその構造の方が共産主義よりはやや恒常性の程度が高いと考えられなくもない。かつてはロシアを中心として二つのベルト地帯が環状に伸びていた。最初のものは「スラヴ」ないし「広義のロシア」の核心部で、それは中心となるロシア〔大ロシア〕にベラルーシ〔白ロシア〕とウクライナ〔小ロシア〕を加えた「すべてのロシア」という伝統的表現が示すものであった。そして次に来るのが、カフカスから中央アジアに及ぶ、独立国家共同体の残りの部分に該当する空間である。ロシア経済の再始動は次第にこの全体に再び活気を与えることができるかも知れず、言わばかつてのロシア影響圏を再び作り出すことになるかも知れない。もちろん通常の意味での支配という語を用いることはできないとしても。

このような動向が本当にスタートしているとするなら、それは旧ソ連体制の中のロシアという核心部の経済が回復したからではあるが、同時に、西側各国の経済が資本主義の沈滞によって弱体化し、ソ連邦崩壊で一〇年間も手付かずで放置された土地を我がものとする力がなかったからでもある。ただしバルト三共和国のみはヨーロッパ圏、より具体的に言うなら、スカンディナヴィア圏につなぎ止められた。「ソ連」圏が再始動するかどうかは、ロシアが決定的に再始動したかどうかと同様、確かではない。しかしこの再始動がそれほど目覚ましいものでなくとも、ロシアを中心とした再結集は起り得るということは、今からでも見て取れる。ソ連邦の廃虚から生まれたすべての国の間には、共産主義よりはるか以前に遡る人類学的親近性が存在するのである。

この圏域に属するすべての国は例外なく共同体的家族構造を持っている。それは伝統的社会の枠内において父親と妻帯の息子たちとが同居するという構造である。その点はバルト諸国にもカフカスや中央アジアの諸民族にも当てはまる。観察できる唯一の差異は、アゼルバイジャン人、ウズベク人、キルギス人、タジク人、トルクメン人のようなイスラム化したいくつかの民族に、内婚を優先させる傾向が——時としては微弱なものだが——あるという点である。逆にカザフ人はロシア人と同様に外婚である。このような「人類学的」親近性があるからと言って、民族の存在が否定されるような事態に立ち至ることは全くあり得ない。ラトビア人、エストニア人、リトアニア人、グルジア人、アルメニア人も、イスラム系諸民族と同様に、立派に存在する。もっともオリヴィエ・ロワ〔一九四九年生、パリの国立科学研究所研究主任、アフガニスタンや中央アジア研究の権威〕が説明していることだが、共産主義の解体から生まれた国の中で中央アジアに位置する諸民族は、多くの場合、ソヴィエト化政策による政治的「捏造」の産物ではあるが。(4) しかし旧ソ連の諸民族の間には現実の文化的親近性が存在すること、特にすべての国に共同体的感性が存在することは、承知しておく必要がある。この圏域での民主主義の発達は、粗暴すぎる個人主義には抵抗するという基盤の上で進行する。こうした人類学的類縁性の存在を前提とすれば、旧ソ連圏における共産主義以後の社会の展開に関する近年の現象を説明し、未来の現象を予測することが、今からでも可能になるのである。

まず近年の現象。自由主義革命は旧ソ連システムの指導的核心部、すなわちロシアで生まれ、それほど急速にその周辺部に到達することはなかった。周辺部の諸共和国でも個人主義はロシアにおける以上に「生来のもの」であったわけではない。スラヴ系と非スラヴ系とを問わず、これらの周辺部の共和国は、独立することによって、自由主義的性格を持つこのロシアの第二革命から身を護ることができ、ロシアよりもさらに権威主義的な政体を化石のように保存することができた。

予想される現象。旧ソ連圏の周辺地帯での民主主義の将来における発展は、西欧の影響もさることながら、それ以上にロシアの圧力によって進行するだろう。西欧の影響は微弱な上に、あまり現地に適応しないのである。ロシアは共産主義からの脱却の道を模索し、自由化されながら、かつ強固な共同体的感性を踏まえることのできる政治的・経済的政体のあり方を模索している。この限定された意味において、ロシアはこの一帯にとって再びモデルとなることができるかも知れない。

旧ソ連のすべての共和国には共通の人類学的基底が存在するわけだが、この一帯全域で同じような文化的事例がいまでも容易に検出されるのはなぜかという疑問は、これによって説明することができる。例えば自殺や殺人といった暴力の分野における事例である。ロシアと同じくらい驚くべき暴力的死亡の率を提示するのは、ウクライナ、ベラルーシ、カザフスタンと、エストニア、ラトビア、リトアニアのバルト三国である。この類似は非常に強く、ロシア人が少数派として存在することだけでは完全に説明することはできない。例えばエストニアやラトビアでは、ロシア人少数派が極めて多数居住するにしてもである。国家のレベル、さらには政治の下部構造をなす心性のレベルにおいては、ソ連圏はまだ完全に解体してはいない。

独立の際、バルト三共和国は、昔から変わらないロシアとの対立なるものの歴史を大急ぎで作り出したが、人類学的分析の立場からするとそれは現実に合致しない。ロシア国家の誕生の地である北部及び中央ロシアとバルト諸国は、家族構造からしても、近代性への移行期におけるイデオロギー的熱望からしても、極めて共同体的な元からの同じ文化圏域に属している。一九一七年の憲法制定議会選挙の際のボルシェヴィキの得票地図を見ると、共産党への支持層は北部・中央ロシアよりもラトビアの方がさらに強力であったことが分かる。ソヴィエト秘密警察に対するラトビア人の貢献は、そもそもの出発点より相当なものであった。それゆえ殺人と自殺の率という、心性を表わす二つのパラメーターを通して、ロシア文化とバルト文化の近親関係が執拗に存続しているのが観察されたとしても、別に意外ではないのである。

逆にアゼルバイジャンの自殺率が極めて低いのは、イスラム国に典型的な現象である。イスラム教とそれに対応する温かく閉ざされた家族構造とは、相変わらず自己破壊に対する免疫を授けているように見える。しかし中央アジアの他のイスラム系の旧ソ連共和国の自殺率は、イスラム系の国としては「あまりにも」高すぎる。住民の半数がロシア人であるカザフスタンもそのケースに含まれる。このような逸脱は、ソ連が刻み込んだ刻印が一般に言われるより深く大きなものであったことを示唆し

表 11　世界の殺人率と自殺率（人口 10 万人に対する）

	殺人率	自殺率	合計
ロシア 1998	22.9	35.3	58.2
ベラルーシ 1999	11.1	33.5	44.6
ウクライナ 1999	12.5	28.8	41.3
エストニア 1999	16.1	33.2	49.3
ラトビア 1999	12.7	31.4	44.1
リトアニア 1999	8.0	42.0	50.0
アゼルバイジャン 1999	4.7	0.7	5.4
カザフスタン 1999	16.4	26.8	43.2
キルギスタン 1999	7.0	11.5	18.5
ウズベキスタン 1999	6.8	3.3	10.1
タジキスタン 1995	6.1	3.4	9.5
トルクメニスタン 1998	8.4	6.9	15.3
ドイツ 1998	0.9	14.2	15.1
アメリカ合衆国 1998	6.6	11.3	17.9
フィンランド 1998	2.4	23.8	26.2
フランス 1997	0.9	19.0	19.9
ハンガリー 1999	2.9	33.1	36.0
日本 1997	0.6	18.6	19.2
イギリス 1998	0.7	7.4	8.1
スウェーデン 1996	1.2	14.2	15.4
アルゼンチン 1994	4.6	6.4	11.0
コロンビア 1994	73.0	3.2	76.2
メキシコ 1995	17.2	3.2	20.4
ベネズエラ 1994	15.7	5.1	20.8

出典）　国連人口統計年鑑

ている。この事実は、ソ連崩壊後の中央アジアにおいて、識字化は完璧に達成され、出産率は低く、イスラム原理主義は有意的な勢力を有しないという事実を裏付けるものである。もしかしたらオリヴィエ・ロワはその注目に値する著作の中で、あの地域におけるロシアの文化的浸透を過小評価しているかも知れない。彼は中央アジア指導階層の共通語としてロシア語が残っていること以外は、ロシア文化の存続の痕跡を認めない。その事実にしても彼は永続的現象とは考えないのである。(5) それとは逆の、ソ連圏は潜在的に生き残っているという仮説をただの一分たりとも信ずるわけではないけれども、私がもしアメリカの戦略地政学者であったなら、この一帯に踏み込むにはもう少し慎重だっただろう。ワシントン政府がウズベキスタンに配置した一五〇〇名の兵員はものの数ではないし、故国から遠すぎる。今日のところは先鋒部隊であるかも知れないが、明日は人質になっているかも知れないのである。

ウクライナ問題

一九九〇年から一九九八年までの間、ロシアの解体は極限まで進み、民族的にはロシア人である住民のロシア国家による統制も失われるに至った。バルト諸国、カフカス、中央アジアという、多数派がロシア人でない地域の場合は、ロシアの勢力の後退は、帝国の衰退ないし脱植民地化と解釈することもできる。ベラルーシとウクライナとカザフスタンの北半分については、ロシアが伝統的な支配圏の一部を失った、ということになる。ベラルーシはこれまで自律的な国家として存在したことは一度もない。カザフスタンの北半分も同様であり、この両方の場合については、ロシア系住民への統制が失われたことは、無政府状態がソヴィエト時代に創設された国境を尊重したという逆説の結果と考えられる。ウクライナの場合は、西部にユニアト信徒〔東方教会の典礼を保持するが、ローマ教皇の首位権を認める〕のウクライナ人、中部にギリシャ正教信徒のウクライナ人、東部にロシア人という、三つの住民集団を抱え、もっと複雑である。ロシアからの決定的分離はより現実を踏まえて取り組まれることもできただろう。ハンチントンはウクライナはやがてロシアの支配下に戻るよう促されると述べているが、その点では彼はおそらくブレジンスキーより正しい。とはいえこの現象に対する彼の単純すぎる宗教的解釈は受け入れられない。ウクライナのロシアに対する依存は、極めて濃密にして微妙な歴史的恒常性の結果なのである。

ウクライナからすると、新しい物は常にロシアからやって来た。これは歴史的な不変要素なのである。ボルシェヴィキ革命が誕生したのは、ロシア、より詳しく特定するなら、ロシアのうちの歴史的に支配的な部分、すなわちモスクワとサンクトペテルブルグを結ぶ軸を中心とする広大な空間においてであった。ロシア国家が生まれたのもそこにおいてである。十六世紀から二十世紀までの近代化の波はいずれもそこから発している。九〇年代の自由主義の躍進が実行されたのもやはりその地域においてである。共産主義の打倒と今日まで続く改革の波は、モスクワで生まれ、ロシア語によって各地に伝播した。ウクライナは、ロシアから切り離されたら、改革の道を進む足取りものろのろしたものにならざるを得ない。国際通貨基金がどのような言葉の上でのイデオロギー的扇動を続けようとも、そのことに変わりはない。

ウクライナは歴史的社会学的には不明瞭で組み立ての悪い一地方にすぎず、何らかの重要な近代化現象がここから生まれたということもない。本質的にはロシアの周辺地方であり、中央から来る一連の衝動に従い、あらゆる時代を通して保守主義を特徴とする。一九一七年から一九一八年にかけては、反ボルシェヴィキにして反ユダヤ主義であり、一九九〇年以降はスターリニズムへの執着がロシアよりも強かった。西側諸国は、ウクライナが地理的に西に位置し、カトリックに近いユニアト信徒という比重の大きな宗教的少数派が存在することに騙されて、ウクライナが独立宣言したことの主たる意味は、モスクワとサンクトペテルブルグで進行していた民主主義革命から切り離されたということに他ならないということを理解しなかった。独立によって西側諸国の借款を獲得できる立場にはなったものの。とはいえウクライナの周辺部的保守主義を誇張してはならない。ウクライナも権威主義的な純粋大統領制から脱却しようと苦闘しているが、カザフスタンやウズベキスタンが抱える同種の困難に比べればものの数ではない。

とはいえブレジンスキーが提示したシナリオは馬鹿げたものではなかった。ウクライナが特殊性を主張するには、ロシアに対して文化的差異化を行なう必要は確かにあったのである。しかし独自の推進力を持たないものだから、ロシアから逃れるには、もう一つ別の勢力の支配下に入らなければならなかった。アメリカの勢力は、ロシアに対抗してバランスをとる上であまりにも遠く、あまりにも実質に欠ける。ヨーロッパは核心部にドイツを擁する現実の経済強国である。しかし軍事的・政治的な勢力の極ではない。ところがもしヨーロッパがそうした極になろうとするのなら、ウクライナを衛星国とすることは利益にならないのである。なぜならヨーロッパは、アメリカの後見から解放されるために、やがてロシアという均衡の極を必要とするからである。

ここにおいてアメリカ合衆国が、どれほどユーラシアの中央部に具体的な経済的プレゼンスを有していないかを、測定することができる。この地域ではアメリカ合衆国は己の生産の物質的内容の希薄さを言葉の力で埋め合わせることはできない。特にウクライナのような発展途上の国にとってはなおさらである。軍事関連の輸出と多少のコンピュータを別にすれば、アメリカは大して売り込む物を持っていない。ウクライナが必要とする生産財と消費財を輸出していないのである。金融資本はどうかと言えば、アメリカは逆に吸い上げる方で、日本とヨーロッパが引き出した資金を発展途上諸国から奪っているのである。せいぜいアメリカにできることとは、国際通貨基金と世界銀行の政治的・イデオロギー的統制を通して資金供給力の幻想を振りまくことであるが、ついでに言っておくと、ロシアは貿易収支の黒字のために、今後はこの二つの機構に頼る必要はないのである。

アメリカはもちろんウクライナで生産される財を消費しようと申し出ることはできる。ヨーロッパ、日本、その他から吸い上げた金《カネ》でその支払いをするわけである。しかし貿易の実態を調べてみると、とりわけウクライナがロシアとヨーロッパに依存していることと、アメリカ合衆国が埒外であることが浮き彫りになる。二〇〇〇年にウクライナは独立国家共同体から八〇億四〇〇〇万ドル分を輸入し、その他の地域から五九億一六〇〇万ドル分を輸入したが、その主要な相手はヨーロッパであった。(6) アメリカ合衆国から到来した財とサービスは、輸入総額の一・四％を占めるにすぎなかった[7]。同じ期間のウクライナの輸出額は、独立国家共同体に対して四四億九八〇〇万ドル、その他の地域に対して一〇〇億七五〇〇万ドルだが、うちアメリカ合衆国に対する分はわずかに八億七二〇〇万ドル、全体の六％であった。ウクライナは独立国家共同体からの輸入の五六％しか輸出で埋め合わせていないが、その他の地域に対しては輸出超過で、その補填率は一七〇％になる。

ここにおいてアメリカ帝国の物質的内容の希薄さが最も明瞭に浮き彫りになる。アメリカ合衆国はウクライナからの輸入の二二％しか輸出で補填していない。この過程の動態面も無視できない。アメリカ合衆国がウクライナとの貿易で赤字となったのは、一九九四年からなのである。一九九二年と一九九三年には、わずかながら黒字であった。消費はますます明瞭に、国際システムの中におけるアメリカ経済の基本的な得意分野となりつつあるのである。少なくともこれだけは言えるのだが、アメリカ合衆国はもはや第二次世界大戦終戦直後の過剰生産の状況にはない。共産主義を抜け出しつつある諸国が必要としたはずの新たなマーシャル・プランを恵み与えることが出来ないのは、そのためである。アメリカ合衆国は世界中至るところで略奪者であるが、旧ソ連圏でもやはり略奪者なのである。

ウクライナに関して確信をこめて断言出来ることは、位置関係を変えることはないだろうということである。ロシアへの再接近はどうやら確実であるが、モスクワに完全に掌握されることもあり得ないだろう。ロシアは経済が再始動するなら、再びその国土より広い領域の重心となるだろう。独立国家共同体は、ロシアのリーダーシップとその周りを二重三重に取り囲むベルト地帯の自律性とを組み合わせた、新たな現実の政治形態となるかも知れない。ベラルーシは事実上ロシアに併合されるだろうが、ウクライナは現実に自律性を保持するだろう。しかし第二のロシア、小ロシアなり新ロシアなりになるだろう。「すべてのロシア」という観念が、この圏域の当事国と国際政治の当事国の意識の中に再び浮上することだろう。カフカスの先のアルメニアは、トルコへの恐怖ゆえにロシアから離れられず、同盟国としてのステータスを持ち続けるだろう。当のトルコはまだここ数年はアメリカ合衆国の特権的な同盟国であり続けるだろう。グルジアも隊列に戻るだろう。中央アジアの諸共和国はあからさまに影響下に戻ることになるだろうし、住民の半数がロシア人からなるカザフスタンは、その配置の中で特別な位置を占めることになるだろう。ロシアがこの地域で、力強い経済的・文化的行為者として再び浮上することになると、アメリカ合衆国がウズベキスタンとキルギスに配備した部隊は、明らかに奇妙な立場に置かれることになる。そうなると「異物」(corps étranger「外国人部隊」の意味にもなる)という表現があらゆる意味でぴったり当てはまることになる。この再編成の過程が進行すれば、拡大されたヨーロッパ共同体の束に、もう一つの複数の国からなる組織体が直ちに作り出されることになるだろう。そしてその組織体の方は、ロシアという中心的駆動力を備えているということになろう。しかしこの両方の場合において、政治体制が複合的であるため、現実に攻撃的な行動は困難であろうし、大規模な軍事紛争への参入はかなり考えにくいであろう。

弱さが切り札となる

いま私が描き出した世界にとって必要な理想的なロシアの肖像は、いささか誇張されている。それは上手くすればこうなるという国の姿なのだ。当面はすでに見た通り、ロシアにおける個人的暴力は世界で最も高率を示すものの一つである。国家は、税を徴収する能力を維持するため、カフカスの国境を保全するために、悪戦苦闘している。またグルジアとウズベキスタンに進出したアメリカ軍による、実効があると言うよりはむしろ挑発的な包囲網の企てにさらされてもいる。西側世界の新聞は、不道徳な純潔主義の名において、ロシアにおけるメディアの統制や極右の青年グループの存在など、要するに苦しみの中から再び起き上がろうとする国が見せる行き届かぬ点を洗いざらいあげつらう。わがフランスのメディアの多くは、過剰発展の甘い生活にあまりにも馴染んでいるため、不安要因たるロシアというイメージに安易にのめりこむのである。

一方、アメリカの戦略家たちは、われわれ西側の安全を長期的に確保するためには、ロシア人に彼らの帝国局面は終ったことを理解させなければならないと、飽きもせず説明し続けている。このような態度からは、おそらく何よりもアメリカ合衆国自体の帝国の地位に関する懸念が露呈するのである。ロシアが帝国的に拡大する大国でなくなったことを理解するには、高度な知的思弁など必要ではない。ロシアの政体がどのような形態を採ろうと、民主主義的なものとなろうと権威主義的なものとなろうと、ロシアは人口的後退の状況にある。ロシアの人口は減り続け、老齢化し続けるのである。そしてその一事のみからでも、この国が脅威であるよりはむしろ安定化要因であることが感知できる。

アメリカの側から見ると、この人口の動向は、かなり奇妙な逆説を生み出すこととなった。最初の段階ではロシアの人口の縮小は、経済の崩壊と相まって、アメリカ合衆国を唯一の超大国とすることになり、帝国という不可能な夢に向かって突進させることとなった。そこでロシアの態に止めを刺そうという欲望が頭をもたげた。第二の段階になると、縮小したロシアは不安要因ではなくなっただけでなく、あまりにも強大で略奪的で、国際政治においてあまりにも身勝手なアメリカに対抗して均衡をとるためのパートナーにほとんど自動的になって行くことが、次第に世界全体に向けて明らかとなって行った。それゆえにこそウラジーミル・プーチンは、ベルリンで次のように宣言することができたのである。「アメリカ合衆国との関係がヨーロッパにとって大きな価値を持つことは、何者も疑いを差し挟むところではない。しかし私としては、ヨーロッパがその能力をロシアのそれと結合させるなら、ロシアの人的資源、国土という資源、天然資源と、さらにはその経済的・文化的潜在力と防衛上の潜在力と結合させるなら、ヨーロッパは本当に独立した世界的大国としての声望をさらに固めることになるだろう」。傍点部は筆者による。

実のところ、ロシアが民主制社会を確立し、自由主義的社会の普遍化というフクヤマの夢を、永遠に、とまでは行かずとも、せめて長期的には具現することになるかどうかは、何とも言えない。このような政治的意味ではロシアは完全に信頼出来るわけではない。しかし外交面では信頼出来る。その理由は二つある。まずロシアが弱いということ。それこそは、逆説的であるが、ロシア国内の安定化に加えて、ウラジーミル・プーチンが潜在的同盟者としてヨーロッパ諸国の駆け引きの中に再び乗り出すことを可能にした、主たる切り札なのである。ロシアが信頼出来るもう一つの理由は、自由主義的であろうとなかろうと、ロシアは普遍主義的気質の持ち主であり、国際関係を平等主義的な正当な方法で把握することができるという点である。普遍主義は、支配の夢を不可能にする弱さと組み合わさった場合、必ずや世界の均衡に実質的な貢献をするはずである。

キッシンジャー系であろうとなかろうと、アメリカの伝統的戦略思想につながる「現実主義者」たちにとっては、均衡の極としてのロシアというこの極めて楽観的なヴィジョンさえも、どうやら必要ではないらしい。現実主義の戦略家たちにとって、軍事的な対抗極は道徳的に善なるものである必要はないのである。

ギリシャ人は最後はアテネの勢力にうんざりして、ついにはスパルタに助けを求めるに至った。スパルタは民主制と自由のモデルではなかったが、いかなる領土的拡大も差し控えるという唯一の長所を持っていた。こうしてアテネ帝国は、ペルシャ人によってではなく、ギリシャ人によって打ち破られ、終焉に至る。すべての国に脅威を与え続けた多民族帝国ペルシャの役割を演じたロシアが、将来において今度は自由を守るために招請された寡頭制国家スパルタの役割を演じるようになるとしたら、何とも皮肉な話である。しかしこのような比較はあまり先まで進めることはできない。今日の世界は、新たなペロポネソス戦争を可能にするには広大で複雑すぎる。それにアメリカは、そのヨーロッパと日本という同盟者が自由を奪還しようとした時に、それを阻止するだけの経済的・軍事的・イデオロギー的手段を持ち合わせないのである。

第8章　ヨーロッパの独立

九・一一の同時多発テロは、当初ヨーロッパ人にとってアメリカへと連帯を証明する麗しい機会となった。各国の指導者たちは国家に対して向けられる攻撃への防衛同盟であるＮＡＴＯを、まことに定義不十分の「テロリズムに対する闘い」の中に動員しようとした。しかしその後一年の間に、ヨーロッパ人とアメリカ人の間の関係は次第に悪化して行った。その深層の原因は一見したところ不可解であるが、それは情け容赦もなく展開した。テロリズム的行動の暴力性は連帯を改めて浮き彫りにしていたのだ。しかしテロリズムに対するアメリカの戦争は、その方法において粗暴で有効性を持たず、その現実の目的については明快を欠いており、最後にはこれまで隠れていたヨーロッパとアメリカの間の紛れもない敵対関係を白日の下に暴き出すことになったのである。飽くことなく繰り返される「悪の枢軸」への告発、イスラエルへの不断の支援、パレスチナ人への軽蔑、こうしたことが徐々にヨーロッパ人のアメリカ合衆国に対する見方を変えて行った。アメリカはそれまでは平和の要因であったのが、混乱の扇動者となって行ったのである。長い間、アメリカという尊敬される父親のような権力の忠実な子供たちであったヨーロッパ諸国は、ついにこの至高の権威がもしかしたら危険なものともなりかねない無責任性を事とするのではないかと、疑うに至っている。そして考えられなかったことが起きたのである。すなわちフランス人、ドイツ人、イギリス人に共通する国際的感性が、もちろんまだその過程は完成に至っていないものの、漸進的に浮上して来たという事実である。

アメリカ合衆国に対する不信の念は、フランスから始まったものだが、新たな事態と考えることは出来ない。しかしドイツ人の変化の方は唖然とする出来事である。ヨーロッパ大陸へのアメリカの影響力行使の不可欠な道具である、このドイツという、ユーラシアの西の主要な保護国の指導者たちの服従は、ワシントンの指導者たちにとって言うまでもないことであった。この暗黙の信念の根拠は、口に出せない二つの要件にあった。すなわちアメリカ合衆国は一九四三年から一九四五年までの間、ドイツを爆撃で粉砕した、ということが一つ。そしてドイツ人は生来、最も強い者に服従する従順な民である、というのがもう一つである。それに彼らはアメリカ人に対して、共産主義から守ってくれたことと、経済的発展を許可してくれたことを、恩義に感じている。ドイツの忠誠は、十分承知の上の力関係と利害関係によって永遠に保証されていると見えていた。

同盟国イギリスの新たな逡巡もこれに劣らず意外である。イギリスのアメリカ合衆国への同調は、アメリカの戦略アナリストたちに言わせれば、言語も気質も文明も同じというところから来る、言わば先天的な、生まれながらの事実である。ブレジンスキーがイギリスからの支援に触れる時の無遠慮さが、こうした特徴をよく示している。政治傾向分布図の左と右に新たな反米主義が浮上して来たことは、逆説的な現象である。なぜならそれはアメリカ合衆国の側に立って軍を投入するという前例のない事態の直後に起ったのである。イギリスはヴェトナム戦争の時は、それでも何とか局外に立つことに成功したのだった。しかし接近があるとそのすぐ後に遠ざかる動きがあるという逆説は、古典的な現象である。それは程度の差はあれ、すべてのヨーロッパ諸国にも見られた。物なり人なりにあまり近寄りすぎると、耐え難い差異があることに気が付くのである。

大西洋同盟〔NATO〕のメンバーである旧大陸各国の新聞を詳細に分析してみると、まず恐怖感が、次いで激しい怒りが沸き上がってきた様子が具体的に分かるだろう。しかし感情的な反転は、その目に見える結果で証明する方がより簡単である。軍人と文民を問わず、アメリカの指導者が激怒したことだが、ヨーロッパ各国はついに軍事輸送用のエアバスの製造について合意するに至った。またアメリカのGPS〔全地球測位システム〕の独占を打破するための、衛星測位のガリレオ計画にも取り掛かっている。この計画が決定された時、ヨーロッパの具体的な経済力と科学技術力が姿を現した。というのもその決定は三〇ほどの衛星を軌道に乗せるというものであったからである。ヨーロッパは何かをしようと欲するなら、ということはつまり、ドイツ人とイギリス人とフランス人が合意するなら、それを実行する力を持っている、というわけだ。二〇〇二年六月にはヨーロッパは、イギリスとドイツの合意によって、アメリカ合衆国が鉄鋼への関税率を上げたのに対して報復措置を採る力があることさえも示した。それ以来、各種国際会議は、大学人や軍人やジャーナリストなどのアメリカの責任者たちで一杯になった。彼らは苛立っているとは言わぬまでも、深刻な面持ちで、ヨーロッパ人を非難した。その非難は明示的にはヨーロッパ人の無理解と恩知らずに対して向けられていたが、実はヨーロッパ人の豊かさと力と、自律的な成長に対する非難が言外に込められていたのである。

この変化を一年間の出来事だけで説明することはできない。それは表面に現れた事態にすぎないからである。最近の政治的な意見の不一致を記述することは、敵対関係の内容を検討するというよりは、ある自覚のメカニズムを検討することになる。いくつもの深層の力が作用しているのだ。ヨーロッパ人をアメリカ人に近付ける力もあれば、遠ざける力もあるのである。進行中の過程は、接近の力と分離の力が同時に増大している、という重要な様相を呈するがゆえに、複雑を極める。ヨーロッパではアメリカ合衆国との融合の欲求が増大しつつあるが、それはそれよりはるかに強力に進行する分離の欲求によって、ますます効果的に押さえ付けられる。このような種類の緊張は、離婚が近付く時に典型的である。

二つの選択肢――帝国に統合されるか、独立するか

戦争以来、ヨーロッパの指導者たちのアメリカ合衆国に対する関係は、愛憎背反的である。それはヨーロッパ建設に対するワシントンの指導者たちの関係についても言える。アメリカ人は、ロシア人に対抗してヨーロッパ大陸での大西洋同盟の一貫性を確保するために仏独の和解を必要としていた。しかしその和解がアメリカ合衆国と競合する戦略的組織体の誕生につながることになろうとは、予想だにしなかったのである。共感と励ましから不信の念へ、次いで辛辣な態度へ、そして最後は反対へ

と、アメリカ合衆国の態度が次第に変わって行ったのは、理解出来る過程である。

ヨーロッパ各国の責任者たちとしては、プラハのクーデタと東ヨーロッパのソヴィエト化の直後に、アメリカの保護の必要を、まことに尤もなことながら、実感した。第二次世界大戦の後遺症も終り、共産主義も崩壊した今となっては、彼らは懐疑と独立への郷愁に再び捉えられないわけには行かなかったのである。何といっても旧大陸各国の指導階層から見れば、ヨーロッパ各国の歴史は、わずか三〇〇年のアメリカ合衆国の歴史より分厚く、豊かで、興味深いものである。ヨーロッパ人がアメリカと同じ生活水準に追い付くとともに、アメリカ合衆国のリーダーシップの正統性への懐疑の気持が沸き上がり、アメリカの後見からの脱出の動きには実質が伴うようになった。そうした一切はいかなる修正もなしに、ユーラシアのもう一方の端の日本にも当てはまる。

しかしそれと矛盾する、アメリカ・システムへの全面的統合を志向する勢力も、同じく最近二〇年間に姿を現わした。自由主義革命（左翼の用語法で言えば、ウルトラ自由主義的反動）はヨーロッパの上層部に新たな欲望のごときものを産み出した。すでに見た通り先進国世界は、寡頭制的傾向の勢力伸張の影響を受けている。浮上しつつある新たな社会勢力は、リーダーを必要としている。その軍事的役割が必要なものと見えるのを止めたまさにその時に、アメリカ合衆国は、不平等革命、寡頭制への転換の全世界的旗頭となったのだ。そのような転換は世界のすべての国の社会の指導階層の気をそそっていると考えることが出来る。今後アメリカが提案するのは、もはや自由主義的民主制の保護ではない。すでに最も豊かで最も力のある者に、さらに多くの金《カネ》と権力を提案するのである。

一九六五年から二〇〇〇年までのヨーロッパの指導者たちは、アメリカ帝国への統合とアメリカの後見からの独立という二つの選択肢のいずれをも選ばなかった。経済の自由化とヨーロッパの統一とを同時に実現し、それによってこの二十一世紀の開幕に当って、アメリカ人をそのもともとの立場、すなわち己に依存する者たちが裏切り者か忠実な臣下なのか分からないという立場に立たせることとなった。ヨーロッパは彼らが望んだように、共通農業政策の未解決部分を除けば、関税による保護のない自由貿易地帯となった。しかしユーロは存在するようになり、誕生から二〇〇二年二月までの間にドルに対して二五%下落したことによって、アメリカ合衆国に対してヨーロッパ経済の保護がしばらくの間、事実上再び行なわれることになったのである。すなわち同じ比率ですべての輸出商品の価格は下がり、輸入されるアメリカ製品の価格は上がったわけである。二〇〇二年前半期にブッシュ政府が鉄鋼に保護関税を設定し、農業に補助金を設定した時、旧大陸の責任者たちとジャーナリストたちは怒号を上げたが、そのことはヨーロッパの指導者たちが己の行為の帰結を完全に自覚しているわけではないことを示唆している。彼らはユーロがすでに最初は下落によって、その後の局面では上昇によって、ひとりでにアメリカ合衆国の利益に逆らう行動をしていることに気付いていない。それは彼らがまだアメリカ・システムに統合されるかアメリカの後見から抜け出るかを本当には選んでいないからである。

「帝国への統合」という選択肢はヨーロッパの指導階層から見て、国民国家を葬り去り、帝国と婚姻を結ぶという、二重の心性的革命を前提とするであろう。つまり一方では自国の民の独立を守ることを断念する。しかし自分たち指導階層は、その見返りとして、アメリカ指導階層に完全な資格を持つ者として組み込まれる、というわけである。これこそは、だれも彼もが自分は「アメリカ人」だと実感したあの九月一一日に、フランスとヨーロッパのエリート層のかなりの部分が抱いた欲動であった。ジャン＝マリ・メシエのファンタスムに他ならない。

裕福なヨーロッパ人がウォール・ストリートやアメリカの企業や銀行に有り金を巻き上げられることがますます頻繁になって来たため、この選択肢はますます魅力がなくなっている。特にアメリカの政治傾向分布図の右側に紛れもないヨーロッパ恐怖症が浮上して来たため、アメリカ合衆国はその同盟者たちに、彼らは将来、二流の市民以外のものにはなれないということを理解させることで、自分だけで問題に決着をつけようとしているのではないかと、だれもが疑問を抱き始めた。アメリカの差異主義の復活は、黒人とヒスパニックとアラブ人にのみ否定的な影響を及ぼすだけではない。程度の差はあれ、ヨーロッパ人と日本人にも関わる事柄なのである。

「後見からの独立」という選択肢は、ヨーロッパの経済力が客観的に言って強大であるということと、アメリカの価値観とは異なる共通の価値観が存在することが認知されるということの結果に他ならない。それはヨーロッパが自分だけで自分の軍事的防衛を保証する力を持つと想定する。この選択肢は極めて短い期間に限って言えば現実的である。ヨーロッパは工業的にはアメリカ合衆国より強力である。ロシアが弱体化したため、軍事的にロシアを恐れる必要はなくなった。しかしこれは決して口に出して言われることではないが、ヨーロッパは自前の核抑止力を高めて真の戦略的自律性を獲得しなければならないだろう。しかしアメリカ合衆国とロシアの間には事実上恐怖の均衡が相変わらず存在しているため、ヨーロッパはもしその気があるなら、この潜在力の成長を実現する時間的余裕を大幅に持っている。ヨーロッパが抱えている唯一の根本的問題は、人口の減少であり、言い換えれば弱体化への傾向である。それもロシアに比べてではなく、アメリカ合衆国に比べての話なのである。

選択肢を提示するということは、選択の可能性を示唆するということである。各国の指導階層がそれぞれ意識を有する行為者、言わばそれぞれ一人の人間となって、己の利益、己の好み、己の価値観に従って進むべき方向を決定する姿を想像するということである。このような不思議な事態は必ずや歴史の中にかつて存在したはずである。ローマ共和国の元老院、ペリクレス時代のアテネ民主制の指導者たち、一七九三年におけるフランスの国民公会、グラッドストーンとディズレーリの時代のヴィクトリア帝国のエリートたち、ビスマルク指導下のプロイセン貴族。現在はこのような偉大なる時代の一つであるわけではない。厳密に言えば、現在のアメリカの上流階層にこの型の意識を想定することができる。しかしいくつかの留保が伴う。というのも選択すべき時に選ばれる選択肢は常に安易な解決法だからである。これでは本当の選択とは言えない。しかしヨーロッパの指導階層の場合は、拘束を強いる困難な決定を下す能力をある程度は持っているものの、内部が複数の国に分かれているのだから、一つの集団的思考の存在については先験的にいかなる幻想も許されないのである。

今後は無意識の鈍重な要因が、ヨーロッパとアメリカの互いの位置を決めて行くことになる。昔よく使われた表現だが、事の成り行き〔事象の力〕というものが、ヨーロッパとアメリカを引き離して行くのである。

欧米間の文明の衝突

分離を促す力はしかしながら、経済的なものだけではない。文化的側面も役割を果す。とはいえ文化と経済を完全に区別することはできないのだが。ヨーロッパは宗教上の不可知論と平和と均衡という価値に支配されているが、これらの価値はこのところアメリカ社会には無縁である。

そこがおそらくハンチントンの犯した最も重大な誤りであろう。彼はアメリカの支配圏を彼が西欧と呼ぶものに押し込めようとしている。アメリカの攻撃性に文明の外皮をまとわせようとして、彼はイスラム圏、儒教の中国、正教のロシアを標的とするが、その一方で「西欧圏」なるものの存在を想定する。しかしその本性は彼自身の判断基準から見てもまことに不明確である。この安物の西欧は、カトリックとプロテスタントを張り合わせて、単一の文化・宗教システムに仕立て上げたものなのだ。このような融合は、神学と典礼の対立について、あるいはもっと単純に十六世紀と十七世紀の両宗派信徒の流血の闘いについて研究した者にとっては、全く受け入れがたい。

ハンチントンが宗教という自分自身が掲げた判断基準に忠実でないという点は措いておくとしても、宗教というこの同じ判断基準を正しくしかも現在について用いるなら、ヨーロッパとアメリカの間の潜在的対立を浮き彫りにすることは、赤子の手をひねるより簡単である。アメリカは宗教的な美辞麗句をふんだんに詰め込まれており、その住民の半数は週末に教会へ行くと称しており、四分の一は実際に教会に行っている。それに対してヨーロッパは、宗教実践がゼロへと向かいつつある不可知論的空間である。しかしヨーロッパ連合は「汝、殺すなかれ」という聖書の掟をより適用している。死刑は廃止され、殺人率は極めて低く、年に住民一〇万当たり一件に近い。アメリカ合衆国では死刑執行は日常業務であり、殺人率はわずかに減少を示したものの、相変わらず住民一〇万当たり六から七の間に留まっている。アメリカはその普遍性と同じくらい、あるいはそれ以上に、その差異によって人々を魅了する。その荒々しさは映画の中では面白く見えるが、それが外交・軍事行動の形で輸出されるとなると耐え難い。ヨーロッパ人とアメリカ人の文化的差異はほとんど無限に枚挙できるが、人類学者としては、去勢コンプレックスを植え付ける恐ろしいアメリカ女性の地位は、ヨーロッパの男たちにとっては、アラブの男の全能の権力がヨーロッパ人女性にとって不安なものであるのと同様に、不安を感じさせるものであることを指摘しておかねばならない。

とりわけここで、アメリカ的なものの考え方とヨーロッパのそれとの対立の中で最も深層に及び、最も古来からのものを指摘しておくべきだろう。すなわち社会の成り立ちの過程そのものである。この分析の水準においては、もはやあまり風俗慣習と経済を区別することはできなくなり、文明の概念こそが最も適当となる。

ヨーロッパ各国の社会は、貧窮する農民の幾世代にもわたる労苦から生まれた。幾世紀にもわたって指導階層の戦乱を事とする習慣に苦しんで来た。この社会が豊かさと平和を発見したのは、ずっと後になってからだった。日本についても、そして旧世界の大部分の国についても、同じことが言える。これらの社会はいずれも一種遺伝コードのごときものの中に、経済的均衡の観念への本能的な理解力を保持しているのである。実践的道徳の面ではこれにさらに労働と報酬の観念が、金銭出納の面では生産と消費の観念が結び付く。

これに対してアメリカ社会は、非常にうまく行った植民地経験から最近生まれたものである。とはいえその経験はまだテストが終っていない。アメリカ社会は三〇〇年の間、厖大な鉱物資源を擁する土地、処女地であるがゆえに極めて農業生産力に富んだ土地の上に、すでに識字化された住民を輸入することによって、発展して来た。アメリカは己の成功が、己が作り出したわけではない富を、代償も支払わずに搾取し消費する過程の結果であるということを、どうも理解していないのである。

ヨーロッパ人でも日本人でも、ユーラシアのどんな民でも、エコロジー的均衡や貿易収支の均衡の必要性をよく理解しているが、それは悠久の昔からの農民の歴史の産物である。すでに中世において、例えばヨーロッパ人、日本人、中国人、インド人は、土地の疲弊と闘わねばならず、天然資源の希少性を事実の中から確認せざるを得なかった。アメリカ合衆国では過去から解放された住民集団が、見たところ無尽蔵の自然を発見した。そこでは経済学は、希少な資源の最適の配分法の研究ではなくなって、均衡の観念など歯牙にも掛けないバイタリティへの崇拝に変わってしまった。京都議定書へのアメリカ合衆国の拒否も、貿易収支の赤字も悪いものではないとするオニール・ドクトリンと全く同様に、部分的には文化的伝統の結果なのである。アメリカは常に、土地を疲弊させ、石油を浪費し、労働に必要な人間を外に探し求めて、発展して来たのだ。

アメリカ的社会モデルがヨーロッパを脅かす

ヨーロッパ各国の社会は強固に土地に根ざしている。住民の地理的移動率は、アメリカ合衆国の二分の一となる。これはイングランドも含めての話で、一九八一年前後にイングランドで年間に居住地を変えた住民の比率は九・六％だった。これはフランス（九・四％）や日本（九・五％）とほぼ同率であるが、これに対してアメリカ合衆国では一七・五％であった。[1] アメリカの住民の居住地の変動性はしばしば活力の証拠と考えられたものだが、アメリカ産業の現在の生産性の低さは、こうした絶えざる移動というものには本質的に経済的効率性が内在するのだという考えに疑問を投げ掛けるきっかけとなっている。いずれにせよ日本人は、移動率は半分なのに生産は二倍なのだ。

ヨーロッパでは市民の国家に対する関係は、かつて信頼の関係であったし、今日でもイデオロギーより深い心性のレベルでは依然としてそのような関係である。国家の具体的顕現たるさまざまな組織・機構はいまだかつて敵と考えられたことはない。ところがアメリカ合衆国で観察されるところは逆であって、ここではイデオロギーより深い心性のレベルにおいては、国家への関係は完全に偏執狂的であるかも知れず、自由主義イデオロギーはその表面に浮上した部分、何とか人前に出せる部分にすぎないのである。アメリカ合衆国には中央政府――アメリカの用語法で言えば連邦政府ということになるが――が画策したと想定される操作に抵抗するための武装民兵組織の存在が観察されるが[2]、自由主義革命がフランス、ドイツ、ないしイタリアよりはるかに大規模であったイギリスにおいてさえも、そのような組織の存在は観察されない。社会的安全保障はヨーロッパ各国社会の均衡の核心をなしている。それゆえに、アメリカ合衆国がその調節なき資本主義という特殊的モデルを輸出して来るのは、ヨーロッパ各国社会にとっては脅威に他ならない。その点は、あらゆるパラメーターからして遠方に居住するヨーロッパのいとこたちと瓜二つの日本にとっても同様である。

一九九〇年から二〇〇〇年までの間、資本主義の多様性についての思弁が盛んになり、アングロ・サクソン的な自由主義モデルと対比されるラインラント・モデルがドイツに存在することが指摘された。そのラインラント・モデルとは、社会的団結、安定性、労働力の養成、長期的な科学技術的投資を特に尊重する、工業的な資本主義であり、それに対してアングロ・サクソン・モデルは、利潤、労働と資本の移動性、短期的なものを奨励する。日本は、もちろん微妙な違いはあるが、経済モデルからしても、人類学的類型――フレデリック・ル・プレイ〔一八〇六～八二年、フランスの経済学者、社会学者、トッドの家族型の観念の先駆者〕が提唱した直系家族――からしても、ドイツに近い。この二つのモデルの利点と欠点についてはさまざまな思弁がなされたが、大部分のコメンテーターは、一九八〇年から一九九〇年まではドイツないし日本型の方により多くの有効性を認め、一九九〇年から二〇〇〇年までの間は、アングロ・サクソン型が、工業実績よりはむしろイデオロギーの上で、見たところ勢力を伸張していると指摘している。

経済的利点と欠点の問題は、いまやある意味で副次的問題となりつつある。アメリカ・システムはもはや己の住民への物品の供給を確保することができなくなっているのだ。ヨーロッパから見てより重大なのは、旧世界各国の強固に土地に根ざし国家化された社会を、この自由主義モデルに適応させようとする試みが絶えず行なわれた結果、各国社会は分裂しかかっているという点である。この現象は、いまや次々に行なわれる各国の選挙で極右が着実に勢力を伸ばしていることに見ることができる。いまやデンマーク、オランダ、ベルギー、フランス、スイス、イタリア、オーストリアにこの現象は及んでいる。黒い輪がドイツを取り囲んでいるように見える。一九三〇年代のことを考えると実に意外な展開だが、ドイツは「ファシズム」への抵抗の極に出世したわけだ。イングランドは感染を免れている。これは差し当たりは、イングランドにはウルトラ自由主義モデルに対する適応力がより大きいということで説明がつく。しかしイングランドは不安を抱きつつあり、教育であれ、保健衛生であれ、鉄道管理であれ、経済・社会生活への国家の介入を期待する情熱がここへ来て復活しつつある。スペインとポルトガルは、極右の興隆が当面見られないのは経済の相対的な遅れのおかげにすぎないことをよく承知している。

したがって今のところはドイツと日本は持ちこたえている。それはこの両国が柔軟性と社会的安全の欠如とに対してより適性があるからではない。その極めて強力な経済がつい最近まで労働者と民衆を保護して来たからである。社会的団結性の強いこの両国で、アメリカ流の規制廃止を進めるなら、極右の台頭を引き起こすことになるのは、確実と思われる。

まさにここにおいてイデオロギー的・戦略的均衡がひっくり返るのだ。アメリカ・モデルに自己同一化する資本主義の型は、これまでそれに最も抵抗して来た社会にとって脅威となるのである。日本とドイツという主要な工業大国は、しばらくは自由貿易の恩恵に与ったものの、いまや総需要の不足に喘いでいる。日本では失業率が上昇しつつある。労働者階級はもはやグローバリゼーションの圧力から護られることができない。ウルトラ自由主義がイデオロギー的に支配的になったため、これらの社会の中からも異議申し立ての言説が浮上するようになっており、それは潜在的には心性的・政治的均衡への破壊要因となり得るのである。

アメリカの経済関係の新聞・雑誌は、この両国のシステムを「非現代的」で「閉鎖的」として、その改革を要求し続けているが、現実にはこれらのシステムの誤りとは、あまりにも生産性が高いということにすぎない。世界的不景気の局面では、最も強力な工業的経済の方が常に、時代遅れの経済や生産性の低い経済より打撃を受ける。一九二九年の危機はアメリカ経済を直撃したが、それは当時アメリカの工業力が強大だったからである。二〇〇〇年の生産力の低いアメリカ合衆国は、需要不足に立ち向かうには有利な態勢にあるのだ。ドイツと日本のシステムの現代化を要求するアメリカの経済関係の新聞・雑誌は、巧まざるユーモアに長けているのだろうか。もしドイツと日本がアメリカ型の貿易収支の赤字を出すようになったら、世界経済はどうなるのか、真剣に考えてみれば分かりそうなものではないか。いずれにせよアメリカのイデオロギー的圧迫と、全世界規模での交換の組織体制の中で自由主義的な考え方が支配権を握っているという事態は、ドイツと日本という最も輸出力のある工業的経済にとって、根本的な問題となりつつある。そしてこの両国はアメリカ合衆国の最も重要な同盟国に他ならない。アメリカ・システムの安定性の根拠は、出発点においては、第二次世界大戦で征服され、次いで手なずけられた、ドイツと日本というこの二本の基本的な支柱をワシントンが支配しているという事実にあった。アメリカは、その赤字と失敗と不安によって世界に対する新たな非寛容の中に引きずり込まれ、この両国の離反を招きつつある。

ヨーロッパにあっては支配的経済大国であるドイツの新たな行動様式が重要な現象をなしている。アメリカ流の自由主義革命はフランスの共和国モデルに対するよりはるかにドイツの社会的団結性にとって脅威である。フランス・モデルは個人主義と国家による安心感賦与とを組み合わせ、より自由主義的な習慣を備えている。「社会的価値観」という形で考えるなら、フランスとアメリカ合衆国の衝突は半衝突にすぎないが、それに対してアメリカとドイツの考え方の対立は全面的である。二〇〇二年五月のジョージ・W・ブッシュのヨーロッパ訪問は、この仏独間のずれを映し出した。ブッシュの訪問に反対するデモは、フランス国内よりライン河の彼方の方がはるかに大規模だった。ド・ゴール将軍の思い出にこだわるフランスは、つい最近まで独立の姿勢をとることが出来るのは自分だけだと信じ込んでいた。だからドイツが己自身の価値観の名において、アメリカに反逆するとは想像もつかなかったのである。しかしもしヨーロッパがアメリカの後見を脱することがあるとしたら、それはフランスの動きばかりでなくドイツの動きのお蔭でもあるだろう。

ヨーロッパ人は久しい以前からアメリカという大きな存在に護られると同時に圧迫もされて来たので、彼らはアメリカが自分たちに押し付ける問題はよく自覚している。しかし自分たちがアメリカ合衆国にとってどんな問題を課しているかはあまり自覚しない。ヨーロッパは自覚もなければ政治的行動も採らない経済的巨人として、しばしば嘲笑を浴びせられる。このような批判は大抵は正鵠を射ているが、それでも経済力というものはそれ自体で存在するものであり、そこから派生する統合と集中のメカニズムは自然発生的に中長期的な戦略的効果を産み出すものであるということを、忘れている。それゆえにアメリカは、ユーロが実現する以前から、ヨーロッパの経済力の伸張に脅威を感じていたのである。

経済大国ヨーロッパ

自由貿易は確かに大陸間の財の交換を活発にさせることにはなるが、実際上は統一された世界を産み出しはしない。全世界規模のグローバリゼーションは、この過程の副次的側面にすぎないのである。統計から浮かび上がる現実とは、近隣諸国間の貿易が優先的に増大し、その結果、ヨーロッパ、北ならびに中央アメリカ、南アメリカ、極東といった、大陸規模で統合された経済地域が形成されることである。アメリカのリーダーシップの下で決められた自由主義的なゲームの規則は、北アメリカから切り離された地域ブロックの形成を招き、アメリカ合衆国の覇権を次第に破壊して行く傾向があるのである。

ヨーロッパはこうして、ほとんど意に反して自律的勢力となって行く。アメリカの側から見るともっと悪い。経済力というもののメカニズムからして、ヨーロッパは隣接と伝播の効果によって、新たな空間を周縁部に併合して行かざるを得ない。その気がないと言っても、その力は表に現れずにはいないのである。その大陸全体に広がる経済的重みによって、次第にアメリカ合衆国の政治・軍事権力は影が薄くなり、例えばアメリカの基地が存在する場合には、ヨーロッパの現実の物理的存在の大きさによって呑み込まれてしまうことになる。

戦略的観点からは、世界を二通りに見ることができる。軍事的な見方は、アメリカ合衆国は旧世界に存在していると示唆する。もう一つの経済的見方からは、アメリカ合衆国のプレゼンスがますます周辺的になって行くことが浮き彫りにされる。それもヨーロッパにおいてだけではなく、ユーラシア全体においてなのだ。

軍事的な角度からすれば、われわれは全世界でのアメリカの拠点を、ヨーロッパ、日本、韓国、等々と改めて数え上げてみようという気になるだろう。そして簡単に心を動かし易い人間なら、ウズベキスタンに置き捨てられた五〇〇人の兵員やアフガニスタンのバグラム基地に閉じ込められた一二〇〇〇人の兵員は、戦略的な面で何らかの重要性を持っているのだと、自分に言い聞かせることもできよう。私の個人的感情を述べるなら、この二つの拠点は、現地の部族の首領になにがしかの報奨金を分配するのに用いられる資金提供の中継地に他ならない。常に実権を握っているのは部族の首領たちで、この場合で言えば、アメリカ軍が捜している、もしくは捜す振りをしているテロリストを引き渡すかどうかの権限を握っている。こうして移送される資金は大した額ではないが、それで十分なのだ。これらの地域はひどい低開発地帯なので、わずかの額で現地の傭兵の支払いが出来るのである。

戦略問題について経済的見方を採用し、世界の中で現実に発展しつつある部分、産業が生まれ、社会が目覚めて、民主化しつつある地域、例えばヨーロッパの周縁部に目を転じてみるなら、アメリカの経済的・物質的不在は、だれの目にも明らかな現象となる。

ユーロ地域の周縁部に身を置いて、軍事面でアメリカ合衆国にとって鍵となる、トルコ、ポーランド、イギリスの三ヶ国を考察してみよう。

トルコは、基本的同盟国で、ヨーロッパとロシアと中東の交わる要である。

ポーランドは、ＮＡＴＯへの加盟を急いでいるが、それは共産主義独裁よりはるか以前に始まるロシアの支配を最終的に忘れるために、まことに正当な態度である。

イギリスは、アメリカ合衆国の生まれながらの同盟国。

軍事戦略家というのは実は大きな子供なのだが、彼らのようにこれらの三国を、世界を制圧するためのゲームの中でのアメリカ人の強固で安定した陣地だと考えることももちろんできる。例えばドナルド・ラムズフェルドの子供じみた世界の中では、物理的な力のみがものを言う。しかし戦争ごっこの運動場から現実の経済的力関係の世界へ目を転ずるなら、トルコ、ポーランド、イギリスの三国はすでにユーロ圏の影響圏に入っていると考えざるを得ない。イギリスはユーロ圏諸国との貿易がアメ

表 12　トルコ、ポーランド、イギリスの貿易（単位：100 万ドル）

2000	トルコ		ポーランド		イギリス	
	輸入	輸出	輸入	輸出	輸入	輸出
アメリカ合衆国	7.2	11.3	4.4	3.1	13.4	15.8
ユーロ圏	40.8	43.4	52.3	60.0	46.6	53.5
ロシア	7.1	2.3	9.4	2.7	0.7	0.4
日本	3.0	0.4	2.2	0.2	4.7	2.0
中国	2.5	0.3	2.8	0.3	2.2	0.8

出典）　OECD 編『国際通商統計月報』2001 年 11 月号

リカ合衆国とのそれの三・五倍になっている。トルコの場合は四・五倍で、ポーランドの場合は実に一五倍になる。ヨーロッパとアメリカ合衆国の間で重大な通商上の衝突が起った場合、ポーランドには選択の余地は全くなく、トルコにもほとんどない。イギリスについては、大陸ヨーロッパとの直接対決が起った時は、ある程度の経済的ヒロイズムが要求されることになるだろう。もっともその能力は完全に持ってはいるが。

状況は静止しているわけではない。一九九五年から二〇〇〇年までの期間について歴史的データを導入してみれば、ポーランドはユーロ圏に吸収されつつあることが分かるだろう。トルコは世界の大部分の国と同様に、アメリカ合衆国に対してはやや輸出が上回り、輸入がやや下回る。アメリカはどの国に対してもそうであるが、トルコに対しても、何でも食らう世界的消費者の役割を演じようと努めている。イギリスはヨーロッパ交易圏に優先的に所属しているにも拘わらず、最近五年間はややアメリカ合衆国寄りになっている。ユーロへの歩みは周到に構想されたとは言いがたく、デフレーションを引き起こしたため、この観点からすれば牽引よりは反発を呼ぶことになった。

これらの数字を検討した結果、貿易の発展には隣接性という領域的要因が有力であることが浮き彫りになった。グローバリゼーションは、全世界と地域という二つのレベルで存在するが、やはり何よりも、アメリカの戦略アナリストが恐れているように、大陸ないし亜大陸ごとの地域化なのである。それは現実にグローバルな過程であるから、実質的な貢献であるよりはむしろ、財と資金を消費する者としてのアメリカ合衆国の姿を浮かび上がらせる。厳密に数学的な論理を突き詰めれば、次のことが示唆されるのである。すなわちこうした地理的近接性の相互作用を通してグローバリゼーションが進行して行くなら、その最も深刻な結果は、世界の経済的重心をユーラシアの方に移動させることになり、アメリカを孤立させるに至るということが。

初めは当のアメリカに奨励されていたさまざまな力の絡み合いが、統合されたヨーロッパの出現に有利に働いている。このヨーロッパが事実上の支配的勢力として君臨する地域は、アメリカ合衆国を中心とする地域より戦略的に有利な場所に位置するのである。東ヨーロッパ、ロシア、トルコやイランのようなイスラム諸国、そしておそらくは地中海沿岸地方全域の発展によって、ヨーロッパは成長と力の自然な極となるように見える。そのペルシャ湾への近さは、おそらくアメリカの政策の「立案者」たちにとっては、世界におけるアメリカ合衆国の地位に対する最も劇的な脅威と映るのである。

危機のシナリオの技法は、経済的・軍事的力関係の相互作用を最も分りやすく視覚化してくれる。もしトルコにとって支配的な経済勢力であるヨーロッパが、イラク攻撃の一環としてアメリカ軍がインシルリック基地を使用することを認めぬよう、トルコに圧力を掛けたなら、いったいどうなるだろう？　それは今日か、明日か、明後日のことか？　トルコがヨーロッパに同調することにでもなれば、アメリカにとっては、中東での軍事潜在力の劇的な下落に至ることになるだろう。現在のヨーロッパ人はこのようなシナリオを考えることはない。しかしアメリカ人はこのようなことを想像しているのである。

ロシアならびにイスラム圏との平和的関係

アメリカ合衆国とは反対に、ヨーロッパは外の世界との間に特段の問題を抱えていない。自分が必要とする原材料とエネルギーを購入し、輸入物の代金は輸出で得た収入で支払うという、正常な通商的相互行動を他の国々との間で行なっている。その長期的な戦略的利益はそれゆえに平和である。ところがアメリカ合衆国の対外政策は、ますます二つの敵との二つの主要な衝突を基本構造として組み立てられるようになって行く。そのアメリカの二つの敵とは、いずれもヨーロッパのすぐ近くの隣人なのである。一つはロシアで、アメリカの覇権への根本的障害であるが、打ち倒すには強力でありすぎる。もう一つはイスラム圏で、アメリカの軍事力の誇示のために役立つ演劇的敵対者である。ヨーロッパにとって平和は利益に適い、特にその主要な二つの隣人との間の平和は利益に適うのであるから、その優先的戦略目標は、今後はアメリカの選択と根底的に対立することになる。

湾岸諸国は、その人口が増大しているがゆえに、石油を売る必要があるのであるから、ヨーロッパはいかなる輸出禁止措置も恐れる必要はない。逆にアメリカ合衆国とイスラエルによってアラブ圏に混乱が維持されている事態を、際限なく受け入れることはできない。経済的現実が示唆するところは、世界の中のこの地域は、かなり大幅にアメリカ合衆国を排除した、ヨーロッパを中心とする協力圏の中に移行するべきであるということである。トルコとイランはそのことを完璧に理解した。しかし思い違いをしてはならない。そこにはヨーロッパとアメリカ合衆国の間の中期的な紛れもない敵対関係のあらゆる要素が出揃っているのである。

経済的・軍事的には極めて弱体化したが、大量の石油と天然ガスの輸出国であるロシアが、穏当なパートナーになりつつあることは、あらゆる徴候から明らかであるが、そのロシアとの間ではヨーロッパは、協調の場を今後ますます増やして行くことにならざるを得ない。ここから生じ得る米欧間の矛盾は、アメリカ合衆国のロシアに対する戦略的無能振りによって緩和されている。アメリカは攻撃的な行為を行なったかと思うと、その都度必ずロシアとの友好を証明せざるを得なくなるのである。それは大部分は、今後の交渉の中でヨーロッパ人とロシア人から完全に蚊屋の外に置かれてしまうという恐れによって余儀なくされた態度なのである。

イスラムの側からすれば、アメリカの有害性は不断に悪質化し続けており、いまや非常に具体的になって来ている。イスラム圏はヨーロッパに移民の主要部分を供給している。各国の最も重要な移民集団だけを挙げるとしても、イングランドではパキスタン人、フランスではマグレブ人、ドイツではトルコ人という具合である。これらの移民の子供は受け入れ国の市民となる。ドイツでも最近、フランスと同様の出生地主義が採用されたので、この点はいまやドイツも含めての話となる。ヨーロッパはイスラム圏とは平和と良き協調の関係を維持して行かなければならない。それは地理的近接性という理由からでもあるが、国内の平和を確保するためでもある。この面ではアメリカ合衆国は、国際的な混乱だけでなく国内の混乱を引き起こす原因ということになってしまう。二〇〇二年前半には恵まれないマグレブ青年によるユダヤ教会堂襲撃が頻発した。こうした反逆の遠因はフランス社会そのものの構造がますます不平等主義的なものになっていくことから来ているにしても、これはフランスにとって、アメリカとイスラエルの政策によって引き起こされた不安定化を真っ先に経験させられたということになる。今後、トルコ人を抱えたドイツが、ましてやパキスタン人を抱えたイングランドが、アメリカ合衆国の引き起こす不安定化の影響を免れることができる訳がないではないか。

仏独のカップル……そして愛人イングランド

ヨーロッパを引き合いに出すこと、その力、そのアメリカとの敵対関係の増大について語ることは、意味が定義されていない概念を用いることである。ヨーロッパとは何か？　一つの経済的地域とも言えるし、一つの文明圏、諸国の連合体とも言える。要するに、最も全面的な定義不在にあぐらをかいて言うならば、動き続けるある組織体ということになろうか。このところ経済統合は進んでいる。この組織体はそのヴォリュームと、東ヨーロッパで新たに加入者があるという成功によって、牽引力を発揮しており、あらゆる困難が予想されたにも拘わらず、いずれはトルコを吸収することになると思われる。しかしこの自然発生的な経済的拡大の過程がもたらした最初の政治的結果は、組織の解体だった。経済的拡張が機構的体制を無力状態に陥れることになったのである。言語や政治体制や心性の中に具現されている国民国家の存続によって、加盟国全体に承認された意思決定の手続の調整が極めて困難になっている。

世界戦略の観点からすれば、このような変化は、分解の過程の発端と見ることができる。実はその結果として現実性を益して来るのは、とりわけ三者によるヨーロッパのリーダーシップという単純化されたプロセスの出現である。イギリスが事実上ドイツおよびフランスと三頭指導制を構成することになる。仏独の接近は、ここ数年の不和が終って、非常に現実味を帯びて来ている。イギリスの役割は全く新しい事柄だが、一つの可能性として想定しておかなければならない。ブレジンスキーは当初、イギリスはフランスやドイツと違って「戦略地勢学的プレイヤー」ではなく、「その政策は不断の注意を喚起するものではない」と断言していたものだが、このような誤りをわれわれが犯すことがあってはならない。ヨーロッパの軍事政策の策定に仏英協力が果す役割は、それに対する批判がいまからすでに失言と形容されかねない底のものである。

一九九〇年から二〇〇一年までの間、仏独関係は良好でなかった。ドイツ統一が人口八〇〇〇万のドイツを作り出し、そのあおりを食ってフランスは人口わずか六〇〇〇万の比重の低い国になってしまい、ヨーロッパの均衡は崩れたのだ。本来なら楽観的な前進となるはずであった通貨統一は、ドイツをつなぎ止めるために考え出されたのである。ドイツの不安を取り除くために、ヨーロッパ各国は極端に厳格な管理基準と数年間の停滞を受け入れた。ドイツの方は、その再統一にいささか酔いしれて、その後しばらく、とりわけユーゴスラヴィアの解体の間、平和に向けて何の役割も果さなかった。とはいえこの局面は終った。それは先ず第一に、ドイツがより多くの柔軟性と快楽主義の方に向かって変化しつつあり、心性の面でフランスに近付きつつあるからである。

しかしこの辺で政治的現実主義の領域、力関係の領域に立ち戻ろう。ドイツは人口減少という危機を抱えており、そのために否が応でもヨーロッパ規模での大国の共通の尺度に戻って行くことになる。今日のドイツの出生数は、フランスのそれをわずかばかり下回る。潜在的には仏独両国は、再び同じサイズの国となるのである。ドイツのエリートたちはこの平均への回帰をすでに自覚している。統一の熱気は過去のものとなった。ドイツの指導者たちは自国がヨーロッパ内の唯一の大国となることはないことは承知している。旧東ドイツ内での再建に伴う具体的困難がこの現実原則への回帰を促すのに貢献した。

フランスはフランスで、強いフラン政策によって身動きが取れなくなる状況から解放され、弱いユーロによって経済的束縛から解放されて以来、人口をめぐる状況がより有利なこともあって、何らかの形の活力と自信を取り戻した。要するにあらゆる条件が整って、仏独協力が真の信頼の雰囲気の中で再活性化したのである。

しかしこれについても事の成り行きというものが他のすべてに勝っていることを確認しなければな

らない。仏独の人口面での均衡の回復は意志的決定によるものではない。それは社会の変化そのものによって生じたのであり、指導者たちには既定の与件として突き付けられたのである。さらに言うなら、仏独の人口上の均衡回復は全世界の人口情勢の安定化の一つの様相にすぎないのである。さらに東に行くと、ロシアの人口後退があり、それによってドイツないしヨーロッパの、人口拡大の一途をたどる大陸国家に呑み込まれてしまうのではないかという昔からの不安は自動的に静められることになる。

ロシアの人口衰退、ドイツの停滞、フランスの人口の相対的堅調、この三つの要素が広い意味でヨーロッパ全体の均衡回復をもたらしている。これは二十世紀初頭にヨーロッパを不安定化した過程とはちょうど逆の過程ということになる。当時はフランスの人口停滞とドイツの人口の拡大とが組合わさって、フランスは恐怖に戦く国となっていた。東ではロシアがさらに急速に拡大しており、そのためドイツでは紛れもない恐怖症が生まれつつあった。いまや出産率はどの国においても低い。この衰退は特有の問題を産み出すことになるが、少なくとも世界のこの部分にほとんど自動的に平穏をもたらすという利点はある。もし非常に低い出産率があまりにも長い間維持されることになるなら、ヨーロッパでは紛れもない人口危機が起るであろうし、それはヨーロッパの繁栄を脅かす要因となるだろう。最初の段階では人口圧力の減退は、行為者の意識から政治的均衡の破綻と攻撃を受けることへの恐怖を消し去ることによって、期せずして自由貿易によるヨーロッパ内の各国経済が融合する過程を促進することになったのである。

イギリスが将来採る行動についての仮説は、どれもみな非常に不確実なものにしかなり得ない。アングロ・サクソン圏とヨーロッパ圏という二つの圏域に同時に所属するということは、イギリスにとっては生来の事実なのであるから。

自由主義革命は、イギリスにあってはヨーロッパの他のどの国におけるよりも荒々しいものだった。その結果今日イギリス人が夢見るのは、鉄道を再び国有化することと、適切な予算を付けて保健衛生制度を強化することだけなのだ。しかしアメリカ合衆国とイングランドの間の絆は、このような社会・経済的次元をはるかに越えている。言語、個人主義、政治的自由に対する言わば生まれながらのセンス、こういったものまで含むのである。こうしたこと一切は明らかであるが、もう一つの明白な事実を見失ってはならない。他のどのヨーロッパ人よりもイングランド人には、アメリカの欠点が良く見えるし、それだけでなくアメリカの変化も良く見える。アメリカがうまく行かない時、それを真っ先に意識するのはイングランド人なのだ。彼らはアメリカ合衆国の優先的同盟者であるが、他の何者にも増して、大西洋の彼方からやって来るイデオロギー的・文化的圧力に曝されている。ドイツ人、フランス人、その他と違って、言語という天然の障壁によって護られていないからである。これこそがイギリスの抱えるジレンマなのだ。ヨーロッパとアメリカ合衆国の間で引き裂かれるということだけでなく、アメリカへの関係が特段に問題を孕んでいるのである。

確実なことは、ユーロに加わるかユーロを拒絶するかというイギリスの最終的選択は、ヨーロッパにとってだけでなくアメリカ合衆国にとっても、まことに重要な選択となるであろうということである。アメリカが世界の資金の流れに依存していることを考えるなら、旧世界の主たる金融の極であるロンドンの金融・銀行市場がユーロ圏に統合されることになれば、ニューヨークとアメリカにとって取り返しのつかない打撃となるだろう。アメリカ経済の生産の不調という現状からして、シティがヨーロッパの中心的システムに加わることになれば、世界全体の均衡を現実に一変させることになりかねない。ブレジンスキーが無視していたイギリスが、ヨーロッパを選択することによって、アメリカの覇権に止めを刺すとすれば、何とも皮肉な話ではないか。

ゲームの終り

現在最終段階にある教育的・人口的移行期の苦痛の中で、世界は安定性へと向かっている。第三世界はそのイデオロギー的・宗教的熱病の発作を体験しつつ、発展と一層の民主主義へと前進しつつある。自由を保護するためにアメリカ合衆国に特段の活動が必要とされるような、世界的脅威はない。今日地球上にのしかかる全世界的均衡を乱す脅威は唯一つ、保護者から略奪者へと変質した、アメリカそのものなのである。己の政治的・軍事的有用性がだれの目にも明らかであることを止めたまさにその時に、アメリカは全世界が生産する財なしではやって行けなくなっていることに気付くのである。しかし世界はあまりに広大で、あまりに多くの人間が住み、あまりに多様で、あまりにも制御不可能な力に貫かれている。どれほど知恵を絞って策定した戦略であろうと、アメリカが己の半帝国的立場を名実兼ね備えた帝国に変えることを可能にしてくれない。アメリカは経済的・軍事的・イデオロギー的にあまりにも弱すぎるのである。それゆえに世界への足場をさらに固めるための動きをすると、その都度、マイナスの逆作用が産み出され、それによってアメリカの戦略的態勢は前よりほんの少し弱まってしまう、ということの繰り返しになってしまう。

最近一〇年間に起きたこととは、どういうことなのか？　帝国の実質を備えた二つの帝国が対決していたが、そのうち一つ、ソヴィエト帝国は崩れ去った。もう一つのアメリカ帝国の方もまた、解体の過程に入っている。しかしながら共産主義の唐突な転落は、アメリカ合衆国の絶対的な勢力伸張という幻想を産み出した。ソ連の、次いでロシアの崩壊ののち、アメリカは地球全域にその覇権を広げることができると思いこんだが、実はその時すでに、己の勢力圏への統制も弱まりつつあったのである。

安定して全世界的覇権に到達するには、現実の力関係の土俵において二つの条件を満たすことが必要だっただろう。

まずヨーロッパの保護領と日本という保護領への支配権を無傷のまま維持すること。この二つの保護領はいまや現実経済の力の極をなしている。ここで「現実経済」とは、消費よりはむしろ生産によって定義される。

もう一つは、ロシアの戦略武力を決定的に打ちのめすこと。すなわち旧ソ連圏の全面的な瓦解と核の恐怖の均衡の完全な消滅を獲得すること。これによってアメリカ合衆国のみが、いささかの報復攻撃も引き起こす危険なしに、一方的に世界中のどの国でも核攻撃することができる、ということになる。

この二つの目標のいずれもが達成されなかった。ヨーロッパの統一と自律性への歩みは阻まれることがなかった。日本はより目立たないやり方でだが、いずれその気になった時には単独行動できる力を保持している。ロシアはロシアで、安定化しつつあり、アメリカ合衆国の演劇的ネオ帝国主義に直面して、軍事装置の現代化に取り掛かっており、再び外交上のチェスを有効性と創意をもってプレイし始めている。

現今の本物の強国を統制すること——工業の領域では日本とヨーロッパを押さえ、核武装の領域ではロシアを粉砕すること——ができないので、アメリカは、これ見よがしに帝国の振りをするために、非強国の分野で通用する軍事的・外交的行動を選ばざるを得なかった。すなわち「悪の枢軸」とアラブ圏という二つの圏域である。そしてこの二つが交差するところにイラクがある。軍事行動は、その強度とリスクの水準からすれば、いまや本物の戦争とヴィデオ・ゲームの間のどこかに位置することになる。防衛能力も持たぬ国を海上封鎖し、取るに足らぬ軍隊に爆弾の雨を降らせる。まさにヴィデオ・ゲーム並みの精確さを持つますます高性能の武器を開発・製造すると称しつつ、実際は非武装の一般住民の上に、第二次世界大戦に匹敵する重爆撃を敢行する。リスクの水準は、アメリカ合衆国の軍にとってはほとんどゼロに等しい。しかしアメリカの一般住民にとってはゼロではない。非対称的な支配は、被支配地域から発するテロという反動を産み出すのである。その最も成功したものが二〇〇一年九月一一日のテロだった。

この示威的軍事力発動は、世界の他のすべての国の軍事技術的力量の不足を証明するものと考えられたが、結局、ヨーロッパ、日本、ロシアという真の強国を不安に陥れてしまい、いまや互いに接近するように仕向けている。ここにおいてまさに、アメリカの駆け引きはおよそ狙いと裏腹な結果に至るものであることが暴露される。アメリカ合衆国の指導者たちは、リスクというのはせいぜいがところ、ロシアという大強国と、中国とイランという小強国の接近ぐらいなものだろうと、高を括っていた。それなら結果として、ヨーロッパの保護領と日本という保護領を己の統制下に置き続けることができるだろう、と考えていたわけだ。ところがもしこのまま乱行を続けるなら、実際のリスクは、ロシアという主要な核兵力強国と、ヨーロッパと日本という支配的な二大工業大国の接近に他ならないのである。

ヨーロッパは徐々に、ロシアはもはや戦略的脅威でなくなっただけでなく、己の軍事的安全に寄与する存在となりつつあるということに、気付いて行く。ロシアという戦略的な対抗馬が存在しなくても、アメリカ合衆国はヨーロッパ人がユーロとガリレオ計画を開始するのを許しただろうと、全く大真面目で断言することができる者がいるだろうか？　ユーロは中期的に見て、アメリカの金融資金調達にとってすさまじい脅威となるし、ガリレオ計画は、軍事的地表観察のアメリカの独占を打破するものに他ならない。それがＮＡＴＯの東への拡大が真に意味あるものとなる、もしくは意味を変える深い理由なのである。もともとは旧人民民主主義諸共和国をＮＡＴＯに統合することは、ロシアへ向けられた攻撃的な動きとしか解釈のしようがなかった。ソ連邦が毅然として平和的に崩壊して行く状況においては、それは奇妙な動きではあったが。当時はロシアの象徴的ＮＡＴＯ加入ということも論じられたが、それは今日、条文の中では実現している。それこそは接近的包囲の過程を巧みに化粧して提示することに他ならなかった。しかしＮＡＴＯの協議機関のレベルに、さらには決定機関のレベルにロシアを組み込むということは、ヨーロッパにとって徐々に現実的に心を引かれる課題となって来る。それはアメリカ合衆国への戦略的対抗馬の存在を制度化することだからである。アメリカ人が次第にＮＡＴＯへの関心を失って行き、ますます演劇的軍事力発動の領域で「単独行動」したがるようになって行った理由も、理解出来る。

ペルシャ湾や中央アジアの油田地帯の制圧は、弱小国の分野でのアメリカの行動の合理的目標として提示されている。しかしそれは外見上合理的に見えるにすぎない。というのもアメリカの依存性はいまや全般的なものとなっており、単に石油だけに関わるものではないからである。しかしここにおいてアメリカ合衆国の行動は、最も驚くべきマイナスの逆作用を産み出すのである。アメリカ軍によって湾岸一帯に不安と動揺が産み出され、ヨーロッパと日本にとってのエネルギー資源を統制しようとするアメリカの意思が明瞭になると、この二つの保護領はますます、世界第二の石油生産国の地位を回復し、天然ガスでは常に世界一の生産国であり続けているロシアを、必要なパートナーと考える方向に進まざるを得なくなって行く。ロシアの方は、石油価格について事実上の支援者を持っているようなもので、石油価格は中東でのアメリカの熱に浮かされたような蠢動によって一定の間隔を置いて高騰するわけだが、それはロシアにとって親切な贈り物であって、有り難く頂戴するしかない。アメリカ外交が動揺と不安を掻き立て続けると、石油輸出で稼いだ外貨がロシアに流れ込む量が増えるという結果にしかならないわけである。

アメリカがヨーロッパと日本のエネルギー供給への統制の手を強めるなら、それに真っ向から対決する形で、両者の系統的な協調がますます強まって行くのは、ますます避けがたいこととなって行く。ヨーロッパと日本の経済がいずれも相変わらず工業的であるという類似性は、どうしても両者の接近を招くことになる。それが日本の外国への直接投資――企業の買収ないし設立――の近年の動きが特に浮き彫りにする点である。一九九三年に日本はアメリカに一七兆五〇〇〇億円の投資を行なったが、ヨーロッパへの投資は九兆二〇〇〇億円にすぎなかった。二〇〇〇年には、ヨーロッパには二七兆円、北アメリカには一三兆五〇〇〇億円と、比率は逆転する。(1)

理論モデルに関心を持つ者にとっては、アメリカの行動はそれゆえ、戦略行為者が己の力量を越えてしまった目標を己に課す時に、不可避的にマイナスの逆作用を引き起こすことになるという事例を研究するまたとない機会となる。地球の統制権を確保しようとしてアメリカが打つ手という手が、新たな問題を呼び起こすのである。

ゲームはゆっくりと進行する。なぜならアメリカだけでなく、大国のいずれもがそれぞれ根本的な欠落をいくつも抱えているからである。ヨーロッパは統一性の欠如と人口危機という弱点を抱えている。ロシアは経済的・人口的衰退、日本は孤立性と人口状況という弱点を抱えている。それゆえにゲームは、チェックメイト〔王手詰み〕で終らず、ステールメイト〔手詰まり〕で終ることになるだろう。つまり唯一つの強国の勝利で終るのではなく、どの強国も支配権を握ることができないという状態で終るだろう。ヨーロッパとロシアと日本を合わせると、アメリカの国力の二倍半以上になる。イスラム圏でのアメリカの奇妙な積極行動主義は、北半球の三大強国を長期的な接近の道へと絶えず押しやるのである。

いま形作られつつある世界は、唯一の大国に統制される帝国となることはないだろう。それは、厳密に同等とまでは言えないまでも、ほぼ等しい規模を持ついくつかのネーションないしメタ・ネーションが互いに均衡を保つ、複合的なシステムとなるだろう。それを構成する極の中には、例えばロシア極のように唯一の国を中心とするものもあるだろう。日本も同様で、地図の上では極めて小さいが、日本はアメリカ合衆国の工業生産に等しい工業生産を擁し、その気になれば、アメリカのそれに等しいかもしくは上回る科学技術を擁する軍事力を一五年で構築することもできるだろう。非常に長い期間で見れば、中国もこのグループに加わって来るだろう。ヨーロッパは複数の国の集まりで、独仏の指導的カップルを中心とするが、その実質的勢力がどれほどのものとなるかは、イギリスの参加に懸かって来るだろう。南アメリカはブラジルの指導権の下に編成されて行くように思われる。

民主制と寡頭制

ソヴィエト帝国の崩壊とアメリカ・システムの解体とから生まれる世界は、フクヤマの夢のような、一様に民主主義的かつ自由主義的なものとなりはしないだろう。とはいえナチズム、ファシズム、共産主義のような型の全体主義に立ち戻ることは絶対にあり得ない。二重の動きが人類の歴史の今後の継続を保証する。まず発展途上諸国は、一般的傾向として民主制に向かって前進して行く。文化的に同質的な社会を産み出すことになる大衆識字化によって、この方向に押しやられるわけである。それに対して三極の先進諸国は、程度の差こそあれ寡頭制的傾向に蝕まれている。この現象は、社会を「上層」と「下層」と、さまざま変種を持つ「中層」の三つに分断する新たな教育による階層化の出現によって産み出されるものである。

とはいえこの教育による不平等主義的階層化の反民主主義的効果を過大に受け止めてはならない。先進諸国は識字化されているのであるから、民主主義的傾向の大衆識字化と、寡頭制的傾向の大学による階層化との間にある矛盾を管理して行かねばならぬ運命なのである。

先ほど定義した地域ないしメタ・ネーションを基盤として新保護貿易主義が確立するなら、それは経済活動と国民（もしくはメタ・ネーションの）所得の分配の領域で労働者と技術者に有利に働くだろうから、民主主義的傾向を促進することになるだろう。

それに対して絶対的自由貿易は、所得の不平等へ向かう動きを強めるものであるから、寡頭制原理の勝利をもたらすことになろう。世界システムをアメリカが統御することになれば、一九九五年から二〇〇〇年までの間にその端緒を観察することができた現象、すなわちアメリカ国民が、全世界の工業によって生産された財によって養われる帝国の平民層に変貌するという現象が産み出されることになろう。しかし先に私が説明を試みたように、この帝国への過程が十全な完結に達するに至るとはあまり考えられない。

行動する前に理解せよ

われわれがこれ程まで、自分を凌駕する経済的・社会学的・歴史的な諸力によって引きずられて行くのであるなら、市民としても政治家としても、われわれは何を為すことが出来るのだろうか？

先ず第一に、世界をあるがままに見るすべを身に付け、イデオロギーの、その時々の幻想の影響、メディアによって養われる「恒常的な偽の警報」（これはニーチェの言葉だ）の支配を脱すること。現実の力関係を感知するというのは、それだけでも大したことである。いずれにせよ意に反する結果になるような行動をしない可能性を確保することが出来る。アメリカは超大国ではない。現段階では弱小国にしか脅しをかけられないのである。現実にグローバルな対決について言えば、アメリカはヨーロッパとロシアと日本の協調という危険に曝されている。この三者には、理論的にはアメリカの首を絞める可能性もあるのだ。アメリカの方は、現在の運行状態と速度で日に一二億ドルという消費水準を維持するには外から援助金を貰う必要があるのだから、己の経済活動だけでは生きて行けないのである。もしアメリカがあまりにも不安をまき散らすようなら、そちらの方こそ経済封鎖を恐れなければならない。

アメリカの戦略家の中にはそのことを承知している者もいる。しかし私が懸念するのは、ヨーロッパ人が自分たちの行なった決定のうちのあるものは、戦略的に手酷い打撃となっているということを常に自覚しているわけではない、という点である。特に対立と不安の中で生まれたユーロは、もしこのまま何とか持ちこたえるなら、将来においてアメリカ・システムにとっての恒常的な脅威となるだろう。ユーロが事実上作り出すことになる経済共同体は、アメリカのそれに匹敵、もしくは凌駕する規模のもので、単一の方向で同一歩調の行動を取る能力があり、それによって均衡を攪乱する、というよりむしろアメリカ合衆国の不均衡を増幅するだけの十分な力を発揮することができるだろう。

ユーロ以前は、アメリカは何をしようが、非対称性現象を当て込むことができた。ドルの変動は世界全体に影響を及ぼした。弱小通貨の変動は互いに相殺し合い、アメリカ合衆国には影響を及ぼすことがなかった。ところがこれからはアメリカ合衆国は、一つの方向に向かうグローバルな動きの脅威に曝されることになる。例えば誕生から二〇〇二年二月までのユーロの下落。この過程は意図されたものでも予想されたものでもなかったが、アメリカ合衆国への資本の流出によってもたらされたに違いない。しかしその結果は、すべてのヨーロッパ製品の価格が二五％下がるということだった。ユーロが事実上、関税障壁を設けたわけである。この後に製鉄製品へのアメリカの関税率の引き上げが行なわれたが、それに対してヨーロッパ側が抗議したというのは、ある程度自己欺瞞に類する行為ではなかろうか。もっと悪いのは、ヨーロッパ人が己の実質的な力の強さを自覚していないことが、それによって暴露されたということである。主人たる者が、あたかも下僕であるかのように抗議するのだから。その後ユーロは上昇したが、これは当然、長期的にはアメリカ工業に有利に働くことになろう。しかしその代わりに極めて短期的に、急激に、アメリカ合衆国の金融資本の供給を途絶えさせてしまうことになりかねない。

ユーロの存在はヨーロッパ諸国の間の一層の協調を招来し、やがては前代未聞の形での共通予算政策の出現を促すことも大いに考えられる。もしそのような過程が完遂されないなら、ユーロは消え去ることになろう。しかしヨーロッパ人は次のことを承知しておかなければならない。すなわち、大陸規模の予算政策の出現は、全世界規模のマクロ経済的効果を発揮することになり、事実上、アメリカによる景気調節の独占を打ち破ることになるであろう。もしヨーロッパ人が全世界的景気刺激政策を実行し始めるなら、それと同時に、アメリカ合衆国の世界に対する唯一の貢献業務、すなわちケインズ的需要維持という業務を消滅させることになるだろう。

私は残りの数ページで、このような行動様式の変化が全世界規模の通商・金融・人的移動の流れに及ぼす無数の効果と相互作用を検討しようとするほど大胆ではない。しかし全体としての結果は容易に予想出来る。ユーラシア、すなわち世界の中心により近いところに調整の極が出現するだろう。そして今日アメリカを養っている物品と通貨と人間の移動の流れの枯渇も予想することが出来る。そうなるとアメリカ合衆国は他の国と同様に、対外収支のバランスを取りながら生きて行かなければならなくなるだろう。この制約はアメリカの住民の生活水準の一五％から二〇％の低下を帰結することになるだろう。この推算は、輸出入される商品のみが国際的価値を持つという事実を組み込んだものである。現在ＧＮＰの中に計上されている財とサービスの中の多くの部分が、国際市場では価値を持たないのであり、それゆえに大幅に低めに査定されるのである。

このような調整の見通しはいささかも人々を恐怖に陥れる類のものではない。この程度の生活水準の低下は、共産主義から脱却した時にロシア人が経験したそれ（五〇％以上の下落）に比べればものの数ではない。しかも当時のロシアの当初の国民一人当りのGNPは、アメリカ合衆国のそれよりははるかに低かったのである。アメリカ経済は本来的に柔軟であり、新たな事態への適応は急速に、しかも世界システム全体の利益に適うような形で行なわれるであろうと、信頼を込めて予想することができる。現在の傾向についての批判的な分析が、経済の柔軟さにせよ、政治的自由の原則への執着にせよ、アメリカが本質的に備えている特性を忘れさせるようなことがあっては決してならない。アメリカのことを理性的に考えるということは、アメリカを厄介払いしてしまおうとすることでも、その力を弱めようとすることでも、その他のいかなる粗暴で幻影劇的な態度を取ることでも、あり得ない。世界が必要としているのは、アメリカが消え去ることではなく、民主主義的で自由主義的にして、かつ生産力旺盛な本来のアメリカに立ち戻ることなのである。それもできる範囲で、である。というのも人間の歴史でも生物の種の歴史でも、本当に in statu quo ante〔以前の状態への〕完全な復帰というものは決してないからだ。恐竜は戻って来ることはなかった。五〇年代の真の帝国であったあの寛大なアメリカも、戻って来ることはないであろう。

世界の現実の姿を正しく知覚した上で、では一体われわれは何を為すことができるだろう。それ自体で進行しつつある移行が容易に進行するように、片隅で慎ましく振る舞うということができる。現在の世界の経済的・人口学的・文化的力関係の中では、いかなる国際政治も歴史の流れに影響を及ぼすことは出来ない。暴力的な対立抗争を最大限に避けつつ、妥当な政治的上部構造が出現するのを容易にするべく試みることができるのみである。

今日アメリカの経済と社会が不確実な状態にあることを考えるなら、核の恐怖の均衡が存在することは、依然として必要なことであり続けるだろう。その均衡がロシアの潜在力によって維持されるのか、ヨーロッパの核抑止力の確立によって維持されるのかは、何とも言えないとしても。

輸入品の代金を支払う能力を持つヨーロッパと日本は、石油の供給の安全確保について、ロシア、イラン、アラブ圏と直接話し合いをすべきである。アメリカ流の演劇的軍事介入主義に首を突っ込む理由はいささかもない。

国連はイデオロギー的表象としても政治的組織としても、全般的調整の用具であるべきである。この観点からすると、国連に敵対的なアメリカ合衆国が、早めに脅迫を始めたのは正しかった。この巨大な国際組織をより有効たらしめるには、それが現実の経済的力関係をより組織のあり方に反映し、組み込むことが必要であろう。戦争が経済的なものである今日の世界の中で、日本とドイツという二大主要国が安全保障理事会の常任理事国となっていないのは、やはり常規を逸している。この二ケ国の不在は、ひたすらそのアメリカ・システムへの従属を表現しているのである。

日本のために常任理事国の席を要求するのは、単なる良識に属する行為である。核攻撃を受けた唯一の国で、根本的に平和主義の国となった日本は、真正な正統性を与えられるべき存在である。アングロ・サクソン圏のそれと極めて異なる日本の経済についての考え方は、全世界にとって有益なバランスのための錘りとなるに違いない。ドイツについては解決は単純ではない。すでに安全保障理事会でヨーロッパ諸国を代表する国は多すぎるのであり、さらに一議席を増やして不均衡を拡大するのは問題になり得ないからである。ここらでフランスが知恵のあるところを見せて、自分の議席をドイツと共有すると提案すべきではなかろうか。ドイツと分かち合われた議席というのは、現在の議席よりはるかに重みを帯びることだろう。仏独のカップルということになれば、現実に拒否権を行使することも可能になろう。

アメリカ合衆国に所在する世界的機構のうちのいくつかをユーラシアに移転させることも、世界政治の上部構造を世界の経済的現実に合わせるということの調整に貢献するだろう。新たな国際的決定機関を創出するのはおそらく、今日では多くの人士から大いに失望を買っている国際通貨基金や世界銀行を移転するよりは、紛争の種とならない、より単純な道であろう。

これらの行動の提案はほぼ、世界の経済的力関係の現実のありようを自覚するという本質的な事柄の制度的具体化に他ならない。全世界が人口学的・文化的・社会的・政治的な諸力の自然の働きによって均衡と平穏化に向かっているのであるなら、いかなる大戦略も実は必要ではない。とはいえ次のことだけは絶対に避けなければならない。すなわち、かつてそうであったように今日も、真の力とは人口学的・教育的な分野に属するものであり、真の権力とは経済的分野に属するものである。正道を踏み外して、アメリカ合衆国との軍事力の競争という蜃気楼の中に迷い込むことは、何の役にも立たないだろう。偽の軍事力競争は、現実の戦略的重要性を持たぬ国に絶えず介入するという事態に立ち至る。われわれとしては、アメリカ軍の後ろに付き従って、作戦演劇〔作戦の舞台〕の観念と演劇作戦の観念を取り違えることなどしてはならないのである。アメリカの側に立ってイラクに介入するというのは、流血の軽喜劇の中で端役をこなすだけのことにすぎない。

二十世紀にはいかなる国も、戦争によって、もしくは軍事力の増強のみによって、国力を増大させることに成功していない。フランス、ドイツ、日本、ロシアは、このような企みで甚大な損失を蒙った。アメリカ合衆国は、極めて長い期間にわたって、旧世界の軍事的紛争に巻き込まれることを巧妙に拒んで来たために、二十世紀の勝利者となったのである。この第一のアメリカ、つまり巧みに振舞ったアメリカという模範に従おうではないか。軍国主義を拒み、自国社会内の経済的・社会的諸問題に専念することを受け入れることによって、強くなろうではないか。現在のアメリカが「テロリズムとの闘い」の中で残り少ないエネルギーを使い果たしたいと言うのなら、勝手にそうさせておこう。それはもはやすでに存在しない覇権の維持のための闘いの代用物に他ならない。もしアメリカがあくまでも全能を証明しようとするのなら、遂には己の無能を世界に暴露するという事態に立ち至ってしまうだろう。

2) *Global Political Economy*,〔前掲書〕, Princeton University Press, 2001, p.333-339.

3) これは最終版の発行年である。その初版は 1881・1882 年度。最近の再版は « Bouquins » 叢書、Robert Laffont, 1990.〔これは全 3 巻からなる書物で、全巻の刊行が 1881 年から 1889 年までの間に行なわれたと考えられる。なお戦前に抄訳が刊行されている。ボリュー『露西亜帝国』林毅陸訳、東京専門学校出版部、1901.6.〕

4) Olivier Roy, *La nouvelle Asie centrale ou la fabrication des nations*, Le Seuil, 1997.〔英訳があり、比較的入手可能――*The new Central Asia : the creation of nations*, I. B. Tauris, London, 2000.〕

5) Olivier Roy, *La nouvelle Asie central*, 前掲書、ならびに *L'Asie centrale contemporaine*,〔« Que sais-je ? »〕, Presses universitaires de France, 2001.

6) La Documentation française, *Le Courrier des Pays de l'Est*, no 1020, novembre-décembre 2001,〔『東欧諸国通信』誌〕p.175.

7) U. S. Census Bureau, http : //www.census.gov/foreign-trade/balance/c4623.html

第8章

1) L. Long, « Residential mobility differences among developed countries », *International Regional Science Review*, 1991, vol.14, no 2, p.133-147.〔L. ロング「先進諸国での住居移動性の差異」、『国際地方研究雑誌』14 巻 2 号に所収〕

2) Anthony King, « Distrust of government : explaining American exceptionalism », in Susan J. Pharr & Robert D. Putnam, *Disaffected Democracies,* Princeton University Press, 2000, p.74-98.〔キング「政府不信――アメリカ的例外の原因」、スーザン・J・ファー、ロバート・パットナム『不平不満の民主主義』に所収〕

ゲームの終り

1) http : //www.jin.jac.02.jp/stat/stats/08TRA42.html

ンのインタヴューについての分析が目に入った。それにしてもそれは偶然なのだろうか？　このインタヴューの中でフランス極右のリーダーは、イスラエル国軍が行なっている反テロリズム・反アラブの闘いへの理解を表明し、それは 40 年前にフランス陸軍がアルジェリアで行なった闘いに似ていると語っている。(*Libération*, 2002 年 4 月 22 日号)

13)　Peter Novick, L'Holocauste dans la vie américaine, Gallimard, 2002.〔ペーテル・ノヴィック『アメリカ生活におけるホロコースト』〕を参照。

14)　例えば保守派の週刊誌 *Weekly Standard* は、フランス大統領選挙第一回投票の翌日、三色旗をバックに「自由、平等、ユダヤ嫌い」という標語を並べるという驚くべき表紙を掲げている。(2002 年 5 月 6 日号)

第 6 章

1)　Michael Porter, *The competitive advantage of Nations*, Macmillan,〔London〕, 1990.〔M. E. ポーター『国の競争優位』土岐坤他訳、ダイヤモンド社、1992.3〕

2)　Lester Thurow, *Head to Head. The coming Economic Battle among Japan, Europe and America*, William Morrow, Nicholas Brealey,〔London〕1993.〔L. サロー『大接戦――日米欧どこが勝つか』土屋尚彦訳、講談社、1993.6〕

3)　本書 p. 125-126 を参照。

4)　この局面の極めて優れた記述が次のものの中にある。Jacques Sapir, *Le Chaos russe*, La Découverte, 1996.〔ジャック・サピール『ロシアの渾沌』〕

5)　理論的には、女性一人に対して子供 2 という少ない出産率と、絶対的父系選好とが両立するモデルを構築することもできる。それは各夫婦が男子を得ると生殖活動を停止し、男子を得ないうちは生殖活動を続けるという仮定の下で成立するが、この仮定は非常に非現実的で、夫婦が男子を二人得る可能性を排除してしまう。この可能性が排除されれば、兄弟間の連帯と兄弟の子供同士の婚姻への優先という、アラブの伝統的家族のもう一つ別の側面が排除されることになる。

6)　*Egypt Demographic and Health Survey, 1992 & 2000.*〔エジプト人口・保健衛生調査〕

7)　*Statistical Abstract of The United States : 2000*,〔前掲書〕p.591.

第 7 章

1)　OECD, *Economic Surveys 2001-2002, Russian Federation*, vol. 2002/5.〔OECD 編『経済調査 2001・2002 年度、ロシア連邦』〕

第5章

1) 私は現在計画中の『家族システムの起源』についての著書の中で、この点について詳しく論じる積りである。この著書はアングロ・サクソンの家族形態が、人類学的な意味で相対的にアルカイックなものであることを証明することになろう。この家族型が人類学的にアルカイックだということは、この家族型を特徴とする地方の文化的・経済的発展潜在力が劣るということを全く意味しない。また私は、人類学的な意味で高度に進化した家族形態の中には、発展を阻害するものもある——アラブや中国の家族形態——ことを証明する機会を持つことだろう。つまり家族の進化は教育的・経済的発展を阻害することがあり得るのである。

2) *Statistical Abstract of the United States : 2000*,〔前掲書〕、p.51. 表54.

3) *National vital Statistics Reports,*〔『国家枢要統計報告』誌〕vol. 49, no8, septembre 2001.

4) E. Todd, *La Chute finale*, 前掲書。

5) 実はアメリカの統計は、「白人」「黒人」「ヒスパニック」と並んで「アジア人」と「インディアン」の、全部で五つの集団を区別している。現段階ではアジア人は婚姻によって統合されているが、インディアンは極めて少数で、これも混淆婚によって統合されているので、「残滓」かイデオロギー的「おとり」と考えるべきであろう。

6) *American Demographics*,〔『アメリカ人口動態』誌〕novembre 1999.

7) http : //www.cesus.gov/population/projections/nations/summary

8) 『コメンタリー』誌はアメリカ・ユダヤ人委員会が刊行するネオ・コンサーヴァティズム系の雑誌であるが、特有の楽観的態度によって、この本について行なった分析の中で、西欧圏の外に位置するイスラエルがこのように除外されていることを見落としている。(1997年3月号)

9) The american Jewish committee, *2001 Annual Survey of American Jewish Opinion*,〔アメリカ・ユダヤ人委員会編『アメリカ・ユダヤ人世論年次概観 2001年版』〕http : //www.ajc.org

10) Aristote, *Politique*, livre V, 7, (14), Les Belles Lettres, 1989.〔『政治学』山本光雄訳（「アリストテレス全集15」)、岩波書店、1969〕

11) *Le Débat*, 118, 2002年1・2月号、p.117-131 の Ilan Greilsammer の注目すべき論文を見よ。

12) 私がこの件を書いていたまさにその時に、『リベラシオン』紙に載った、イスラエルの自由派新聞『ハーレッツ』*Haaretz*紙上のジャン=マリ・ル・ペ

の仏訳版にはトッドが序文を寄せている〕

10) Michael Lind, 前掲書。1984 年には民主党への企業献金は労働組合からの献金を上回った。P. 187.

11) 同前、p.231.

第４章

1) B. H. Liddell Hart, *History of the Second world War*, Pan books, London, 1973.〔リデル・ハート『第二次世界大戦』上村達雄訳、中央公論新社、1998.8-1999.10〕

2) 入手可能な統計資料では、戦線と作戦区域を区別することはできないが、戦死者の全体数だけでも、大いに参考になるだろう。

アメリカ合衆国（ドイツおよび日本に対して）	300,000
イギリス	260,000
フランス	250,000
ロシア	13,000,000
日本（すべての敵国に対して）	1,750,000
ドイツ	3,250,000

3) U. S. Census Bureau, *Statistical Abstract of the United States : 2000*, 表 580.〔『現代アメリカデータ総覧』合衆国商務省センサス局編、鳥居泰彦監訳、東洋書林〕

4) 次のものの中にアメリカの国防と軍事力の実態についての極めて優れた分析が見い出されるだろう。M. E. O'Hanlon, *Defense Policy Choices for the Bush Administration 2001-2005*, Brookings Institution Press, 2001.〔M. E. オハンロン『ブッシュ政権の防衛政策選択』〕

5) *Les Echos*〔『エコー』紙〕2002 年 4 月 11 日号に掲載されたインタヴュー。

6) « The betrayal of capitalism »〔「資本主義の裏切り」〕と題する論説。これは *The New York Review of Books,* 2001 年 1 月 31 日号に掲載され、次いで『ル・モンド』紙に掲載された。

7) Bureau of Economic Analysis, *U.S. International Transactions Account Data*.〔経済分析局『アメリカ国際取引収支報告資料』〕

8) The Wealth of Nations, Penguin Books, 1979, p.430.〔アダム・スミス『国富論』〕スミスが了解する経済的意味においては、「サーヴァント」の概念は疑いなく、アメリカの新サービス経済のかなりの部分を含むはずである。

9) 有名なアメリカ西部の無法者。1860 年から 1880 年までの間、その兄とともにギャング団の頭目となり、銀行強盗と列車強盗を働いた。

完全に異なる家族システムを有する。婚姻ののちには妻の家族の近くに住むことが多い。

4) 1853年、ギュスターヴ・ド・ボーモンへの手紙の中で、トックヴィルは、ロシアの基底部を「アメリカ、マイナス啓蒙の光明と自由。恐怖を与える民主社会」と定義している(A.de Toqueville,Œuvres complètes,tome VIII,correspondance d'Alexis de Toqueville et de Gustave de Beaumont, Gallimard, 1967, vol. 3, p.164〔トックヴィルとギュスターヴ・ド・ボーモン往復書簡〕)。

5) アメリカの出産率2.1から、ヒスパニックと黒人を除いた数値。

第3章

1) これらの問題全体については、次のものを参照のこと。R.Meiggs, *The Athenian Empire*, Oxford University Press, 1972.〔R. メイグズ『アテネ帝国』〕

2) 参照。G. Alföldy, *Histoire sociale de Rome*, Picard, 1991〔G. アルフルディ『ローマ社会史』〕.

3) http : //www.census.gov/foreign-trade/balance

4) *U. S. Trade Balance with Advanced Technology*, U. S. Census Bureau,〔『アメリカ先端技術関係貿易収支』アメリカ商務省センサス局〕http://www.census.gov/foreign-trade/balance/c0007.html

5) Arnold Toynbee 他 *Le monde en mars 1939*, Gallimard, 1958〔これは次のものの仏訳と考えられる。*The Eve of War, 1939*, Oxford University Press, London, 1958. トインビー他『1939年、戦争前夜』〕

6) 需要の構造的内部崩壊について、〔*Blowback: The Costs and Consequences of American Empire*, Metropolitan books〕, Henry Holt & company, New York, 2000, p.197.〔チャルマーズ・ジョンソン『アメリカ帝国への報復』鈴木主税訳、集英社、2000.6〕

7) Joseph E. Stiglitz, La grande désillusion, Fayard, 2002.〔『大いなる幻滅』〕原題はご覧のようにこれほど強烈ではない。*Globalization and Its Discontents*, Norton, 2002.〔ジョゼフ・E. スティグリッツ『世界を不幸にしたグローバリズムの正体』鈴木主税訳、徳間書店、2002.5〕

8) アメリカのスペクタクル映画『グラディエーター』の中で、ローマ帝国は、その原則については極めて大幅に好意的に扱われているが、その頽廃(パンと見世物)について批判的に扱われている。これはアメリカ・スペクタクル映画の歴史で初めてのことで、『クォ・ヴァディス』『スパルタクス』『ベン・ハー』のような全体として反ローマ的映画を考えると、隔世の感がある。

9) Friedrich List, *Système national d'économie politique*, nouvelle édition, Gallimard, collection « Tel », 2000.〔フリードリッヒ・リスト『国民経済学体系』。なおこ

8)　これらの相互作用の全般的分析については、次のものを参照のこと。E. Todd, *L'enfance du monde. Structures familiales et développement,* Le Seuil, 1984.〔トッド『世界の幼少期』〕ならびに *L'invention de l'Europe,* Le Seuil, 1990〔トッド『新ヨーロッパ大全 I II』石崎晴己・東松秀雄訳、藤原書店、1992.12,1993.6〕.

9)　*La Chute finale,* Robert Laffont, 1976〔トッド『最後の転落』〕. なおこれについては本書第5章を参照のこと。

10)　次のものを参照。Jean-Claude Chesnais, « La transition démographique », *Cahier de l'INED,* no113, 1986, PUF, p.122.〔ジャン＝クロード・シェネ「人口学的移行」〕

11)　Gilles Kepel, *Jihad. Expansion et déclin de l'islamisme,* Gallimard, 2000, 新版は « Folio ».〔ジル・ケペル『ジハード。イスラム主義の拡大と衰退』〕

12)　1975年から2000年までの間に、女性一人に対する子供の数は、ウズベキスタンでは5.7から2.7へ、トルクメニスタンでは5.7から2.2へ、タジキスタンでは6.2から2.4へ、それぞれ減少した。

13)　まことに伝統に適っているのであるが、南北戦争は当初のアングロ・サクソン系住民の出産率の低下の局面において勃発した。この戦争だけで、1776年以来アメリカ合衆国が行なったこれ以外のすべての衝突（ヴェトナム戦争も含めて）の死者の総数を越える死者を出している。すなわち62万人、うち北軍は36万人。

14)　この地域の出産率の変遷については、次のものを参照のこと。J. -P. Sardon, *Transition et fécondité dans les Balkans socialistes,* ならびに B. Kotzamanis, A. Parant, *L'Europe des Balkans, différente et diverse ?* Colloque de Bari, juin 2001, Réseau Démo Balk.〔サルドン『社会主義バルカンでの移行期と出産率』、コツァマニス、パラン『バルカンのヨーロッパ。果して多様か？』バリ・シンポジウム〕

第2章

1)　執筆は1793年。ヴラン社〔Vrin〕1970年版による〔『人間精神進歩史』渡邊誠訳、岩波文庫、1951〕。

2)　〔*La Troisième planète.Structures familiales et systèmes idéologiques.*〕スイユ社〔*Seuil*〕。*1999* 年に *La diversité du monde,* Le Seuil として再刊。〔『世界の多様性』、藤原書店近刊〕。

3)　これ以上の詳細については、*La troisième planète,*〔『第三惑星』〕第5章を参照。ユーゴスラヴィア、アルバニア、カザフスタンのイスラム教徒は父系で共同体的、平等主義的であるが、内婚ではない。マレーシアとインドネシアのイスラム教徒は、女性の地位の高さと重要な母方居住偏向を組み込んだ、

10) 同前、p.116. 教育は産業社会の帰結の一つとみなされている。

11) Michael Doyle, « Kant, liberal legacies and foreign policy », Part I, *Philosophy and Public affaires*, 12 (1983) pp.205-235. Part II, *Ibid.* pp.323-353.〔マイケル・ドイル「カント、自由主義の遺産と対外政策」『哲学と公務』誌〕

12) 「われわれが武力を用いなければならないのは、われわれがアメリカであるからである。われわれは不可欠な国《ネーション》である。われわれは高く屹立する。われわれは遠く未来を見通す」。

13) このメカニズムの詳細については、拙著『経済幻想』〔平野泰朗訳、藤原書店、1999.10〕第5章を参照のこと。〔*L'Illusion économique*, Gallimard, 1998, 新版は« Folio »〕

14) Michael Lind, *The Next American Nation. The New Nationalism and the Fourth american Revolution*, The Free Press, New York, 1995.〔マイケル・リンド『次なるアメリカ国家――新ナショナリズムとアメリカ第四革命』〕

15) Michael Young, *The rise of the Meritocracy,* Penguin, Harmondsworth, 1961. 初版は1958.〔マイケル・ヤング『メリトクラシー』窪田鎮夫、山元卯一訳、至誠堂 1982.2〕

16) Michael Lind, 前掲書、p.145.

第1章

1) 詳細な分析については、『経済幻想』前掲、第6章を参照のこと。

2) イランの人口学的移行の詳細については、次のものを参照のこと。Marie Ladier, *Population, société et politique en Iran, de la monarchie à la république islamique*, EHESS〔社会科学高等研究学院〕の博士論文、1999.3.

3) Youssef Courbage, « Demographic transition among the Maghreb peoples of North Africa and the emigrant community abroad », in Peter Ludlow, *Europe and the Mediterranean*, Brassey's, London, 1994.〔ユセフ・クルバージュ「北アフリカのマグレブ人と外国移民共同体における人口学的移行」、ピーター・ラドロウ『ヨーロッパと地中海』中に所収〕

4) マレーシアには強力な中国系少数派が存在する。

5) ナイジェリアには強力なキリスト教徒少数派が存在する。

6) Youssef Courbage, « Israël et Palestine à combien d'hommes demain ? », *Population et sociétés*, no 362, novembre 2000.〔クルバージュ「イスラエルとパレスチナ――明日の人口は何人か」『人口と社会』誌所収〕

7) Pierre Manent, *Les libéraux,* Gallimard, 2001.〔ピエール・マナン『自由主義者たち』〕

原　注

開　幕

1) Norman Podhoretz, « How to win morld war IV », *Commentary,* feb. 2002, p.19-28.〔ノーマン・ポドレッツ「第四次世界大戦に勝つ方法」『コメンタリー』誌〕。

2) 例えば Noam Chomsky, *Rogue States. The Rule of Force in World Affairs*, Pluto Press, London, 2000.〔ノーム・チョムスキー『「ならず者国家」と新たな戦争――同時多発テロの真相を照らす』塚田幸三訳、荒竹出版、2002.1.〕。

3) Benjamin R. Barber, *Jihad vs. Mc World. How Globalism and Tribalism are reshaping the world,* Ballantine Books, New York, 1995.〔ベンジャミン・バーバー『ジハード対マックワールド――市民社会の夢は終ったのか』鈴木主税訳、三田出版会、1997.10〕

4) Henry Kissinger, *Does America need a Foreign Policy? Toward a Diplomacy for the 21st Century*, Simon and Schuster, New York, 2002.〔ヘンリー・キッシンジャー『アメリカは対外政策が必要か？　21 世紀への外交へ向けて』〕

5) Paul Kennedy, *The Rise and Fall of Great Powers. Economic change and Military Conflict from 1500 to 2000*, Fontana Press, London, 1989;初版は 1988.〔ポール・ケネディ『大国の興亡――1500 年から 2000 年までの経済の変遷と軍事闘争』鈴木主税訳、草思社、1988.8. 決定版は 1993.3.〕

6) Samuel P. Huntington, *The Clash of Civilizations and the Remarking of World Order,* Touchstone Books, London, 1998. アメリカ版初版は 1996.〔サミュエル・ハンチントン『文明の衝突』鈴木主税訳、集英社、1998〕

7) Robert Gilpin, *Global Political Economy, Understanding the International Economic Order*, Princeton University Press, 2001.〔ロバート・ギルピン『グローバル経済学――国際経済秩序を理解する』〕

8) Zbigniew Brzezinski, *The Grand Chessboard. American Primacy and its Geostraegic Imperatives,* Basic books, New York, 1997.〔ズビグニュー・ブレジンスキー『世界はこう動く――21 世紀の地政戦略ゲーム』山岡洋一訳、日本経済新聞社、1998.1〕

9) Francis Fukuyama, *The End of History and the Last Man*, Penguin Books, London, 1992. 仏訳は *La fin de l'histoire et le dernier homme*, Flammarion, 1992.〔フランシス・フクヤマ『歴史の終わり』渡部昇一訳、三笠書房、1992〕

図表一覧

訳者解題

対イラク戦争がついに開始されるまでの国連安保理の討議は、これまでの常識を覆すような驚くべき展開を見せた。アメリカに対する多数の理事国の頑強な反対である。その中心は言うまでもなくフランスで、非常任理事国のドイツの強硬な反対姿勢に支えられて真っ向から論陣を張り、伝統的なロシアと中国の反対姿勢を励ましつつ、イラク攻撃の明示的な決議をもぎ取ろうとしたアメリカの思惑を打ち砕き、アメリカを国際的孤立と正当性の欠如へと追い込んだ。トッドも「日本の読者へ」の中で指摘しているが、それはまさに本書掉尾でトッドが提出しているいくつかの提案の一つ、すなわち安保理常任理事のポストをフランスとドイツが分かち合うという提案の、ほぼ完全な実現に他ならない。

このような事態を、例えば昨年のうちに想像し得た者は果して何人いるだろうか。私としては、このような事態はかなりの程度に本書のお蔭で実現した、という思い込みを禁じ得ない。一九九五年にシラクが初めて大統領に当選した時に客観的にトッドが果した役割は、フランスでは知らぬ者とていない。右派の大統領候補としては、時の首相バラデュールに遅れをとっていたシラクは、トッドがサン＝シモン財団主催の研究会で行なった発表からヒントを得た「社会的断層」というキャッチフレーズを掲げて、「疑似左派的な」キャンペーンを行ない、優勢を伝えられたバラデュールを破って当選したのである。トッドはシラク陣営の「グル」などと呼ばれ、一躍時の人となった。実際はトッドはことさらシラクの参謀ないし顧問を務めたわけではなく、シラクが彼の発表からアイデアを盗み出して勝手に利用したというのが真相である。しかし結果的にシラクがトッドのお蔭で当選したことには変わりはない。そんな巧妙な利用をしたくらいであるから、シラクはもちろんトッドの真価をよく承知しているはずであり、当然、本書も読んでいるはずである。

そういう訳で今回のフランスの、つまりシラク大統領の頑強な姿勢の背後には、トッドへの「信頼」、彼の分析の正しさと先見性への確信が窺えるのである。イラクへの武力攻撃への反対を貫いたことで、シラクの支持率はうなぎ上りのようであるが、だとすると彼は二度もトッドに救われたということになる。もちろんシラクだけの力でそれが可能になったわけではない。何よりもドイツのアメリカに対する「独立宣言」に等しい外交姿勢の大転換が不可欠な要因となった。しかしこれにしても、本書の提案への積極的反応と考えることも不可能ではない。本書の刊行は昨年九月。ドイツでもベストセラーとなっていると聞く。当然、政権担当者たちも直接間接に読んでいると考えられる。つまり本書はまさに顕在化しようとしていた潜在的状況を把握し、それを提示した。そして指導者たちは、いくぶんは本書を通して、いくぶんは本書から独立して、本書が分析した潜在的な事象の力に呼応した、ということではなかろうか。優れた書物が現実を変える、というのはそういうことなのであろう。そこまで考えると、中国は兎も角、ロシアの態度にも本書の影響が読み取れるとさえ言えそうであるが、どうであろうか。

本書は Emmanuel TODD, *Après l'Empire*, Gallimard, 2002 の全訳である。昨年九月に、同時多発テロの一周年に合わせて刊行されたが、あらゆる新聞・週刊誌に取り上げられ、たちまちベストセラーになった。

一一月に『フィガロ・リテレール』誌が行なった一〇人の代表的な書評担当者のアンケートでも、一〇篇の評判のノンフィクションの中で、本書だけはすべての担当者から積極的な評価を得て一位にランクされている。また論争誌として定評のある『デバ』誌は「エマニュエル・トッドの『帝国以後』をめぐって」という特集を組んで、前外務大臣ヴェドリーヌを含む四人の論客に本書を論じさせている。またイラク問題の緊迫化の中で、トッドは頻繁にメディアに登場しているようである。

また昨秋のフランス読書界の主たる話題の一つは反アメリカ主義であったようで、ジャン＝フランソワ・ルヴェルの『反アメリカの強迫観念』やフィリップ・ロジェの『アメリカという敵』等、フランスにおける反米主義の歴史的検討の本が相次いで刊行され、話題を呼んだ。あたかもアメリカ帝国の崩壊を予言する本書の衝撃に対抗しようとする問題提起が、本書を取り巻くように布陣しているかの観がある。しかしフランスにおける反米主義という問題の枠組みに本書が収まらないのはもちろんである。

ソ連邦崩壊以来、唯一の超大国となったアメリカ合衆国が古代ローマ帝国にも匹敵する（しかも地球全体への支配権という点では人類史上未曾有の）帝国をなしているという認識は、このところ急速に広まっている。これについて論じる著作はいずれも、アメリカ帝国の強大さを前提としており、その世界支配を道徳的立場から告発する論も少なくない。アメリカ帝国論としての本書の基本的性格は、そうした言わば反体制的ないし異議申し立て的著作とは、根本的なスタンスを異にするという点であろう。科学者であるトッドにとって、道徳的告発は無縁な立場である。第二の特徴は、アメリカ帝国の強大さではなく、その脆弱さを分析・研究し、その崩壊を予告している点である。これこそ本書の真骨頂であるが、いままで何者がこのような挙をなし得たであろうか。アメリカ帝国の衰退という、この何ぴとも抱き得なかった観念によって、本書はフランス中に（おそらくはヨーロッパ中に）衝撃を与えた。まさに「予言者」の面目躍如というべきであろう。

アメリカ帝国の衰退という着想から遡ってみるなら、そのヒントはあるいはブレジンスキーやチャルマーズ・ジョンソンの著作の中に見つかったかも知れない。しかし複雑を極め錯綜するパズルを解く鍵を発見したのは、トッド自身であり、アメリカ帝国の衰退は本書の中で疑い得ない事実となり、次いで現実の中で確実な事実となりつつある。

なぜアメリカは脆弱なのか。トッドの挙げるその第一の理由は、貿易収支の赤字の急速な増大を通してうかがえる、工業生産の不振である。アメリカは半世紀前の旺盛な工業生産国ではなくなっており、自国製品の輸出によって輸入の代金を賄うことができない。ところがアメリカ人の消費はますます旺盛になって行き、輸入は増大の一途をたどっている。対等の国同士の対称的な交換関係を大幅に逸脱したこの輸入超過に、トッドは帝国としての構造の一端を見抜く。つまり需要不足に喘ぐ世界全体にとってアメリカ合衆国は、あたかも国家予算によって需要を作り出してくれるケインズ的国家が一国の経済にとって果すのと同じ機能を果している。つまりアメリカ合衆国は世界全体にとっての国家なのである。ではそのような赤字はどのようにカヴァーされるのか。ドルという基準通貨の力が引き寄せる全世界からの資本の流入によってである。要するにアメリカ合衆国は全世界から集まった資金によって、消費の代金を支払っていることになるのであり、トッドはそれをアメリカ合衆国の「略奪者」的性格と定義する。

このように世界から富を吸い上げる構造にトッドはローマ帝国のシステムと類似の帝国システムを見る。アメリカ合衆国は全世界からさまざまな形で貢納物を徴収し、それで自国民の過剰な消費を賄う帝国なのである。このシステムによって消費を行なうアメリカ国民は、あたかも帝国によって「パンと見世物」を無償で提供された古代ローマの市民にもなぞらえられる。しかしアメリカは帝国として成功するための重要な条件、すなわち普遍主義を持たない。本国の市民権を属領の住民にまで拡大する普遍主義こそが、ローマ帝国の安定の要因であった。アメリカも第二次世界大戦直後は豊かで寛大な国として、普遍主義への傾斜を見せたものだが、近年はその普遍主義が著しく後退している。

こうした帝国的構造からトッドが引き出す命題は、アメリカ合衆国の世界に対する依存性に他ならない。すなわちアメリカにとって世界は不可欠だが、世界にとってアメリカは不可欠ではなく、むしろ不必要となっているということである。そもそもアメリカ合衆国は西半球の別天地で独自の自由な生活を謳歌していたのが、ナチス・ドイツ（もっとも直接のきっかけは軍国日本だったが）、次いでソ連という、自由を脅かす全体主義から世界を護るために、懇願されてユーラシアへと介入した。しかしソ連邦崩壊とともに自由のための守護者としてのアメリカ合衆国の役割は終わりを告げる。そこであり得た選択は、ユーラシアから撤退し、通常の国（ネーション）として健全な貿易収支の均衡を図りつつ生きるという道であったが、アメリカ合衆国はその道を選択しきれず、奇妙な帝国の道を歩み始めた。そうなると不必要かも知れない己の存在を糊塗し、己が世界にとって不可欠なものであることを証明しなければならない。そこで選ばれたのが、「弱者を攻める」という手である。イラクなどの弱小国を世界に対する脅威に仕立て上げ、それに対して武力を行使する「小規模軍事行動主義」によって、己の必要性を納得させようというのである。

しかしそのようにせわしなく軍事力をちらつかせるアメリカの態度は、いたずらに警戒心を掻き立てることになる。それも大国の警戒心を。ヨーロッパにとって、ロシアにとって、日本にとって、アメリカは世界秩序の守護者ではなく、世界秩序の安定の攪乱要因となるのである。その結果、それらの大国は互いに連携を深めつつ、アメリカからの離反・独立を志向することになる。具体的にトッドが最も可能性が高いものとして予測するのは、仏独の連携の強化による、アメリカの後見からのヨーロッパの独立と、さらに共産主義崩壊後の混乱から立ち直ったロシアとヨーロッパの協調である。今回、安保理を舞台に繰り広げられたフランスとドイツとロシアの連携は、まさにその見取り図の現実化に他ならなかった。まさに書物が現実を促し、現実もどんどん前進して、書物に追い付き追い越さんばかりであった。

こうした展望の果てにトッドがアメリカ合衆国に寄せる勧告は、帝国を諦めて、ユーラシアから手を引き、普通の強国として、他の大国との間に対等の関係を築くことを受け入れることである。その上でトッドが想定する未来の世界は、唯一の国に支配される帝国ではなく、複数の大国が均衡を保って共存する複合的なシステムに他ならない。トッドにとっては、それこそが真の戦後の終結なのである。

本書はアメリカ論を越えて、より広い次元も備えている。人口学者たるトッドにとって、世界史を進展させる真の要因は、識字化と受胎調節の普及であるが、この二つによってトッドは、いわゆるイスラム原理主義の真の意味を見抜く。すなわちそれは人口学的移行期の危機に他ならない。識字率がある水準に達すると、その国では近代化が始まる。しかしそれは平穏で幸せな前近代社会との訣別であり、親の世代との断絶であるため、すさまじい暴力と狂信が猖獗を極めることになるのである。フランス革命や共産主義革命にも益して本書でトッドが強調しているのは、イングランド革命の暴力と狂信である。そして今日、イスラム・アラブ諸国がこの水準に達しつつある。

トッドがいわゆる「テロリズムの脅威」に過大に反応しないのは、それが今日の先進国がかつて経験したのと同じ内面的過程であり、識字率が一定の水準に達すると終息するという確信があるからである。

識字化によって個人としての自覚に至った女性は受胎調節を行なうようになる。その結果イスラム圏でも出産率の低下が進行し、それはアラブ的大家族を実質的に掘り崩す。地球の人口爆発という、つい最近までわれわれにとりついていた破滅の脅威の代わりに、トッドは二一世紀の半ばに人口の安定に達する世界という楽観的なヴィジョンを示してくれるとともに、識字化の進展による民主主義の普遍化という、もう一つの楽観的ヴィジョンも示してくれる。ただしアングロ・サクソン型ないしアメリカ型の個人主義的民主主義とは異なる、多様な発展をとげる民主主義であるが。

このように本書は世界史の一般法則を定義し、世界全体の将来の姿を予測しようとする、包括的な世界史論となっている。

本書はフランスで広範な議論を巻き起こした。トッドの経済観がいささか古臭い工業重視であるとか、アメリカ帝国システムの分析は牽強附会の組み合わせであるとか、さらにはトッドの予測は異なる時間割を混同している(例えば長い歳月を要するはずのロシアの回復が早期に実現するかの如く論じている)、というような批判が提出されている。経済学者でも国際政治学者でもない私としては、十全の確信と責任をもってトッドの所説を弁護する資格と能力を持たない。ひたすら本書が日本においても真摯で壮大な論争のきっかけとなってくれればと願うものである。なお現在、トッドを六月に日本に招く計画があり、それが実現すれば本書をめぐる論争が著者を交えて日本で実現することになろう。

エマニュエル・トッドについては、すでに何度も紹介しているが、初めての読者の便宜のために基本的な事項のみ記すことにする。

トッドは一九五一年生まれの気鋭の人口学者、人類学者で、ケンブリッジ大学で歴史学の博士号を取得。現在、国立人口統計学研究所（ＩＮＥＤ）の研究員を務める傍ら、通称「シャンス・ポ」で名高い政治学研究学院（ＩＥＰ）で講義を持っている。一九七六年に弱冠二五歳にして、当時、隆盛の一途をたどりつつあると思われたソ連邦の崩壊を予言した衝撃的なソ連研究の書『最後の転落』を刊行して、著作家としてデビュー。一九八三年に『第三惑星』で全世界の家族制度の定義と分類を完成させ、家族制度によって近代のイデオロギー現象を説明しようとする方法を確立する。さらに一九九九年には『経済幻想』によって経済学に進出した。本書はその意味で、人類学と経済学というトッドの足場をなす学問分野が有機的に統合された研究をなしているわけである。すでに二度来日しており、二〇〇〇年六月の二度目の来日からは、『世界像革命』（藤原書店）が生まれた。

以下に著作一覧を掲げておこう。本邦未訳のものにも、日本語の仮題を付してある。

La Chute finale, Robert Laffont, 1976. 1990.『最後の転落』
Le Fou et le prolétaire, Robert Laffont, 1979.『狂人とプロレタリア』
L'Invention de la France, en collaboration avec Hervé Le Bras, Hachette, coll. « Pluriel », 1981.『フランスの創建』
La Troisième Planète, Seuil, coll. « Empreintes », 1983.『第三惑星』
L'Enfance du monde, Seuil, coll. « Empreintes », 1984.『世界の幼少期』
La Nouvelle France, Seuil, coll. « L'Histoire immédiate », 1988, coll. « Points politiques », 1990.『新たなフランス』
L'Invention de l'Europe, Seuil, 1990.『新ヨーロッパ大全』藤原書店、Ⅰ石崎晴己訳、一九九二年、Ⅱ石崎晴己・東松秀雄訳、一九九三年

Le Destin des immigrés, Seuil, « L'Histoire immédiate », 1994.『移民の運命』藤原書店、石崎晴己・東松秀雄訳、一九九九年
L'Illusion économique, Gallimard, 1998.『経済幻想』藤原書店、平野泰朗訳、一九九九年
La Diversité du monde, Seuil, « L'Histoire immédiate », 1999.『世界の多様性』(『第三惑星』と『世界の幼少期』を併せて一冊として再刊したもの) 藤原書店、荻野文隆訳、近刊予定

訳語について一言。本書で「出産率」と訳されているのは taux de fécondité (受胎能力率) であるが、これは「ある年次における一人の女性がどの程度の出生力を持っているかを示す指標」(『新社会学辞典』有斐閣) で、日本では「合計特殊出生率」と呼ばれるものである。一方「出生率」と訳されているのは、taux de natalité で、これはまさに「出生率」そのものであって、人口一〇〇〇人あたりの出生数を示す。taux de fécondité を日本の人口統計学の慣行に従って「合計特殊出生率」(この名称はあまりにも便宜主義的ではなかろうか) とすることも考えたが、従来トッド関係の訳では一貫して「出産率」と訳し続けているため、本書でも踏襲することにした。

もう一つ、実は nation という語の訳である。「国」とするのが最も本意に近いのだろうが、nation と empire「帝国」が対比的に論じられている時に、「国」では対比がぼやけてしまうので、「国民国家」としておいた。内容的に最も非妥当性が少ないと思う。とはいえ他の箇所で、比較的自由に「国」「国家」「ネーション」との訳を振り当ててもいる。いつもながら厄介な言葉である。

凡例に相当する件にもここで二、三触れておこう。

＊訳注は巻末に立てず、〔　〕で括って割註とした。
＊（　）は原則として原文中に用いられている場合のみに限った。ただ例外的に説明的補足のために用いた箇所が二、三箇所ある。
＊原注中の書名については、原文のまま提示し、和訳のあるものは〔　〕内に記載した。また和訳のないものについても、書名に仮の訳を付してある。なお時に原注中に欠落があり、それを補足する必要がある時は、〔　〕を用いて提示してある。

当初、私は本書の翻訳を担当することを考えていなかった。実は勤務校で激務に就いており、このような類いの仕事は当分不可能だと考えていたし、その上、内容の多くの部分が経済的事象を扱っているため、私は適任ではないと思われたからである。しかしこの間に、トッドのものを三件翻訳し（「アメリカ神話——九・一一事件と報復攻撃が露わにしたもの」『環』八号、「ＥＵの将来と日本の役割——国際紛争に直面して」『環』一二号、「イスラーム原理主義とは何か——近代性への過渡期のイデオロギー」『環』別冊四）、最近のトッドの議論の目覚ましい展開にすっかり魅了され熱狂しているうちに本書の刊行を知り、そのまま熱狂に身を任せるようにして、身の程知らずの冒険に身を投じる決心をした、というような次第である。経済関係の記述に関しては、特に第4章を中心に大学の同僚である、青山学院大学国際政治経済学部教授、押村高氏に目を通して頂いた。ここで改めて氏への感謝の意を表するものである。

とはいえ文責はもちろん私にあるのであり、それだけに私としては誤りや不適切を犯していることを大変懸念している。読者からの忌憚のないご指摘をお待ちしている。

本書はできれば昨年のうちに刊行されるべき本であった。しかし実際に取り掛かったのは冬休みからであり、結局、今日になってしまった。この間、イラク問題は日々緊迫の度を加えて行き、そうした緊迫にせっつかれるようにして仕事を進めて行った。藤原書店も、本書を一刻も早く刊行するために特別の態勢を組んで下さり、初稿出来以降の段取りを大幅に短縮する形で仕事が進んだ。いくつかの訳注については、担当の清藤洋氏ご自身がお調べ下さった。藤原良雄社長と清藤洋氏に感謝の意を表するものである。また注について調べる上で、わが青山学院大学図書館にも随分お世話になった。特にレファレンス係の高井恵之氏は親身になって協力して下さった。この場をお借りして御礼を申し上げる。

いま本書に関する作業をすべて終えるにあたって、静かな興奮が体を包んでいる。国際社会の景観を一変させてしまう書物、まさに新たな現実を作り出し、そうして作られつつある現実に支えられてますます確固たる存在感を放射する書物、そのような書物を日本の読者に紹介できる幸せの実感であろうか。

石崎晴己

二〇〇三年四月五日　青山学院大学入学式の日に

著者紹介

エマニュエル・トッド（Emmanuel TODD）

1951年生。歴史人口学者・家族人類学者。フランス国立人口統計学研究所（INED）に所属。作家のポール・ニザンを祖父に持つ。L・アンリの著書を通じて歴史人口学に出会い、E・ル=ロワ=ラデュリの勧めでケンブリッジ大学に入学。家族制度研究の第一人者P・ラスレットの指導で、76年に博士論文『工業化以前のヨーロッパの7つの農民共同体』を提出。

同年、『最後の転落』で、弱冠25歳にして乳児死亡率の上昇を論拠に旧ソ連の崩壊を断言。その後の『第三惑星——家族構造とイデオロギー・システム』と『世界の幼少期——家族構造と成長』（99年に2作は『世界の多様性——家族構造と近代性』として合本化）において、各地域における「家族構造」と「社会の上部構造（政治・経済・文化）」の連関を鮮やかに示す、全く新しい歴史観と世界像を提示。

『新ヨーロッパ大全』（90年）では多様性に満ちた新しいヨーロッパ像を提示、『移民の運命』（94年）では家族構造が各国の移民問題に決定的な影響を与えていることを分析し、『経済幻想』（98年）では家族構造に基づく経済構造の多様性の認識から、アングロ・サクソン型個人主義的資本主義を唯一の規範とするグローバリズムを批判し、金融に過剰依存するアメリカ経済の脆弱さをいち早く指摘。

「9・11テロ」から1年後、対イラク戦争開始前の02年9月に発表された『帝国以後——アメリカ・システムの崩壊』では、「米国は唯一の超大国」といった世界の一般的な対米認識に反して、「アメリカの問題は、その強さにではなく、むしろその弱さにこそある」と、アメリカの衰退、とりわけその経済力の衰退を指摘し、アフガニスタン攻撃に始まる米国の軍事行動を、自らの覇権を演劇的に世界に誇示するための「演劇的小規模軍事行動」と断定。28カ国以上で翻訳され、世界的大ベストセラーとなり、とりわけ独仏を中心とする、対イラク戦争反対の理論的支柱となった。

『文明の接近——「イスラーム vs 西洋」の虚構』（07年）では、『帝国以後』でのイスラム圏分析をさらに深化させ、出生率の下降と識字率の上昇を論拠に、「イスラム原理主義」の表層的現象ばかりに目を奪われる欧米のイスラム脅威論に反して、着実に進むイスラム圏の近代化を指摘。

08年秋刊行の最新著『デモクラシー以後』では、サルコジ大統領誕生に体現されたフランス社会とデモクラシーの危機を分析し、「エリートが自由貿易体制に疑義を呈さないことが格差拡大、金融危機につながっている」と、需要を掘り起こし、ヨーロッパのデモクラシーを守る最後の手段として、均衡のとれた保護主義を提唱している。

訳者紹介

石崎晴己（いしざき・はるみ）

1940年生まれ。1969年早稲田大学大学院博士課程単位取得退学。現在、青山学院大学総合文化政策学部教授。専攻フランス文学。訳書に、ボスケッティ『知識人の覇権』（新評論、1987）、ブルデュー『構造と実践』（藤原書店、1991）『ホモ・アカデミクス』（共訳、藤原書店、1997）、トッド『新ヨーロッパ大全 I II』（II 共訳、藤原書店、1992-1993）『移民の運命』（共訳、藤原書店、1999）『デモクラシー以後』（藤原書店、2009）『文明の接近』（トッドとクルバージュとの共著、藤原書店、2008）、レヴィ『サルトルの世紀』（監訳、藤原書店、2005）、コーエン=ソラル『サルトル』（白水社、2006）、カレール=ダンコース『レーニンとは何だったか』（共訳、藤原書店、2006）など多数。編著書に、トッドほか『世界像革命』（藤原書店、2001）など。

帝国以後《ていこくいご》――アメリカ・システムの崩壊《ほうかい》

2003年 4月30日　初版第1刷発行©
2011年 2月28日　初版第15刷発行

訳者　石崎晴己
発行者　藤原良雄
発行所　株式会社 藤原書店

〒162-0041　東京都新宿区早稲田鶴巻町523
TEL　03（5272）0301
FAX　03（5272）0450
振替　00160-4-17013
info@fujiwara-shoten.co.jp

印刷・美研プリンティング　製本・中央精版印刷

落丁本・乱丁本はお取り替えします
定価はカバーに表示してあります

Printed in Japan
ISBN978-4-89434-332-0

独自の手法で、ソ連崩壊と米国衰退を最も早く見抜く！

エマニュエル・トッド （1951- ）

1951年生。歴史人口学者・家族人類学者。フランス国立人口統計学研究所（INED）に所属。L・アンリの著書を通じて歴史人口学に出会い、E・ル＝ロワ＝ラデュリの勧めでケンブリッジ大学に入学。家族制度研究の第一人者P・ラスレットの指導で、76年に博士論文『工業化以前のヨーロッパの7つの農民共同体』を提出。同年、『最後の転落』で、弱冠25歳にして乳児死亡率の上昇を論拠に旧ソ連の崩壊を断言。その後の『第三惑星――家族構造とイデオロギー・システム』と『世界の幼少期――家族構造と成長』（99年に2作は『世界の多様性――家族構造と近代性』として合本化）において、「家族構造」と「社会の上部構造（政治・経済・文化）」の連関を鮮やかに示す全く新しい歴史観と世界像を提示。『新ヨーロッパ大全』（90年）では多様性に満ちた新しいヨーロッパ像を提示、『移民の運命』（94年）では家族構造が各国の移民問題に決定的な影響を与えていることを分析し、『経済幻想』（98年）では家族構造に基づく経済構造の多様性の認識から、アングロ・サクソン型個人主義的資本主義を唯一の規範とするグローバリズムを批判。「9・11テロ」から1年後、対イラク戦争開始前の02年9月に発表された『帝国以後』では、「米国は唯一の超大国」といった世界の一般的な対米認識に反して、アメリカの衰退、とりわけその経済力の衰退を指摘し、アフガニスタン攻撃に始まる米国の軍事行動を、自らの覇権を世界に誇示するための「演劇的小規模軍事行動」と断定。28カ国以上で翻訳され、世界的大ベストセラーとなる。『文明の接近――「イスラームvs西洋」の虚構』（07年）では、出生率の下降と識字率の上昇を論拠に、「イスラム原理主義」の表層的現象ばかりに目を奪われる欧米のイスラム脅威論に反して、着実に進むイスラム圏の近代化を指摘。08年秋刊行の最新著『デモクラシー以後』（邦訳近刊）では、「エリートが自由貿易体制に疑義を呈さないことが格差拡大、金融危機につながっている」として、均衡のとれた保護主義を提唱している。

衝撃的ヨーロッパ観革命

新ヨーロッパ大全 I・II

E・トッド

石崎晴己・東松秀雄訳

宗教改革以来の近代ヨーロッパ五百年史を家族制度・宗教・民族などの〈人類学的基底〉から捉え直し、欧州の多様性を初めて実証的に呈示。欧州統合の問題性を明快に示す野心作。

A5上製

I 三六〇頁 **三八〇〇円**（一九九二年一一月刊）

II 四五六頁 **四七〇〇円**（一九九三年六月刊）

I◇978-4-938661-59-5

II◇978-4-938661-75-5

L'INVENTION DE L'EUROPE Emmanuel TODD

「核武装」か？「米の保護領」か？

「帝国以後」と日本の選択

E・トッド
池澤夏樹／伊勢﨑賢治／榊原英資／佐伯啓思／西部邁／養老孟司 ほか

世界の守護者どころか破壊者となった米国からの自立を強く促す『帝国以後』。「反米」とは似て非なる、このアメリカ論を日本はいかに受け止めるか？　北朝鮮問題、核問題が騒がれる今日、これらの根源たる日本の対米従属の問題に真正面から向き合う！

四六上製　三四四頁　二八〇〇円
（二〇〇六年一二月刊）
◇978-4-89434-552-2

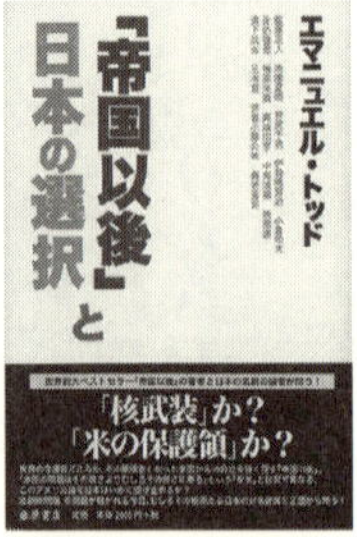

「文明の衝突は生じない。」

文明の接近
（「イスラームvs西洋」の虚構）

E・トッド、Y・クルバージュ
石崎晴己訳

「米国は世界を必要としているが、世界は米国を必要としていない」と喝破し、現在のイラク情勢を予見した世界的大ベストセラー『帝国以後』の続編。欧米のイスラーム脅威論の虚構を暴き、独自の人口学的手法により、イスラーム圏の現実と多様性に迫った画期的分析！

四六上製　三〇四頁　二八〇〇円
（二〇〇八年二月刊）
◇978-4-89434-610-9

LE RENDEZ-VOUS DES CIVILISATIONS
Emmanuel TODD, Youssef COURBAGE

トッドの主著、革命的著作！

世界の多様性
（家族構造と近代性）

E・トッド
荻野文隆訳

弱冠三二歳で世に問うた衝撃の書。コミュニズム、ナチズム、リベラリズム、イスラム原理主義……すべては家族構造から説明し得る。「家族構造」と「社会の上部構造（政治・経済・文化）」の連関を鮮やかに示し、全く新しい世界像と歴史観を提示！

A5上製　五六〇頁　四六〇〇円
（二〇〇八年九月刊）
◇978-4-89434-648-2

LA DIVERSITÉ DU MONDE
Emmanuel TODD

日本の将来への指針

デモクラシー以後
（協調的「保護主義」の提唱）

E・トッド
石崎晴己訳・解説

トックヴィルが見誤った民主主義の動因は識字化にあったが、今日、高等教育の普及がむしろ階層化を生み、「自由貿易」という支配層のドグマが、各国内の格差と内需縮小をもたらしている。ケインズの名論文「国家的自給」（一九三三年）も収録！

四六上製　三七六頁　三二〇〇円
（二〇〇九年六月刊）
◇978-4-89434-688-8

APRÈS LA DÉMOCRATIE Emmanuel TODD